Hildegard Weiss

Die Zisterzienserabtei Ebrach

QUELLEN UND FORSCHUNGEN ZUR AGRARGESCHICHTE

Herausgegeben von

PROFESSOR DR. DR. FRIEDRICH LÜTGE
München

PROFESSOR DR. GÜNTHER FRANZ
Stuttgart-Hohenheim

PROFESSOR DR. WILHELM ABEL
Göttingen

BAND VIII

Die Zisterzienserabtei Ebrach

Eine Untersuchung zur Grundherrschaft,
Gerichtsherrschaft und Dorfgemeinde
im fränkischen Raum

Von

Dr. Hildegard Weiss

Mitel Falttafel

GUSTAV FISCHER VERLAG · STUTTGART

1962

Gedruckt mit Unterstützung
der Deutschen Forschungsgemeinschaft

Satz und Druck: Westholsteinische Verlagsdruckerei Boyens & Co., Heide/Holstein
Einband: Ladstetter & Co., Hamburg
Printed in Germany

Vorwort

Noch immer ist es nur in unzulänglicher Weise möglich, eine Gesamtdarstellung der Geschichte der deutschen Landwirtschaft oder auch nur der deutschen Agrarverfassung zu bieten. Es fehlt eben noch an einer ausreichenden Zahl von gut qualifizierten Einzeluntersuchungen. Je mehr sich der Verfasser dieses Vorwortes um solche Fragen bemühte, um so deutlicher wurde es ihm, daß im besonderen Franken noch einer näheren Untersuchung bedarf. Es steht dabei ja etwa die Frage zur Diskussion, ob Franken zu dem Typ der „Südwestdeutschen Grundherrschaft" oder zu dem Typ der „Mitteldeutschen Grundherrschaft" zu rechnen ist oder ob es vielleicht einen eigenen Typ darstellt.

Aus diesem Zusammenhang heraus war es sehr zu begrüßen, daß sich einige junge Historiker fanden, die bereit waren, nähere Untersuchungen in Teilbereichen Frankens durchzuführen. Mit der hiermit vorgelegten ersten Arbeit von Frau Dr. HILDEGARD WEISS aus einer Gruppe solcher Untersuchungen ist, wie zu hoffen steht, ein guter Anfang gemacht worden. Sie ist der bedeutsamen fränkischen Zisterzienserabtei Ebrach gewidmet. Zufolge der weiten Streuung dieses Abteibesitzes über fast den gesamten fränkischen Raum hin werden damit die Agrarverhältnisse einer ausgedehnten geistlichen Grundherrschaft aufgehellt. Und da Ebrach das Mutterkloster zahlreicher anderer Klöster dieses Ordens war, können – mit Vorsicht – Schlußfolgerungen gezogen werden, die über die Ebracher Grundherrschaft hinausgehen. Zumindest sind damit Fragen aufgeworfen worden, die hoffentlich noch von anderen Agrarhistorikern aufgegriffen werden.

So steht zu hoffen, daß Franken in absehbarer Zeit nicht mehr zu den agrargeschichtlich unerschlossenen Gebieten Deutschlands gehören wird.

München, 31. Dezember 1961

FRIEDRICH LÜTGE

Inhalt

Pfersdorf

Kronungen

Abers[...]

O.-
Nd.- Werm
Werm Schonungen
Eckartshausen REICHSSTADT
Schwein-
furt
Geldersheim Sennfeld Gädheim

Gochsheim Weyer O.-
Eue[...]
U.-

Ettleben Grettstadt

Mühlhausen Heidenfeld
Garstadt U.- Sulzheim
Gänheim Waigolshausen Spiesheim O.- Mö[...]

Opferbaum Hertheim Altitzheim
Wipfeld ••••••••

Dipbach Kolitzheim
Bergtheim Eisenheim Gaibach Zeilitzheim Ger[...]

Burggrumbach O.- Fahr Elgersheim Franke[...]
Thüngersheim Pleich- U.- Schallfeld
Güntersleben feld Kaltenhausen Volkach Lülsfeld
Rimpar U.- Proßelsheim Eschern- Nordheim Stadelschwar[...]
U.- O.- Erlabrunn Mühl- dorf
Leinach hausen Sommerach Prichsenstadt
Veitshöchheim Estenfeld Seligenstadt
Erlenbach U.-Dürrbach Langfeld Schernau Wie[...]
b.Marktheidenfeld Ab[...]
Greußen- Zell Gerbrunn Biebergau Main Stadtschwarzach
heim Würzburg Mainsondheim
Heidingsfeld Kl.-
Randersacker Mainstockheim Langheim Rüdenhau[...]
Höchberg Albertshofen Gr.-
Buchbrunn Wiesenbronn
Kitzingen Rödelsee
Wüstenfel[...]
Sommer- Sulzfeld Fröhstockheim
Winter- hausen Iphofen Possenheim
Geroldshausen hausen Mainbernheim
Marktsteft Markteinersheim
Frickenhausen Mönchsondheim Hellmitzhei[...]
Kleinochsenfurt Tiefenstockheim Hermsheim Dornh[...]
Ochsenfurt Marktbreit
Oberbreit Hüttenheim Nenzenheim
Iffig- Ma[...]
Herchsheim Gnodstadt heim Seinsheim
Gützingen Hopferstadt Martinsheim Bullenheim Rüde[...]
Euerhausen U.- Ingolstadt
O.-Ickelsheim Ippesheim

Gülchsheim

Gollach
Uffenheim Ulsenheim
Tauber
Uttenhofen
Külsh[...]

Erlenbach
b.Neckarsulm

Orte mit Besitz und Rec[...]
Zisterzienserabtei
um das Jahr 1800

——————— Amtssitze
∿∿∿∿∿∿ Abteihöfe
•••••••••• Dorfgerichte
-------- Obergericht

Maßstab 1 : 500 000

HOCHSTIFT WÜRZBURG

Werm

Stetten
Himmelstadt

Stöckach   ↑ Zimmerau   Kronach →

Heilgersdorf   Sorghof   Welsberg
Büdenhof   Altenbanz
   Schottenstein
Herreth   Wolfsdorf

Burgpreppach   Vorbach   Staffelstein

Kleukheim

T
G   Prappach
rt
urghausen
Main

HOCHSTIFT
BAMBERG

Zell   Eltmann
Auralh   Trunstadt
Kirchaich
bach   Trosdorf
Theinheim   Priesendorf
Klebheim   Grub
  Kolmsdorf
enwind   Schönbrunn   Stegaurach
Halbersdorf   Ebrach   Ampferbach   Debring
Burgwindheim   Burgebrach
Kötsch   Mittlere   Ebrach   U.-   Vorra
M.- Mönchherrnsdorf   Mönch-   Abtsdorf   Neuses
sambach
dorf   Reichmannsdorf   Herrnsdorf   Röbersdorf
Aschbach   Sambach (Kratz-)   Schlüsselau   Rothen-
chelheim   Wachenroth   Schnaid   sand
Schlüsselfeld   Mühlhausen   Stiebarlimbach
Burghaslach   Reiche   Ebrach
Kirchrimbach   Frickenhöchstadt
endorf   Kl.-Weisach   Höchstadt   Gremsdorf
Pretz-   Hombeer   Weikersdorf
dorf
furt   Uhlfeld   Klebheim

Reundorf
Sassanfahrt
Seussling   Ebermannstadt

Forchheim
Burk

Volsbach →
Seelig →

Wiesent

Aisch

REICHSSTADT NÜRNBERG

Ehe
Aisch
CHFT. BRANDENBURG-
BAYREUTH

Pegnitz

Tennenlohe

Seukendorf
Fürth   Nürnberg
Pegnitz

Deberndorf

Rednitz

O.-   U.-Asbach
Deutenbach   Eibach
Krottenbach   Reichelsdorf
Gottmannsdorf   Nemsdorf   Herpersdorf
Dietersdorf   Wolkersdorf   Gaulenhofen   Wendel-
Baimbach   Komburg   stein
Schwabach   Gustenfelden   Nasbach   Kl.-   Schwarzen-
Kottensdorf   Katzwang   Gr.-   lohe
Schwabach   Leerstetten
Penzendorf
Haag   Uigenau   Plöckendorf
MKGFSCHFT.   Kammerstein
Aurach   Tennenlohe
BRANDENBURG. -   Barthelmesaurach   Pruppach
Windsbach   Kapsdorf   ANSBACH

Baunach
Itz
Main

Einführung

Unter der wissenschaftlichen Leitung von Herrn Univ.-Prof. Dr. Dr. F. Lütge sind seit einigen Jahren im Rahmen eines von der Deutschen Forschungsgemeinschaft unterstützten Forschungsvorhabens mehrere agrarhistorische Teiluntersuchungen in verschiedenen Landschaften Deutschlands, die von diesem Forschungszweig noch kaum berücksichtigt wurden, im Gange[1]. Aufgabe dieser Untersuchungen ist die Beantwortung von regional noch ungeklärten Fragen zu der Agrarverfassung, speziell der Grundherrschaft, deren Fehlen nicht zuletzt eine Gesamtdarstellung der deutschen Agrargeschichte bisher als unratsam, ja als kaum durchführbar erscheinen ließ. – In zwei großen zusammenfassenden und mehreren Spezialuntersuchungen hat F. Lütge den Typ der mitteldeutschen und der bayerischen Grundherrschaft herausgestellt[2]. – Trotz der Forderung nach Überprüfung einzelner Fragen der von W. Wittich als nordwestdeutscher oder auch als sogenannter «neuerer» Typ der Grundherrschaft bezeichneten Form, ist durch sein maßgebliches Werk[3] auch für diesen Teil Deutschlands eine gewisse Klassifizierung gegeben. – Durch die Arbeiten von Th. Knapp, Th. Ludwig, O. Reinhard[4] und anderen Autoren wurde zwar auch für Südwestdeutschland ein besonderer «südwestdeutscher Typ» vorgestellt, der jedoch im Interesse einer schärferen Präzisierung noch nach weiteren Einzeluntersuchungen verlangt. Kaum bearbeitet sind in Zusammenhang mit dem Fragenkomplex um die Grundherrschaft das Gebiet Hessen und nicht zuletzt das als klassisches Land des «ungeschlossenen Territoriums» geltende Franken. Als Teilergebnis aus dem Gebiet Franken – es sind zur Zeit noch Arbeiten über das eichstädtische Stift Herrieden und die im mittelfränkischen Raum gelegene Herrschaft des Klosters Engelthal im Gange – wird die Untersuchung über die ehemalige Zisterzienserabtei Ebrach vorgelegt. – Für die Wahl gerade dieser Herrschaft sprach neben der Gegebenheit eines umfassenden und geschlossenen Quellenbestandes die Tatsache, daß die Abtei Jahrhunderte hindurch eine der reichsten geistlichen Herrschaften Frankens war, – ausgestattet mit einem Grundbesitz, der sich mit Ausnahme

---

[1] F. Lütge hat hierüber auf der Jahrestagung der Gesellschaft für Geschichte des Landvolks und der Landwirtschaft, Bad Cannstatt, 22. April 1955, im Rahmen eines Vortrages eingehend berichtet; Druck des Vortrages (Die deutsche Grundherrschaft. Ein Forschungsbericht) in: Zs. f. Agrargesch. u. Agrarsoziologie, hrsg. v. G. Franz, Jg. 3, H. 2, 1955, S. 129 ff.

[2] F. Lütge, Die mitteldeutsche Grundherrschaft und ihre Auflösung (Quellen und Forschungen z. Agrargesch. IV), 2., stark erweiterte Aufl., Stuttgart 1957. – Derselbe, Die Bayerische Grundherrschaft. Untersuchungen über die Agrarverfassung Altbayerns im 16.–18. Jh., Stuttgart 1949. – Siehe ferner Literaturverzeichnis S. 138.

[3] W. Wittich, Die Grundherrschaft in Nordwestdeutschland, Leipzig 1896.

[4] Th. Knapp, Die Grundherrschaft im südwestlichen Deutschland vom Ausgang des Mittelalters bis zu der Bauernbefreiung des 19. Jhs., Zs. d. Savigny-Stiftung f. Rechtsgesch., Germ. Abt., 22. Bd., Weimar 1901; derselbe, Gesammelte Beiträge zur Rechts- u. Wirtschaftsgeschichte, vornehmlich d. deutschen Bauernstandes, Tübingen 1902; derselbe, Der Bauer im heutigen Württemberg (zugleich Bd. I der Neuen Beiträge zur Rechts- u. Wirtschaftsgeschichte d. württ. Bauernstandes), Tübingen 1919. – Th. Ludwig, Der Badische Bauer im 18. Jh., Straßburg 1896. – O. Reinhard, Die Grundentlastung in Württemberg, Zs. f. d. ges. Staatswiss., 36. Erg.-Heft, Tübingen 1910, und andere.

der nordöstlichen Bereiche Frankens nahezu über das gesamte Gebiet des heutigen Ober- und Unter- sowie über große Teile Mittelfrankens verteilte, damit also auch eine gewisse Voraussetzung für die Herausarbeitung etwaiger gemeinfränkischer Züge gegeben schien. – Da sich das Herrschaftsverhältnis zwischen der Abtei und ihren Untertanen nicht allein auf die Wechselbeziehung *Grund*herr und Grunduntertan beschränkte, sondern auch (später archivalisch kaum mehr davon trennbar) die Wechselbeziehung *Gerichts*-(Vogtei-)herr und Gerichtsholde sowie eng damit verbunden auch das seit der Umschichtung der Gerichtskompetenzen im 16. Jahrhundert bestehende Verhältnis von *Dorf*herrschaft und Dorfbewohner einschloß, wurde bei der Darstellung in Rücksicht auf diese Rechtsbündelung eine entsprechende Dreiteilung getroffen. – Zwangsläufig steht bei der Besprechung eines lokal und regional begrenzten Tatbestandes das lokale und regionale Ergebnis im Vordergrund. Diese Einzelresultate zusammenfassend und den Gegebenheiten in anderen Gebieten Deutschlands gegenüberstellend wird am Ende der Arbeit die Beantwortung der Frage versucht, ob die Grundherrschaft Frankens ihren Erscheinungsformen nach dem Typ der bayerischen, mittel- oder südwestdeutschen Grundherrschaft zuzurechnen ist, ob sie eine Mischform darstellt oder einen Typ eigenständiger Prägung entwickelt hat.

Einige historische und geographische Erläuterungen sowie eine kurze Besprechung der Literatur- und Quellenlage seien hier der eigentlichen Untersuchung vorangestellt.

Nach den beiden ersten deutschen, am Rhein liegenden Zisterzienserklöstern Camp und Lützel wurde Ebrach i. J. 1127 durch Kloster Morimond in Frankreich als dritte Neuanlage in Deutschland, als erste Zisterze im Herzogtum Franken gegründet. Die Initiative zu dieser ersten Niederlassung Grauer Mönche auf fränkischem Boden ging nach Aussage der Chronistik von den beiden Brüdern Berno und Richwin (oder Riwin) aus, die einen Teil ihrer Besitzungen als Erstausstattung für die Klosteranlage zur Verfügung stellten; nach dem Wortlaut des Gründungsberichtes (1134) scheint jedoch Berno maßgeblicher als Riwin an der Gründung beteiligt gewesen zu sein. Beide Brüder – von H. ZEISS[5] als Ministeriale, von K. BOSL[6] als Edelfreie bezeichnet – standen der urkundlichen Überlieferung zufolge in naher Beziehung sowohl zum staufischen Königshause als auch zu Bischof Embricho von Würzburg[7], dessen Mitwirkung bei den vermutlich schon seit 1119 geführten Vorverhandlungen mit Morimond bezüglich der Aussendung eines Konventes nach Ostfranken trotz mangelnder Belege außer Frage steht. König Konrad III., seine Gemahlin Gertrud und ihr Sohn, Herzog Friedrich von Rothenburg, bedachten die junge Niederlassung mit einer Reihe von wertvollen Schenkungen, Schutzbriefen und Privilegien[8]; Königin Gertrud und Herzog Friedrich bestimmten die Ebracher Klosterkirche zu ihrer letzten Ruhestätte. Kaiser Friedrich

---

[5] H. ZEISS, Abt Adam, der Begründer des Kl. Ebrach (Heimatbll. d. Hist. Ver. Bamberg 1927/28, S. 10–16).

[6] K. BOSL, Die Reichsministerialität der Salier und Staufer, Stuttgart 1950/51.

[7] 1145 geleiten beide Brüder im Gefolge des Bischofs Embricho von Würzburg Berta von Sulzbach, die Schwester der Königin Gertrud, als Braut des Kaisers Manuel Komnenos nach Konstantinopel (vgl. W. BERNHARDI, Konrad III., Jbb. d. Dt. Gesch., 2. T., 1883, S. 414); zwei Jahre später fungieren sie zu Tauberbischofsheim als Zeugen bei der Bestätigung und Verleihung des kgl. Schutzes für die Zisterze Waldsassen durch Konrad III. (BERNHARDI, a. a. O., S. 545; STUMPF, reg. nr. 3537.)

[8] Näheres dazu bei F. GELDNER, Abt Adam von Ebrach, das staufische Königshaus und der heilige Bernhard von Clairvaux, in: Jahrbuch für fränkische Landesforschung (künftig: JffL), Bd. 11/12, Kallmünz/Opf. 1953, S. 53–65.

Barbarossa, Heinrich VI., König Philipp von Schwaben und Kaiser Friedrich II. –
auch unter ihnen hielt die kaiserliche bzw. königliche Gunst an – nahmen das Steiger-
wald-Kloster wiederholt in ihren ausdrücklichen Schutz und bestätigten oder erweiterten die früheren Schenkungen ihres Hauses. – Zur Überwindung anfänglicher Schwierigkeiten in den ersten Jahren nach der Gründung trug jedoch nicht zuletzt auch das
gute Verhältnis zum Hochstift Würzburg bei, dessen Unterstützung sich die Zisterze
zumindestens so lange erfreuen konnte, bis ihre Bestrebungen auf Anerkennung von
Reichsunmittelbarkeit offensichtlich wurden, – der einstige Schutzbefohlene zum Ri-
valen zu werden drohte. Vorweggenommen sei hier, daß es Ebrach trotz aller Bemühungen nicht gelang, in die Stellung einer reichsunmittelbaren Abtei aufzusteigen und
wie die deutschen Zisterzienserklöster Kaisheim und Salmannsweiler einen Sitz auf der
Reichsprälatenbank zu erlangen. Seinen vermeintlichen Anspruch auf Reichsunmittelbarkeit hielt das Kloster jedoch bis zum Zeitpunkt seiner Auflösung aufrecht. Noch
der letzte Abt, Eugen Montag (1791–1803), versuchte in einer auf eingehenden Kennt-
nissen von Geschichte und Staatswissenschaft fundierten Arbeit die Rechtmäßigkeit
dieses Anspruches zu verteidigen[9]. Daß er als Vertreter der Klosterbelange die Rechtslage nicht in völliger Objektivität zu betrachten vermochte, hat H. ZEISS[10] nachgewiesen. – Abgesehen von den zahlreichen baugeschichtlichen und stilkritischen Abhandlungen über die Ebracher Abteikirche und Konventgebäude stellen im Rahmen der bisher
über Ebrach erschienenen Literatur die Untersuchungen über die Frühgeschichte und
hierbei vornehmlich über den ersten Abt des Klosters, Abt Adam I.[11], über seine Rolle
als Intervenient und Berater in geistlichen und politischen Angelegenheiten, über die
Vertrauensstellung, die er bei Bernhard von Clairvaux, am Königshofe und an der
Kurie einnahm, über seine Tatkraft bei Aufbau der Ebracher Zisterze und die Umsicht
als Vaterabt mehrerer Filialklöster, den umfassendsten Anteil.

Über den raschen Aufstieg der Abtei durch ungewöhnlich reiche Zunahme des Besitzes in einer relativ kurzen Zeitspanne wird im Laufe der Arbeit näher gesprochen
werden. Da aber als Kriterium tatsächlicher Stärke und Kapazität einer Ordensnieder-
lassung nicht zuletzt die Tatsache gezählt wird, ob und in welchem Ausmaß die Niederlassung zu Eigengründungen befähigt war, sei zur Rechtfertigung der Behauptung,
Ebrach könne als eine der bedeutendsten Zisterzen Süddeutschlands bezeichnet werden,
wenigstens ein kurzer Blick auf ihre ausgedehnte Filiation geworfen: Schon 1130 (September 8) gründeten Ebracher Mönche, von Markgraf Leopold I. (aus dem Geschlechte
der Traungauer) berufen, die Zisterze Rein in der Steiermark, drei Jahre später bereits
die beiden fränkischen Niederlassungen Heilsbronn (Mfr.) und Langheim (Ofr.) (21.4.
und 1. 8. 1133). 1145 (Jan. 3) erweiterte Ebrach seine Filiation um Kloster Nepomuk
in Böhmen, ein Jahr danach (Jan. 2) um Kloster Aldersbach in Niederbayern; 1158
(Febr. 12) schuf Ebrach mit der Gründung der Zisterze Bildhausen in der Rhön ein
drittes Filialkloster im fränkischen Raum. Kloster Wilhering in Oberösterreich wurde
zwar nicht unmittelbar von Ebrach, sondern durch die ebrachische Filiale Rein gegründet (1146 Sept. 30), zählt aber insofern zu den Ebracher Tochterklöstern als es,
nachdem es von Ebrach 1185 neu besetzt worden war, zu diesem Zeitpunkt in die Filiation Ebrachs überging[12].

[9] EUGEN MONTAG, Frage: Ob der Abtei Ebrach das Prädikat Reichsunmittelbar rechtmäßig
gebühre (1786).
[10] H. ZEISS, Reichsunmittelbarkeit und Schutzverhältnisse der Zisterzienserabtei Ebrach vom
12. bis 16. Jh. (80. Ber. d. Hist. Ver. f. d. Pflege d. Gesch. d. ehem. Fürstbistums zu Bamberg),
Bamberg 1928.
[11] Siehe die S. 10, Anm. 48 zusammenfassend angegebene Literatur.
[12] Der Vollständigkeit wegen sei noch erwähnt, daß auch das i. J. 1342 gegründete Kl. Eythe-

Die Gründe, auf die das rasche Aufblühen des Zisterzienserordens im allgemeinen zurückzuführen ist, wurden von namhaften Autoren[13] eingehend dargelegt. Als entscheidender Faktor wurde dabei übereinstimmend das von den Zisterziensern bevorzugte Wirtschaftssystem – die Eigenbewirtschaftung der Klosterbesitzungen – hervorgehoben, in dessen Wahl nicht zuletzt das Geheimnis ihres Erfolges lag. Wie die Kongregation von Cluny war auch die Gemeinschaft von Citeaux in Reaktion auf die zunehmende Verweltlichung des Mönchtums geschaffen worden. Während jedoch Clunys Niederlassungen Gebet, Studium und Gottesdienst in den Mittelpunkt ihres mönchischen Lebens stellten und die Verbindung mit Feldarbeit für unvereinbar hielten, erklärte Citeaux neben der Kontemplation auch der eigenen Hände Arbeit zum Ordensideal. Mochten sie auch von seiten Clunys mit der Rede «Was ist das für ein Mönchtum, den Acker zu pflügen, den Wald zu roden, den Mist zu fahren»[14] verspottet werden, – das wirtschaftliche Ergebnis sprach letzten Endes für die von den Grauen Mönchen verfochtene Auffassung. Mit der Vervollkommnung des Institutes der Konversen (= Laienbrüder)[15] – die Idee selbst war vermutlich von den Hirsauer Mönchen ausgegangen – hatten die Zisterzienser auch die Frage der Arbeitskräfte hervorragend gelöst. – Entgegen den Gepflogenheiten älterer geistlicher Grundherrschaften, deren Besitzungen überwiegend in der Streulage belassen blieben, wie sie durch Schenkung oder Kauf erworben worden waren, arrondierten die Zisterzienser grundsätzlich den Bereich um das Kloster selbst und das Umland ihrer wirtschaftlichen Mittelpunkte, der Grangien, – ein Arrondieren, das über den bloßen Erwerb von noch fremdem Grund und Boden hinaus auch den Erwerb aller an den Besitzungen haftenden Gerechtsame anstrebte. Die stetige Erweiterung des Besitzes machte später zwangsläufig die Abkehr von der ursprünglichen Wirtschaftsauffassung des Ordens und die Angleichung an die Wirtschaftsweise älterer Klöster notwendig[16]. Zisterzen, die wie Ebrach, in alt besiedeltem Land angelegt waren, mußten diese Hinwendung zur feudalen Wirtschaftsform auf Grund der Tatsache, daß Grangien aus wilder Wurzel nicht oder kaum mehr errichtet werden konnten, darüber hinaus der Erwerb von Gütern, auf denen nahezu immer ältere Ansprüche hafteten, eine Vielzahl an Rechtsgeschäften voraussetzte, rascher vollziehen als es etwa die im ostdeutschen Kolonisationsgebiet gelegenen Nieder-

ren (Ysselstein) bis 1412 zur Ebracher Filiation gehörte; im genannten Jahr trat Ebrach die Filiation jedoch an den Abt von Altenberg ab. (Näheres bei AELRED PEXA, Die Cistercienser in Österreich, in: Festschrift z. 800-Jahrgedächtnis Bernhards v. Clairvaux, hrsg. v. d. Österr. Cistercienserkongregation, Wien, München 1953, S. 5 ff.)

[13] Hierzu vor allem E. HOFFMANN, Die Entwicklung der Wirtschaftsprinzipien im Cistercienserorden während d. 12. u. 13. Jhs., Hist. Jb. d. Görres-Ges., Bd. 31, 4. Heft, 1910, S. 699 ff.; M. HEIMBUCHER, Die Orden der kathol. Kirche, Bd. I, Paderborn 1933³; M. WEBER, Gesammelte Aufsätze zur Religionssoziologie, Bd. I, Tübingen 1922; A. WEBER, Kulturgeschichte als Kultursoziologie, München 1950²; H. WISWE, Grangien niedersächsischer Zisterzienserklöster. Entstehung u. Bewirtschaftung spätmittelalterlich-frühneuzeitlicher landwirtschaftlicher Großbetriebe, Braunschweig. Jb., Bd. 34, Braunschweig 1953; auch F. WINTER, Die Cistercienser des nordöstlichen Deutschlands, Gotha 1868/71, u. a.

[14] Zitiert nach M. DOEBERL, Entwickelungsgeschichte Bayerns, 1. Bd., 2. Aufl., München 1908, S. 153.

[15] Vgl. E. HOFFMANN, Das Konverseninstitut des Cistercienserordens in seinem Ursprung und seiner Organisation, Freiburg (Schw.), 1905. – Kein Geringerer als Pfalzgraf Hermann von Stahleck (1142 mit der Pfalzgrafschaft bei Rhein belehnt) trat während des 12. Jhs. in Ebrach als Konverse ein. (Vgl. LIONEL BAUMGÄRTNER, Hermann von Stahleck, Leipzig 1877, S. 12.)

[16] E. HOFFMANN, Die Entwicklung der Wirtschaftsprinzipien im Cistercienserorden, a. a. O., S. 699 ff.; auch G. UHLHORN, Der Einfluß der wirtschaftlichen Verhältnisse auf die Entwicklung des Mönchtums im Mittelalter, Zs. f. Kirchengeschichte, hrsg. v. Th. Brieger u. B. Bess. XIV, 1893.

lassungen zu tun gezwungen waren. Schon um 1500 unterschied sich Ebrach in seiner Wirtschaftsweise nur noch geringfügig von der anderer Ordensniederlassungen bzw. von der Wirtschaftsweise weltlicher Herrschaften. Unangezweifelt gilt das Kloster bis zum Zeitpunkt seiner Auflösung (1803) als eine der reichsten geistlichen Herrschaften Frankens. Anhand einiger Zahlen sei dieser Reichtum veranschaulicht: Ebrach bezifferte i. J. 1803 den jährlichen Bruttoertrag aus seinen Zugehörungen mit rund 150 000 fränkischen[17] Gulden. Zu einer jährlichen Leistung von 80 000 Gulden erklärte sich die Abtei – allerdings erfolglos – dem damaligen Kurfürsten, späteren König Maximilian Joseph von Bayern gegenüber bereit, falls er sich dazu verstehen würde, das Kloster nicht aufzulösen und dessen Fortbestand in Form des status quo zu garantieren. Allein die um die Orte Ebrach und Burgwindheim liegenden Besitzungen des Kerngebietes besaßen zur Säkularisationszeit einen Schätzwert von 742 002 Gulden; nicht einbezogen waren in diese Summe 25 000 Joch Klosterwald, der Wert der Edelsitze zu Bamberg, Würzburg, Nürnberg, Schweinfurt, Schwabach, Burgwindheim, Sulzheim, Mainstockheim (um auch hier nur die bedeutendsten zu nennen), unberücksichtigt ferner der weit ausgedehnte Streubesitz und nicht zuletzt der überaus reiche Kirchenschatz, von dem allein der Schmuck, den der Prälat von Ebrach bei einem Pontifikalamt trug, einen Wert von etwa 180 000 fränkischen Gulden darstellte[18]. Welcher Endpunkt einer Entwicklung, deren Ursprung der Rückgriff auf benediktinische Ideale – Einsamkeit und Verzicht auf jede Tätigkeit außerhalb des Klosters, Armut statt Pracht, eigener Hände Arbeit statt Renten und Hörigen – gewesen war!

Nahezu im gesamtfränkischen Raum sind Ebracher Besitzungen und Gerechtsame nachweisbar. Ihr Hauptanteil lag auf dem alten, Maingaue und mittelfränkisches Bekken trennenden Waldstreifen des Keuperberglandes, – im Zentrum des Steigerwaldes also und seiner westlichen, zum Main führenden Abdachung. Sind es in den unterfränkischen Gaulandschaften vorherrschend große dörfliche Ansiedlungen mit weiten, in schmale Gewanne geteilten Ackerflächen, deren Ortsnamen überwiegend auf -heim, -ingen oder -hofen enden, so sind es in der völlig anders gearteten Steigerwaldlandschaft mit ihren fast durchweg sandigen Böden und einer reinen Waldflora in der Hauptsache Weilersiedlungen und Waldhufendörfer, auch zum Teil Einzelhöfe, deren Namen jüngerer Prägung vielfach auf Wald und Rodung (aus vorklösterlicher Zeit) Bezug nehmen. Als Ergebnis einer durch Jahrhunderte anhaltenden klugen Erwerbspolitik verfügte das Kloster hier seit Ausgang des Mittelalters über ein wirtschaftlich nahezu arrondiertes und von fremdherrlichem Einfluß fast völlig freies Kerngebiet. – Den Steigerwald südlich und nördlich umziehend, teilweise über den Main hinübergreifend und seinen Lauf durch das Maindreieck Schweinfurt-Gemünden über Würzburg hinaus begleitend, schloß sich an diese zentrale Besitzgruppe ein weiteres Feld ebrachischer Besitzungen, – mit der geographischen Entfernung vom Sitz der Grundherrschaft zwar nachlassend in der Dichte, aber keineswegs in so stark aufgelockerter Lage, daß sie als Streugut anzusprechen wären. Völlig abgesondert von diesem Komplex – zwischen Nürnberg und Schwabach, den Rednitzfluß zu beiden Seiten umsäumend – lagen die im Amt Nürnberg-Schwabach-Katzwang zusammengefaßten ebrachischen Besitzungen, ein von fremden Grundherrschaften gleichfalls nur geringfügig durchsetzter Klosterbereich. – Besitzsplitter von Streugutcharakter besaß Ebrach, wenn, wie oben schon gesagt, vom Nordosten Frankens abgesehen wird, in nahezu allen Tei-

---

[17] 1 fränkischer Gulden entspricht etwa 0,8 rheinischen Gulden.
[18] Näheres hierzu in den von B. KILIAN mitgeteilten Geschichtlichen Ergänzungen zu «Brevis notitia Monasterii B. M. V. Ebracensis», zusammengestellt von GREGOR GUNDERMANN, Konventuale der Abtei (gest. 1850), in: 38. Ber. über Bestand u. Wirken d. hist. Vereins f. Oberfranken, Bamberg 1875, S. 65 ff.

len des fränkischen Raumes: im Ochsenfurter- und Uffgau, im Haßfurter-, Grabfeld- und Banzgau, nahe Lichtenfels-Staffelstein und in der Fränkischen Schweiz.

Die nicht gefahrenfreie Lage des Kernbesitzes zwischen den Hochstiften Würzburg und Bamberg, den Markgrafen von Brandenburg-Ansbach-Bayreuth, den Reichsstädten Nürnberg und Schweinfurt bzw. die aus dieser Mittellage resultierenden häufigen Differenzen mit den mächtigen Nachbarn zwangen das Kloster zu wiederholter und sorgfältiger Verzeichnung aller Gerechtsame. Dem verdankt die Nachwelt eine Quellenfülle, deren Reichhaltigkeit selten ist. Die Geschlossenheit des Bestandes sprach zusätzlich für die Wahl der Ebracher Herrschaft als Gegenstand der Untersuchung. Einschränkend muß hier allerdings hinzugefügt werden, daß der Reichtum in bezug auf urbariale und deskriptive Quellen erst Mitte des 15. Jahrhunderts einsetzt, dann jedoch in einer Fülle, die nahezu für jedes Jahrzehnt einen Querschnitt durch den Gesamtbesitz erlauben würde. Für die Frühzeit der Abtei war die Bearbeitung auf Urkunden[19], Kopialbücher[20] und das älteste Güter- und Rechtsverzeichnis von 1340[21], das sogenannte Gesamt- oder Ersturbar, angewiesen, das als ältestes Stück urbarialer Aufzeichnung auch ein Güterherkunftsverzeichnis von Anfang des 14. Jahrhunderts (sachlich in das 13. Jahrhundert zurückreichend) enthält. Allein die in den Bayerischen Staatsarchiven Bamberg, Nürnberg, Würzburg und dem Bayer. Hauptstaatsarchiv München lagernden Ebracher Urkunden und Akten werden auf mehrere Tausend Nummern geschätzt, – nicht gerechnet das umfangreiche Material im Österreichischen Haus-, Hof- und Staatsarchiv Wien (das Ergebnis der zahlreichen Prozesse vor Reichshofrat und Reichskammergericht) und die aus den Beziehungen Ebrachs zu seinen Filialklöstern herrührenden Quellen in den österreichischen Landesarchiven Graz und Linz, vermutlich aber auch in böhmischen Archiven.

Von dem auf unsere Zeit überkommenen Quellenmaterial ist nur ein Bruchteil literarisch erschlossen, – die Zahl aller über Ebrach erschienenen Arbeiten relativ gering. Bevorzugter Gegenstand der bisherigen Untersuchungen war die Baugeschichte der Klosterkirche und der Abteigebäude, dazu – wie vorangehend schon in anderem Zusammenhang bemerkt – die Persönlichkeit Abt Adams I. und die Gründung der Abtei. Es ist das Verdienst von H. Zeiss, den Kampf Ebrachs um Anerkennung der Reichsunmittelbarkeit und die Schutzverhältnisse der Abtei ausführlich und kritisch dargestellt zu haben[22]. – In ein gewisses Erstaunen versetzt die Tatsache, daß angesichts des wirtschaftlichen Machtfaktors, den Ebrach ehemals repräsentierte, das Interesse der Forschung sich diesem Sektor bisher noch nicht zugewandt hat. Der Titel einer Arbeit von J. Jaeger («Abbatia Ebracensis Oeconomica»[23]), dessen langjährigen Forschungen um Ebrach mehrere wertvolle Untersuchungen zur Geschichte des Klosters[24] zu danken

[19] Die Originalurkunden (bis 1400) befinden sich im Bayer. Hauptstaatsarchiv München (Rep. 6 a nn. 3564–3862), spätere in den Bayerischen Staatsarchiven (künftig: StA) Bamberg und Würzburg; Regesten bei Joh. Looshorn, Die Geschichte des Bistums Bamberg II, München 1888, S. 285 ff., 502 ff., 705, 730 ff., 834 ff.; siehe ferner Contzen, Arch. Zeitschrift, Bd. 8 (1883), S. 19 ff.; urkundliche Beilagen bei F. X. Wegele, Monumenta Eberacensia, Nördlingen 1863, S. 45 ff.; J. Jaeger, Abbatia Ebracensis Oeconomica, in: Cistercienser-Chronik, 12. Jg., Bregenz 1900, Nr. 131–142.

[20] Eine Zusammenstellung der überlieferten Kopialbücher bei A. Brackmann, Regesta Pontificum Romanorum, Germ. Pont. III, 3 (1935), S. 213; dort auch eine Literaturübersicht zur Geschichte des Klosters.

[21] «Urbarium Eberacense antiquissimum, 1340», in: Monumenta Eberacensia, hrsg. von F. X. Wegele, Nördlingen 1863, S. 67 ff.

[22] Vgl. S. 3 Anm. 10.

[23] In: Cistercienser-Chronik, 12. Jg., Bregenz 1900, Nr. 131–142.

[24] Siehe Literaturverzeichnis S. 137.

sind, täuscht insofern, als es sich dabei zwar um eine zuverlässige, jedoch kommentarlose Zusammenstellung von Ebracher Erwerbsurkunden handelt. E. FRHR. V. GUTTENBERG, der Altmeister fränkischer Landesgeschichte, hat in Verbindung mit W. WIESSNER i. J. 1937 eine Sichtung und Wertung des Ebracher Quellenbestandes begonnen und in diesem Zusammenhang auf die Dringlichkeit von Darstellungen wirtschaftsgeschichtlichen Inhalts, basierend auf dem Ebracher Material, hingewiesen. Andere Forschungsvorhaben und sein früher Tod haben diesen verheißungsvollen Anfang in Gestalt einer Studie über Aussagewert, zeitliche und inhaltliche Bestimmung sowie Abhängigkeitsverhältnisse Ebracher Quellen[25] frühzeitig abgebrochen. In der Reihe der bisherigen Darstellungen ist demnach die vorliegende Arbeit ein erster Versuch, die wirtschafts- und verfassungsgeschichtlichen Quellen des Klosters mit dem Ziel auszuwerten, über die reine Beschreibung des Zuständlichen hinaus die Besitz- und Rechtsverhältnisse des Klostergebietes in ihrer Entwicklung zu verfolgen und darzustellen.

I. Der klösterliche Besitz

1. Der Erwerb

Da eine Gründungsurkunde fehlt, sind wir über die Erstausstattung Ebrachs aus jüngeren Quellen nur annähernd unterrichtet[26]; die inhaltlich ganz allgemein gehaltenen Hinweise auf den Fundus («castrum cum aliis bonis») vermitteln keine Vorstellung über das tatsächliche Ausmaß des Gründungsgutes. Unglaubwürdig ist die nach Bericht des Pitanzenbuches von den Gründern in die Erstdotierung eingeschlossene Übereignung eines «castrum Ebera». Jedoch erlauben auch diese unvollkommenen Nachrichten die Aussage, daß – verglichen mit der Erstausstattung anderer Zisterzen[27] – die Dotierung in Hinblick auf Umfang und Wert als relativ ärmlich zu bezeichnen

[25] E. FRHR. V. GUTTENBERG, Quellen zur Besitz- und Wirtschaftsgeschichte des Klosters Ebrach, JffL 3 (1937), S. 13–51; Abhängigkeitsfragen und Schriftbefund von vier nah verwandten Handschriften, in denen das erste vollständige Klosterurbar überliefert ist, behandelt der in diesem Aufsatz eingeschaltete Exkurs von W. WIESSNER (S. 28–38).

[26] Nachricht über den Fundus gibt die «Relacio a quibus et quando domus hec fundata sit» im Liber Pietanciarium Eberacensis, gedruckt bei F. X. WEGELE, Monumenta Eberacensia (künftig: Mon. Eberac.), Nördlingen 1863, S. 3 ff.; gedruckt auch in: Abbatia Ebracensis Oeconomica, von J. JAEGER (Cistercienser-Chronik, 12. Jg., 1900, nr. 131, S. 14 ff.). Die unter der Bezeichnung Liber Pietanciarium bekannte Urkundensammlung ist im sog. Liber Privilegiorum (künftig: Lib. Priv.; StA Bamberg) enthalten (dort: f 29–103; unter den von f 29–58 aufgeführten Litterae et privilegia ad officium pietanciae pertinencia befindet sich (f 33) die eingangs genannte «Relacio». Zu Datierungsfragen der «Relacio» siehe W. WIESSNER, a.a.O., S. 28 ff. – Weitere Nachrichtenquellen zur ältesten Geschichte d. Klosters: einige frühe Urkunden, in denen der Gründer Berno und der erste Abt Adam namentlich erwähnt werden; beglaubigte Kopien dieser Urkunden im Liber Palatii (künftig: Lib. Pal.).

[27] Siehe u. a. die Angaben von H. WISWE zum Ausstattungsgut niedersächsischer Zisterzen (H. WISWE, a.a.O., S. 40 f.); auch E. KRAUSEN, Die Wirtschaftsgeschichte der ehemaligen Cistercienserabtei Raitenhaslach bis zum Ausgang d. Mittelalters. Sonderdruck von Bd. 13 der Südostbayerischen Heimatstudien, Hirschenhausen 1937, S. 13.

ist. Daß das Kloster angesichts der Dürftigkeit seines Gründungsgutes bereits nach Ablauf eines Jahrzehntes zu Güterkäufen und Güteraustausch imstande war, verdankte es einer Reihe frommer Schenkungen, deren Bedeutung zwar weniger in ihrem tatsächlichen Wert lag als vielmehr in dem Faktum, daß erst der auf diese Weise vergrößerte Klosterbesitz den Beginn einer selbständigen Erwerbspolitik gestattete.

Nur einige dieser frühen Schenkungen sind urkundlich festgehalten: 1131 schenkte Konrad, Kanoniker und Domkustos in Bamberg, Propst der Kollegiatkirche S. Maria in Turstadt (S. Gangolf) an Stelle einer Pilgerfahrt ins Hl. Land den Ebracher Mönchen 30 Talente für den Bau des Klosters und 10 Talente, um Äcker aus dem Wald zu roden («ut . . . fratres . . . in fundo ecclesiae ipsius agros ex silua nouarent»); aus der gleichen Hand erhielt Ebrach im Laufe der nächsten Jahre 5 weitere Talente zur Anlage von Äckern («ut agros facerent»)[28], aus deren Nutzen die Beleuchtungskosten für das inzwischen erbaute Dormitorium bestritten werden sollten, 10 Talente und einen goldenen Ring zum Bau eines Chores für die Laienbrüder, daneben Ausstattungsgegenstände für die Klosterkirche und 10 Scheffel Getreide[29]. Zwei Jahre später (1133) bestimmte ein (nicht näher bezeichneter) Godefridus vor einer Pilgerreise nach Jerusalem, daß, im Falle er von dieser Fahrt nicht zurückkehre, sein Prädium Bleiveldt (Pleichfeld i. Ufr.) zum Altar der sel. Jungfrau in Ebrach fallen möge[30]. Von mehreren der in dieser Zeitspanne an das Kloster geschenkten Güter erfahren wir erst dadurch, daß sie kurze Zeit später bereits als Tauschobjekte für günstiger gelegene Güter verwendet werden[31]. – Als wichtigste Übereignung im ersten Jahrzehnt nach der Gründung gilt die am Weihetage der Klosterkirche (1134) erfolgte Schenkung Bischof Embrichos von Würzburg: umfassend Güter in Wustvilde (bei Sulzheim) und Novalia in Obernawe[32] (bei Gerolzhofen) sowie zwei Benefizien[33]. Mit welchen Schwierigkeiten sich eine Schenkung in altbesiedeltem Land verband, sei an Hand dieses Beispiels verdeutlicht:

Obwohl die Güter zu Wustvild und die Novaläcker in Obernawe mit Nutzung, Hutrecht (an dem jedoch auch noch die Bürger von Gerolzhofen gleichen Anteil hatten) sowie allen Gerechtsamen dem Würzburger Bischof, jedoch zur Präbende der Domherren gehörten, mußten die Güter erst mit Zustimmung des Dompropstes und Dom-

---

[28] Es sind dies zwei der völlig vereinzelten Hinweise auf eine Rodungstätigkeit der Ebracher Mönche, die im Altsiedelland ja nur in bescheidenem Umfang entfaltet werden konnte. – TH. HAAS hat erst vor kurzem in einer verdienstvollen Studie nachgewiesen, daß von einer Rodetätigkeit lediglich in bezug auf den «fundus», den Gründungsort selbst, gesprochen werden kann, dem Kloster aber keinesfalls die Anlage neuer Orte und nur bedingt der Ausbau schon bestehender Siedlungen zuzuschreiben ist. Haas hat damit eine Reihe von Irrtümern zur Frage des ebrachischen Beitrages zum «siedlerischen Ausbau des Gebiets» in der Arbeit von P. SCHNEIDER, «Der Steigerwald in der Gesamtschau» (Würzburg, Univ.Druckerei H. Stürtz AG. 1958, S. 89) berichtigt. (Siehe TH. HAAS, Die «Kolonisationstätigkeit» des Zisterzienserklosters Ebrach, Sonderdruck d. Erlanger Bausteine z. fränk. Heimatforschung, 6. Jg., 1959, S. 89–93). – Gegen die Annahme, Ebrach habe wesentlich zur siedlerischen Erschließung des Steigerwaldes beigetragen, spricht im übrigen auch die Tatsache, daß 5 der ersten 6 klösterlichen Curien im Altsiedelland des Steigerwaldvorlandes und am Main, und nur ein einziger im jünger besiedelten Bergland angelegt wurden. (Ebda.)

[29] J. JAEGER, Abbatia Ebracensis Oeconomica (künftig: Abb. Ebr.), S. 16. – Ein Geldgeschenk in Höhe von 5 Mark Silber von Abt Heinrich von Lorsch an Ebrach wird auch im Codex Laureshamensis vermerkt. (Derselbe, Die Klosterkirche in Ebrach, 3. Aufl., Gerolzhofen 1921, S. 45 f.).

[30] Lib. Pal. Tom. I p. 128; Lib. Pietanciarium (künftig: Lib. Pietanc.) f 39.

[31] So z. B. von Donationen in Schwanfeld und Brünnstadt, die 1136 dem Kloster Fulda von Ebrach als Tauschobjekte gegen fuldaischen Besitz in Alitzheim angeboten werden (vgl. S. 9).

[32] Vermutlich in der Nähe von Sulzheim i. Ufr. gelegen.

[33] Mon. Eberac. 52 f.; Lib. Pietanc. f 36.

dekans sowie mit Erlaubnis aller Domherren gegen Zehntgerechtsame des Dorfes Sulzheim – als entsprechende Entschädigung – eingetauscht werden. Von den Zehnten der Wustvilder Güter wie der Novaläcker von Obernawe gebührten aber wiederum nur zwei Drittel dem Bischof von Würzburg, ein Drittel dem Pfarrer von Gerolzhofen, dessen Anspruch nun gleichfalls, und zwar mit einem halben mansus in Sulzheim, abgelöst werden mußte. – Auch die beiden Lehen, die die Donation von 1134 einschloß, konnten erst nach Ablösung und Entschädigung der Inhaber dem Kloster übereignet werden: eines von ihnen, das Benefizium Morsbach, löste Bischof Embricho seinem Ministerialen Theodor von Rintbach ab, – das andere, das die Brüder Berno und Richwin von Ebera als Lehen des Grafen Gozwin (von Höchstadt a. d. Aisch) innehatten, wurde vom Würzburger Bischof gegen das Lehen Machsfeld (wahrscheinlich Maßfeld bei Meiningen) eingetauscht.

Kontinuierliche Bemühungen, den durch Schenkung erworbenen Besitz durch Tausch, Kauf und «gelenkte» Stiftungen zweckmäßig zu arrondieren, setzen bereits um 1136 ein; im Interesse weitgehender Geschlossenheit des Klostergutes wurden wiederholt umfangreichere, aber der Abtei entlegene Güter zugunsten kleinerer, jedoch bezüglich ihrer Lage günstigerer Objekte abgetreten. Durch Gütertausch mit dem Abt Konrad von Fulda erwarb Ebrach 1136 1 mansus in Alitzheim, für den es 1 mansus in Schwanfeld (BA Schweinfurt) und 12 Äcker in Brünnstadt an Fulda abtrat[34]. Schon ein Jahr später folgten trotz größter Ablösungsschwierigkeiten mit den verschiedenen Prädienbesitzern weitere Gütererwerbungen im gleichen Ort[35], an die sich 1161 der Erwerb der dortigen Zehnten schloß[36].

Zwischen 1136 und 1150 hatte das Kloster fast jährlich namhafte Gütermehrungen zu verzeichnen; Schenkungen und Vermächtnisse überwiegen während dieser Zeit – und dies trifft noch bis gegen Ende des 13. Jahrhunderts zu – den Erwerb auf dem Kaufwege[37]. 1139 dürfte der spätere Ebracher (Amts-)Hof in Würzburg mit einigen Weinbergen an das Kloster gekommen sein[38]; 1140 folgte die Erwerbung des Dorfes (Main-)Stockheim[39], 1143 die des Prädiums Zubilroth (Zeubelried, bei Ochsenfurt/

[34] Lib. Pal. Tom. I p. 62; Lib. Pietanc. f 42 B; Lib. Priv. f 1 B; vgl. auch das Tauschverfahren aus gleichen Motiven S. 10, Anm. 41.

[35] Lib. Pietanc. f 38 und Lib. Priv. f 1; auch P. Ä. USSERMANN, Episcopatus Wirceburgensis sub metropoli Maguntina, St. Blasien 1794, S. 63.

[36] Im genannten Jahr überließ Egeno Graf von Vaihingen dem Kloster den Zehnten in Alitzheim und wurde dafür von Bisch. Heinrich von Würzburg mit dem Zehnten in Grettstadt belehnt. (Vgl. Würzburger Chronik, verfaßt von LORENZ FRIES um das Jahr 1546; gedruckt: Würzburg 1848, Bd. I, S. 242 [künftig: FRIES, Würzburger Chronik].)

[37] Alle Erwerbungen dieser Zeit der größten Expansion können im Rahmen dieser Arbeit nicht im einzelnen genannt werden. Eine detaillierte Verzeichnung mag einer späteren Untersuchung vorbehalten sein. Berücksichtigt wurden bei Einzelnennungen vornehmlich jene Güterkomplexe, von denen im Laufe dieser Arbeit wiederholt namentlich die Rede ist.

[38] Der genaue Zeitpunkt der Erwerbung ist urkundlich nicht belegt; Hof und Weinberge sind aber in einem päpstlichen Privileg von 1141 in der Reihe der Klosterbesitzungen mit angeführt (Lib. Priv. Tom. I p. 3 f.; Lib. Pietanc. f 33). – Unbekannt ist auch der genaue Zeitpunkt des Erwerbs umfangreicher Güter, von denen in einem päpstlichen Privileg von 1147 gesprochen wird. Hier werden Klostergüter angegeben, die nach Aussage des Privilegs 1146 durch Berno und Richwin, den Stiftern des Klosters, der Abtei zugebracht worden seien. Es handelt sich hierbei um Güter «zu Herrnsdorf, Hochhusen, Wechenheim, Kennigheim, Haprechtshusen, Wecherungen und Hofheim»; Hochhusen, Wechenheim und Kennigheim konnten schon von den Klosterchronisten nicht mehr gedeutet werden. Mit Haprechtshusen könnte Happertshausen (b. Hofheim), mit Wecherungen möglicherweise Wettringen (ebda.) gemeint sein.

[39] Lib. Priv. f 228.

9

Ufr.)[40], das jedoch schon 1148/49 zusammen mit anderen Gütern gegen das Hofgut Sulzheim vertauscht wurde[41]. Etwa zur gleichen Zeit scheint auch das Prädium Birkenrod aus der Hand Adelheid v. Ludens (Lauda) erworben worden zu sein[42]. Der ansehnliche Güterkomplex, der teils durch Schenkung, teils durch Kauf aus ihrem Besitz und dem ihrer Familie an das Kloster überging, verdient besondere Erwähnung: 1142 erhielt Ebrach durch Schenkung Adelheids die Kirche des Ortes Herrnsdorf, wenig später auf dem Kaufwege deren im gleichen Dorf gelegenes Allodium, dem kurze Zeit danach weitere ihrer in Herrnsdorf gelegenen Güter sowie ihre Besitzungen in Gozendorf (auch Gozwinsdorf; heute Kötsch bei Mönchherrnsdorf) und Gisilbach (Geiselbach[43]) mit allen darauf ruhenden Gerechtsamen folgten[44].

Wie andere Zisterzienser-Abteien gelangte auch Ebrach während der ersten Hälfte des 12. Jahrhunderts nicht selten auf einem Umwege – auf dem Weg über die Pfandleihe[45] – in den definitiven Besitz bestimmter Güter. Gegen eine entsprechende Summe Geldes ließ sich das Kloster ein Wertobjekt (Liegenschaften, aber auch Nutzungsrechte unterschiedlicher Art) auf eine Anzahl von Jahren verpfänden, nach deren Ablauf der Verpfänder die Möglichkeit hatte, durch Rückzahlung der entliehenen Summe das Pfandobjekt wieder zurückzunehmen oder es dem Kloster, das das Pfandgut während der vereinbarten Zeit oder bis zur Rückerstattung der gesamten Schuldsumme in voller Nutzung hatte («vadium mortuum»[46]), gegen eine Aufzahlung endgültig zu tradieren. Die steigende Geldbedürftigkeit, vornehmlich des Adels[47], kam hier dem klösterlichen Erwerbsstreben weitgehend zugute.

Noch während der Regierungszeit des ersten Abtes (Abt Adam, 1126–1166[48]) konn-

[40] Vermutlich handelt es sich hierbei um jenes Gut, das unmittelbar vorher (auch 1143) im Tausch gegen 15 Purpurdecken im Werte von etwa 140 lb. aus der Hand des Würzburger Bischofs an Berno von Ebera gekommen war. (Vgl. dazu W. G. NEUKAM, Wege und Organisation des Bamberger Handels vor 1400, JffL 14 [1954], S. 97 ff.; S. 111 f., Anm. 85.)

[41] Mon. Eberac. 54 ff. – 13 Huben in Oberhappertshausen, 14 Huben in Unterhappertshausen, 11 Huben in Hofheim, 11 Huben in Wettringen sowie 20 Huben und 3 Mühlen zu Hochhusen, Wechenheim und Kennigheim (alle Güter relativ weit vom Kloster gelegen) trat Ebrach im Rahmen dieses Tausches dem Würzburger Domkapitel gegen deren – in näherer Umgebung des Klosters gelegenen – Höfe in Sulzheim und Trutbach ab. (Siehe hierzu FRIES, Würzburger Chronik I S. 227.)

[42] Lib. Pietanc. f 45; Ort ist abgegangen; Name als Bezeichnung eines Walddistriktes nahe der Markung Oberweiler bei Burgwindheim erhalten.

[43] Ort ist abgegangen; Waldabteilung gleichen Namens in der Nähe von Ebrach.

[44] Lib. Pietanc. f 44 u. f 40 b; die Kötscher Güter (1148) erwarb Ebrach von Adelheids Schwiegersohn, Friedrich v. Ludenbach.

[45] In den Urkunden als vadium, vadimonium, pignoratio oder gageria bezeichnet.

[46] Im Gegensatz zu dem (im Untersuchungsgebiet nicht nachweisbaren) «vadium vivum», bei dem die Nutzung des Pfandobjektes durch den Gläubiger als Amortisation (abzüglich entstandener Betriebskosten) der verliehenen Summe berechnet wurde. Näheres dazu bei E. HOFFMANN, Die Entwicklung der Wirtschaftsprinzipien, a. a. O., S. 708 f. – 1157 verbot das Generalkapitel jegliche Kreditgewährung gegen Pfand.

[47] Allgemein hierzu W. SOMBART, Der moderne Kapitalismus, Bd. I, München 1916², S. 621 ff.; auch F. WINTER, Die Cistercienser des nordöstlichen Deutschlands, 2. Bd., Gotha 1871, S. 175.

[48] Zur Persönlichkeit Abt Adams siehe die Arbeiten von F. GELDNER, Abt Adam von Ebrach, das staufische Königshaus und der hl. Bernhard von Clairvaux, JffL 11/12 (1953), S. 53 ff.; J. JAEGER, Kloster Ebrach unter seinem 1. Abt Adam, Nürnberg 1916 und H. ZEISS, Abt Adam, der Begründer des Klosters Ebrach (in: Heimatbll., hrsg. v. Hist. Ver. Bamberg, 1927/28, S. 10–16); auch LEOPOLD GRILL, Der hl. Bernhard v. Clairvaux und Morimund (in: Festschrift z. 800-Jahrgedächtnis Bernhards v. Clairvaux, Wien, München 1953) und W. OHNSORGE, Eine Ebracher Briefsammlung des XII. Jhs., Quellen u. Forschungen aus ital. Arch., 20. Bd., Rom 1928/29.

ten – nach Aussage der «Relacio» – neben einem in unmittelbarer Nähe des Klosters erbauten Hof («curiam unam juxta ambitum claustri et septa monasterii») auf den bis 1136 erworbenen Gütern sechs Grangien errichtet werden: die Klosterhöfe zu Stockheim (Mainstockheim/Ufr.), Alotzheim (Alitzheim, ebda.), Husen (Kaltenhausen, Wüstung i. d. Nähe von Volkach a. Main), Herrnsdorf (Mönchherrnsdorf bei Burgebrach/Ofr.), Sulzheim (Ufr.) und der Ebracher Hof in Würzburg[49]; 1154 wurde die Anzahl der eigenwirtschaftlich betriebenen Höfe mit Errichtung der Grangie Waldschwind (bei Geusfeld) und 1161 mit der in «Morsbach» um zwei weitere vergrößert[50]. Wie aus einer Urkunde Papst Innozenz' III. hervorgeht, hatte sich die Zahl der Grangien schon bis 1204 nahezu verdoppelt; genannt werden dort, neben den bereits unter Abt Adam errichteten, die Grangien Hirschberg, Birkenrod (wüst geworden), Schwabach, Brünnstadt, Prappach, Weyer und Altengresen (Lage unbekannt)[51]. – 1151 (September 15) bestätigte König Konrad III. dem Kloster die Erwerbung eines Teiles des Steigerwaldes aus dem Besitz des Würzburger Hochstifts[52], ein Jahr darauf (1152 Febr. Bamberg) den Abteien Langheim und Ebrach die Schenkung einer Salzquelle in Lindenau (bei Friedrichshall) aus Bamberger Kirchengut[53]. Ein kgl. Privileg des gleichen Jahres sprach dem Ebracher Hof zu Würzburg Abgabenfreiheit zu. – Wenige Jahre später (1167) fiel Ebrach auf Grund einer Testamentsbestimmung Herzog Friedrichs von Rothenburg[54] Schwabach mit dem Patronat der Pfarrkirche zu, das dem Kloster im Zuge der politischen Verhältnisse zwar vorübergehend wieder entzogen, von Kaiser Heinrich VI. (1196 Juli 16) aber an Ebrach zurückgegeben wurde[55].

Häufig erhielt das Kloster während des 13. Jahrhunderts Güter, für deren Übereignung der Besitzer – einem allgemeinen Brauch der Zeit folgend – die Ordensbrüder zu einem Jahrtag verpflichtete oder für die der Stifter die Zusicherung einer Begräbnisstätte in Ebrach zur Bedingung machte[56]; hinzu kamen große Vermögenswerte bei

[49] Abb. Ebr. 17/18. – Der Hof zu Würzburg rührt aus einer Schenkung Bischof Embrichos von Würzburg.

[50] Ebenda 20; W. Hess, Das Ebracher Interessengebiet, in: Heimatbll. 1927/28, hrsg. v. Hist. Ver. Bamberg, 6./7. Jg., S. 71; Looshorn II, S. 502 ff.

[51] Ebenda 45. Morsbach (abgeg.; ehemalige Lage wird innerhalb der Grenzen des Steigerwaldes vermutet) wird nicht mehr mit angeführt. In der Aufzählung fehlt die Grangie Bamberg, die zu dieser Zeit bereits bestanden haben muß.

[52] Lib. Pietanc. f 35; Lib. Pal. f 288; die Bestätigungsurkunde bei Bernhardi, Konrad III. (Jbb. d. Dt. Gesch.), 2. T., 1883, S. 890.

[53] Bernhardi, a. a. O., S. 923. – Da Graf Poppo von Henneberg die Quelle vorher zu Lehen innegehabt hatte, löste Abt Adam dessen Lehenschaft mit 5 Mark Silber ab. Den vorher zur Pfarrei Heilburg gehörenden Zehent der Salzquelle erhielt Ebrach im gleichen Jahre (1152) durch Schenkung Bisch. Gebhards von Würzburg.

[54] Er wurde – obwohl er im Bann des von den Zisterziensern als rechtmäßig anerkannten Papst Alexanders III. gestorben war – in der Ebracher Abteikirche beigesetzt; hierher war 1146 auch seine Mutter Gertrud, die Gemahlin Kg. Konrads III., von Hersfeld überführt worden.

[55] Vgl. H. Zeiss, Reichsunmittelbarkeit, a. a. O., S. 32.

[56] 1254 (Nov. 24) sprach Hermann v. Lisberg den Brüdern zu Ebrach seinen Hof in Bernheim (Mainbernheim) mit der dortigen Mühle für einen Jahrtag zu Ehren seines Vaters und für sein eigenes Begräbnis im Ebracher Kloster zu (Regesta Boica [künftig: RB] 3, 49). – Zur Stiftung einer Begräbniskapelle überließ Eberhard v. Fuchs 1276 dem Kloster sein castrum mit Zugehörungen in Schmalfeld und Hofstetten sowie 1 Hof in Großenlangheim (Abb. Ebr. 49). – 1280 (Juni 28) übergab Konrad Fuchs für sein Begräbnis dem Kloster seine Güter in Bernheim, Hellmitzheim, Iphofen, Buchbrunnen und Stockheim (RB 4, 121); Grabplätze in Ebrach erwarben u. a. auch die Herren v. Scherenberg, v. Windheim, die Würzburger Patrizierfamilie v. Teuffel, die Nürnberger Patrizierfamilie v. Holzschuher, später (15. Jh.) auch Graf Friedrich IX. v. Castell, Graf Wolfgang v. Castell und dessen Gemahlin.

Aufnahme einiger reich begüterter Grundbesitzer in den Orden: So fiel der Abtei 1278 bei Eintritt Ludwigs von Windheim sowohl dessen castrum in Burgwindheim mit allen Zugehörungen als auch seine umfangreichen Besitzungen in den Orten Obersteinach, Weyler, Schrappach, Cappel, Kötsch und Mandorf zu[57]; eine nennenswerte Gütermehrung brachte etwa zur gleichen Zeit die Aufnahme der Würzburger Bürger Selphar und Conrad von Tüvel (Teuffel).

In den letzten drei Jahrzehnten des 13. Jahrhunderts konnte Ebrach seinen Besitz durch fast jährlich erfolgende Käufe, verschiedene größere Schenkungen und Vermächtnisse annähernd verdoppeln; nachstehend seien wenigstens die bedeutendsten dieser Erwerbungen im einzelnen aufgeführt:

1272 wurde der Ort Siegendorf aus der Hand mehrerer Besitzer teils durch Kauf, teils durch Tausch erworben[58]; im gleichen Jahre schenkte Sybert von Windheim dem Kloster seine Besitzungen in Obersteinach.

1275 kaufte Abt Berengar vom Bischof von Würzburg Schloß Spießheim mit 4½ Huben um 90 Mark Silber[59];

1279–82 erfolgte der Erwerb des Ortes Breitbach von den fränkischen Herren Heinrich v. Stolberg, Ludwig Hermann und Theodor v. Büchelberg, Albert Zannepeter und Berthold Kilholz[60];

1281 schenkten die Brüder Ludwig und Sybert von Windheim dem Kloster ihre Besitzungen in Untersteinach; im gleichen Jahre resignierte Siegfried von Windeck aller seiner Rechte, die ihm am castrum Windheim zustanden;

1282 konnte der Klosterbesitz um alle bischöflich würzburgischen Güter in Herlheim «in mansis, judiciis praeter Centam, thelonio, pascuis, pratis ... et silvam Hürnaw» um den Kaufpreis von 88 ₰ Heller erweitert werden[61];

1282 Teilerwerb von Mittelsteinach aus der Hand Heinrichs v. Stolberg[62]; der Rest wird 1331 von den Herren v. Thün(g)feld und der Äbtissin zu Kitzingen erworben[63];

1283–87 zahlte Ebrach 1161 ₰ Heller an Ulrich v. Schlüsselberg, Herdegen v. Grundtlach und Ludwig u. Heinrich v. Hohenberg, um den Ort Mönchsondheim zu erwerben[64];

1284 gingen aus der Hand Theoderichs v. Fuchs zu Stockheim auf dem Kaufwege dessen Güter in Mainstockheim, auf dem Erbwege verschiedene Güter des Konrad v. Fuchs zu Rödelsee an das Kloster über;

1286 kaufte Ebrach um 130 ₰ Heller den Hof des Albert Probst «auf dem Fischbach» in Nürnberg;

1296 erwarb Ebrach vom Kloster Ellwangen den Güterkomplex, der später im Klosteramt Katzwang zusammengefaßt wurde: die Hofmark Katzwang mit Pfarrei, Patronatsrecht und allen zur Kirche Katzwang gepfarrten Gütern;

---

[57] Lib. Priv. f 157 Lit. X et V.
[58] Abb. Ebr. 48.
[59] Ebenda 48/49; Lib. Pal. 245.
[60] Lib. Priv. 11 Z; Lib. Priv. 10 P; Lib. Pal. 495. Nur die Schenkstatt blieb bis 1627 beim Hochstift Würzburg; dann wurde auch sie gegen Besitzungen in Düttingsfeld eingetauscht.
[61] Lib. Priv. 59 o; Abb. Ebr. 50.
[62] Lib. Pal. 495; Abb. Ebr. 50.
[63] Lib. Pal. 499, 501; Abb. Ebr. 78/79.
[64] Lib. Pal. 526, 534; Abb. Ebr. 50/51.

1298 kaufte Abt Hermann den Rest des Ortes Obersteinach mit allen darauf ruhenden Rechten um 40 ℔ Heller vom Kloster Schwarzach[65]; alles übrige war seit 1263 hauptsächlich durch Schenkungen der Familie v. Windheim an Ebrach gekommen.

In einigen Fällen zahlte das Kloster keine einmaligen Kaufsummen, sondern ging die Verpflichtung einer jährlichen Abgabe ein; gegen ein jährliches Reichnis von 30 Solid. denariorum erwarb es 1247 (Juli 4) vom Kollegiatstift St. Haug zu Würzburg dessen Besitz in Dürrengresen (heute Großgressingen[66]). – Abschließend seien noch einige Beispiele zur Gütermehrung dieser Zeit aus Schenkungen und Vermächtnissen genannt:

1271 vermachten die Brüder Heinrich und Otto v. Scherenberg dem Kloster ihr großes Landgut in Damsdorf (Donnersdorf bei Gerolzhofen), 1289 Hermann Müzel 3 Huben in Oberschwappach und 1 Hube in Steinsfeld; weitere Gütervermächtnisse in dieser Zeit von den Herren v. Stolberg und v. Sauensheim.

1274 schenkte Heinrich v. Zabelstein dem Kloster den in der Nähe von Schwappach gelegenen Gangolphsberg – bestehend in einer Kirche, einigen Gütern und Waldungen[67];

1290 übereignete Bischof Mangold von Würzburg gegen einen Jahrtag für sich und seinen Vorfahren Berthold dem Kloster die Pfarrei Burgebrach mit den Patronatsrechten und sonstigen Zugehörungen[68], 1301 die Kirche zu Bischwind[69].

Im Vergleich zu der gewaltigen Anreicherung des Klosterbesitzes während des 13. Jahrhunderts fällt die Güterzunahme im folgenden Jahrhundert auffallend stark ab. An größeren Erwerbungen kann das Kloster für das 14. Jahrhundert verzeichnen:

1311 Hof (früher Hof Füttersee, auch Wüstenfüttersee genannt; bestand bis 1456 als Grangie) vom Stift Haug zu Würzburg[70];

1317 Dorf Füttersee von Graf Hermann v. Castell[71];

1369 einen Teil des Ortes Buch von Walter von Abenberg[72].

Bei Auflösung der Beguinenklöster um 1330 gelangte ein Teil von deren Besitzungen teils durch Schenkung (1331 die Güter der Beguinen zu Burgwindheim), teils durch Kauf (1332 die Birkacher Güter) an Ebrach.

Von schwerwiegenden Verfallserscheinungen, wie sie aus dem 14. Jahrhundert – das für den Zisterzienserorden allgemein als eine Krisenzeit gilt[73] – für andere Zisterzen bekannt sind, blieb Ebrach allerdings weitgehend unberührt. Im fränkischen Raum brach während dieser Zeit die Zisterzienserniederlassung Waldsassen zusammen; Klo-

---

[65] Lib. Priv. f 97 a Lit. Q.
[66] Lib. Priv. f 45 G; Abb. Ebr. 47.
[67] Lib. Pal. 577; Abb. Ebr. 48.
[68] Lib Priv. 8 J; Abb. Ebr. 52.
[69] FRIES, Würzburger Chronik I, S. 417.
[70] StA Bamberg, Stdbch. nr. 7686 f 131; Abb. Ebr. 75.
[71] Abb. Ebr. 76.
[72] Lib. Pal. Tom. I pars 2, p. 207; Abb. Ebr. 82.
[73] Neben allgemeinen Zeiterscheinungen (Lockerung der Klosterzucht, Pesttod, Verringerung der zinspflichtigen Bauern, Verteuerung der ländlichen Arbeitskräfte) litt der Orden vornehmlich unter dem Rückgang der Anzahl seiner Konversen, auf Grund dessen er mit dem Prinzip der Eigenbewirtschaftung weitgehend brechen mußte. (Siehe Näheres bei E. HOFFMANN, Die Entwicklung der Wirtschaftsprinzipien, a. a. O., S. 699 ff.; derselbe, Das Konverseninstitut d. Cisterzienserordens in seinem Ursprung u. seiner Organisation, Freiburg (Schw.), 1905.

ster Langheim geriet auf Grund starker Verschuldung in Abhängigkeit vom Bamberger Bischof; das Zisterzienser-Nonnenkloster Sonnefeld (bei Coburg) erreichte zwar zur selben Zeit seinen wirtschaftlichen Höhepunkt, befand sich aber in bezug auf klösterliche Zucht und Ordnung – nicht zuletzt infolge seines Reichtums – in einem «Prozeß der Zersetzung und des Niedergangs»[74].

Das Abnehmen der Anzahl an Laienbrüdern zwang Ebrach nur in geringem Umfang zum Aufgeben der Eigenwirtschaft. Von den 36½ Curien, die das erste, um 1340 angelegte Klosterurbar[75] nennt – es wird im folgenden eingehender davon zu sprechen sein –, stand der Großteil zu dieser Zeit noch in Eigenbetrieb des Klosters, während z. B. Benediktinerniederlassungen Frankens schon im Laufe des 13. Jahrhunderts von der älteren Fronhofsverfassung zum Zins- und Teilpachtsystem übergegangen waren[76]. Nur wenige dieser 36½ Curien waren nach Aussage des Urbars verpachtet, zu Leibgeding oder Erblehen ausgegeben. Einige vorübergehende Verschuldungen und Zwangsverkäufe während dieses Jahrhunderts können nicht als Kriterium für eine absolute Verschlechterung der klösterlichen Wirtschaftslage angesehen werden, da sie jeweils in ursächlichem Zusammenhang mit neuen Erwerbungen stehen. Was aber diese Erwerbungen betrifft, so galt das Interesse des Klosters innerhalb dieses Jahrhunderts weniger den Ankäufen neuer Güter und Liegenschaften, sondern betont dem Kauf von Rechtstiteln und der Ablösung belastender Verpflichtungen[77]. Die schon im 13. Jahrhundert einsetzenden Bemühungen, fremdherrlichen Einfluß über bisher erworbenen Besitz völlig oder zumindest nahezu auszuschalten, wurden jetzt verstärkt und mit unverkennbarer Systematik fortgesetzt, ungeachtet der Tatsache, daß die klösterliche Finanzkraft dabei nicht immer Schritt zu halten vermochte[78]. In den ersten Jahrzehnten des 14. Jahrhunderts wurden die Klostereinkünfte offiziell auf 2400 fl jährlich veranschlagt, wie aus einer 800 fl hohen Taxe, die ab 1328 nach jeder Abtwahl von der Kurie gefordert wurde, zu schließen ist[79]. Die Anzahl der 11 urkundlich überlie-

[74] Vgl. zu Waldsassen: H. MUGGENTHALER, Kolonisation und wirtschaftliche Tätigkeit eines deutschen Zisterzienserklosters im 12. u. 13. Jh., München 1924; zu Langheim: F. GELDNER, Besitz u. wirtschaftliche Entwicklung der ehem. Cistercienserabtei Langheim bis zum Ausgang d. 14. Jhs., JffL 5 (1939); zu Sonnefeld: W. LORENZ, Campus Solis, Schriften d. Inst. f. fränk. Landesforschung a. d. Univ. Erlangen, Hist. Reihe, Bd. 6, Kallmünz 1955, S. 86 u. 107.

[75] F. X. WEGELE, Urbarium Eberacense antiquissimum, in: Mon. Eberac. S. 67–141, Nördlingen 1863; siehe dazu auch die «Untersuchungen zur handschriftlichen Überlieferung des Ebracher Gesamturbars v. 1340», von W. WIESSNER, JffL 3 (1937), S. 28 ff.

[76] So z. B. die Benediktinerabtei Michelsberg in Bamberg, eine der größten geistlichen Grundherrschaften Frankens; siehe dazu E. FRHR. V. GUTTENBERG, Fränkische Urbare, in: Zs. f. bayer. Landesgesch., 7. Jg., 1934, 2. H., S. 193. – Auch die Kanoniker des Ansbacher Stifts St. Gumbert gaben schon während des 13. Jhs. die Eigenwirtschaft zugunsten des Teilpachtsystems auf; vgl. W. SCHERZER, Besitz u. Vogtei des Ansbacher Stifts St. Gumbert zu Ottenhofen, JffL 11/12 (1953), S. 157.

[77] Stellvertretend seien hier nur einige dieser Erwerbungen und Ablösungen genannt: 1340 und 1381 käuflicher Erwerb der Gerichtsherrschaft über nahezu den gesamten Klosterbesitz mit einem Kompetenzumfang, der vorübergehend sogar blutgerichtliche Befugnisse einschloß (vgl. S. 85 ff.); Loskauf von fremden Vogt-, Zehnt- und Steuerrechten, Herbergs- und Jagddienstverpflichtungen, Aufkäufe von Vogtei- und Zehntgerechtsamen (vgl. die Seiten 65, 85, Anm. 436, 94.

[78] So findet Abt Thomas v. Morimonde, als er i. J. 1354 zu einem Ordensbesuch in Ebrach weilte, das Kloster mit einer Schuldenlast von 7275 ℔ Heller vor.

[79] 1328 wurde Abt Friedrich von Papst Johannes XXII. auf das Bistum Eichstädt providiert (S. RIEZLER, Acta Vat. S. 373 nr. 997a); seit diesem Zeitpunkt (bis 1436) beanspruchte die Kurie das Bestätigungsrecht des Abtes in Form dieser 800-fl-Taxe (a. a. O., S. 378 nr. 1004a). Einen Rückschluß auf die Einkünfte anderer Klöster erlauben die Taxbeträge, die von anderen Ab-

teien in gleicher Situation gefordert wurden: Salem zahlte 1650 fl, St. Gallen 400, Kempten ferten Curien des 12. Jahrhunderts[80] hatte sich zur Zeit der Niederschrift des ersten Urbars (1340) – wie bereits gesagt – auf 36½ Curien[81], und zwar in nachstehenden 28 Orten erweitert:

Alitzheim, Bamberg, (Main-)Bernheim, Birkenrode (abgeg.), (Markt-)Breit, Brotbach (1340 bereits als desolata curia bezeichnet), Buchelberg, Dürrhof, Elgersheim, (Wüsten-)Füttersee (abgeg.), Gaibach, Gangolfsberg (bei Ebrach), Hüttenheim, Kaltenhausen, Kitzingen, Großlangheim, Kleinlangheim (vererbt), Mainstockheim, Nürnberg (2 curiae unter 1 magister), Kleinochsenfurt, Rödelsee, Schmalfeld (Schmalfelderhof bei Kitzingen), Unterspiesheim, Sulzheim, Schwabach[82], Weyer (bei Schweinfurt), (Burg-)Windheim, Würzburg (8 und ½ Curie).

Während der ersten Jahrzehnte des 15. Jahrhunderts gelang die Erwerbung einiger ganzer Dörfer, die in unmittelbarer Nähe der Abtei lagen; in anderen konnte der schon vorhandene Besitz so weit ergänzt werden, daß sich der Ort nunmehr vollkommen oder wenigstens in überwiegendem Maße in Klosterhand befand:

1403 Teile von Ober- und Unterspießheim von Caspar v. Sternberg und Dieterich v. Heydingsfeldt; dazu 1418 1 Hof in Oberspießheim von Fritz v. Bibereren et consortes, 1439 1 Hof mit Zugehörungen zu Unterspießheim von Cunz Reylich[83];

1405–07 Schloß und Dorf Grüngresen (heute Kleingressingen) von Engelhard v. Scherenberg und dem Kapitel des würzburgischen Stifts St. Haug[84];

1407 weitere Teile des Ortes Buch von Peter Stettberger[85];

1418 Kauf des Anteils von Wilhelm und Erckinger Zöllner von Sugenheim am Dorfe Schmerb[86];

350, Fulda 300 (vgl. ZEISS, Reichsunmittelbarkeit, a.a.O., S. 39/40). – Von allen Steuern und Abgaben, die andere Klöster an die Kurie leisten mußten, hatte Papst Johannes XXII. Ebrach in Hinblick auf die «Geringfügigkeit» seiner Einkünfte i. J. 1320 (Aug. 13) allerdings befreit (vgl. Reg. bav. VI 16; FRIES, Würzburger Chronik I, S. 441).

[80] Siehe dazu S. 11. (Mönch-)Herrnsdorf (bis 1319 belegt) wird im Gesamturbar von 1340 nicht mehr erwähnt; Brünnstadt (noch 1268 u. 1282 belegt) und Sudrach (belegt um 1268) besitzen nach Aussage des Gesamturbars keine curia mehr; vgl. Mon. Eberac. 74 und 139; dazu auch E. v. GUTTENBERG, Quellen zur Besitz- und Wirtschaftsgeschichte, a.a.O., S. 16/17, Anm. 15).

[81] Mon. Eberac. 69 ff.; E. v. GUTTENBERG, a.a.O., S. 16. – Bei diesen 36½ Curien handelt es sich nur um solche, die im Urbar den Vermerk «hic habemus curiam, ad quam pertinent …» bzw. einen inhaltlich parallelen Hinweis tragen, oder für die ein Magister belegbar ist. Nicht einberechnet sind selbstverständlich jene, für die die Bezeichnung «curia» im Sinne von Zubehör zu einem bäuerlichen mansus zu verstehen ist.

[82] 1281 hatte Ebrach seine Besitzungen in Schwabach – ausgenommen den Klosterhof, die Pfarrei mit Zugehörungen und die Zehntgerechtsame – um 750 ₰ Heller an Kaiser Rudolph verkauft.

[83] Lib. Pal. 255, 257, 272, 278; Abb. Ebr. 106 f., 110.

[84] Abb. Ebr. 107.

[85] Lib. Pal. Tom. 1 c p. 211; Abb. Ebr. 107. – 1369 war der erste Teil von Walter v. Abenberg gekauft worden (Abb. Ebr. 82); 1661 (Mai 30) wurden noch einige dem Kloster Schwarzach gehörende Zinsen von Ebrach erworben (Lib. Pal. Tom. 2 p. 1230), 1668 (Juli 28) endlich noch 3 würzburgische Untertanen mit dem Hochstift ausgewechselt (Lib. Pal. Tom. 1 p. 213), womit der gesamte Ort in Ebracher Besitz gebracht worden war.

[86] Abb. Ebr. 107. Der übrige Teil des Dorfes konnte erst 1628, die Zehntherrschaft erst 1667 (vgl. S. 17) erworben werden. – Schmerb sowie die Orte Klein- und Großgressingen und Hof (gen. Wüstenfüttersee) wurden von P. SCHNEIDER (a.a.O.) irrigerweise als von Ebrach angelegte Rodungssiedlungen des 12. Jhs. bezeichnet; siehe dazu die beweisführende Widerlegung

1420–28 Groß- und Kleinbirkach, Winkel und die Zehntrechte in Ober-, Mittel- und Untersteinach der Herren v. Thün(g)feld[87];
1456 Aufkauf von Teilgerechtsamen in Tugendorf[88].

Ebrach verfügte damit über ein von fremdherrschaftlichem Einfluß fast völlig freies Kerngebiet; daneben besaß es zu dieser Zeit Gruppen- und Streubesitz in einem Bereich, dessen Grenzen vom Main im Norden bis an die Aisch und die obere Gollach im Süden, vom Würzburger Maindreieck im Westen bis an die Rednitz im Osten reichten, wobei die angegebene Umgrenzung nur das Gebiet mit relativ dicht aneinander liegendem Streugut berücksichtigt, vereinzelte Besitzungen noch vielfach weit außerhalb dieser Grenzen lagen[89]. – Stand bis etwa 1470 das Trachten nach räumlicher Ausweitung des Klostergebietes im Mittelpunkt der Erwerbspolitik, so wandte sich das Interesse später vorzüglich dem Ausbau und der Verdichtung des Besitzes zu. Käufe, mit denen letzte Ansprüche fremder Grundherrn in Orten mit bereits überwiegend ebrachischem Besitz gänzlich abgelöst oder weitgehend ausgeschaltet werden konnten, und Tauschverfahren, gleichfalls zum Zwecke der Purifizierung und Arrondierung, standen nun im Vordergrund. 1507 wurde Eberhard v. Thün(g)feld gegen finanzielle Entschädigung zum Verzicht seiner letzten Rechtsansprüche auf Winkel bewogen[90], dazu weitere Liegenschaften und Güter in Sulzheim (1519)[91], Iphofen (1557), Büchelberg (1587) und Gremsdorf (1611)[92] – um nur die wichtigsten zu nennen – erworben. 1627 kaufte Ebrach um den Preis von 23 000 fl das dem Abteisitz nahe gelegene Dorf und Schloß Koppenwind[93], verkaufte dagegen wenige Jahre später (1632) den von Ebrach räumlich weit entfernten Ort Unterwolkersdorf (bei Schwabach), im gleichen Jahr auch das erst 1588 erworbene Nebenhaus des Ebracher Hofes in Nürnberg. Vermutlich lag diesen Verkäufen die Absicht zugrunde, einer Enteignung der Besitzungen in dem um diese Zeit vom Krieg besonders in Mitleidenschaft gezogenen Raum zuvorzukommen[94]. Das Kriegsgeschehen der Folgejahre setzte vorübergehend jeder Erwerbspolitik ein Ende; neben Zerstörungen und unermeßlichen Schäden, die das Kloster als Durchzugsgebiet trafen, wurden ihm in Zusammenhang mit den politischen Ereignissen eine Reihe seiner nahe Schweinfurt gelegenen Besitzungen genommen und der genannten Reichsstadt zugesprochen. – Aber schon wenige Jahre nach Kriegsende war der ehemalige Besitzstand nicht nur wieder erreicht[95], sondern durch verschiedene Käufe von Gütern und Rechtsansprüchen abermals erweitert: 1660 waren es einige Liegenschaften, vornehm-

bei TH. HAAS, Die «Kolonisationstätigkeit», a.a.O., S. 92. Alle genannten Orte liegen im Sprengel der Würzburger Großpfarrei Oberschwarzach und dürften zumindestens als Ausbausiedlungen des 11. Jhs. anzusprechen sein.

[87] Abb. Ebr. 108/109.

[88] Lib. Pal. 789; Abb. Ebr. 138.

[89] Vgl. W. HESS, Das Ebracher Interessengebiet, in: Heimatbll. 1927/28, hrsg. v. Hist. Ver. Bamberg, 6./7. Jg., S. 68 ff.

[90] Abb. Ebr. 141.

[91] Lib. Pal. 513; Abb. Ebr. 141.

[92] Abb. Ebr. 143, 172, 173.

[93] Ebenda 173.

[94] Gustav Adolf, der während seines kurzen Aufenthaltes in der Reichsstadt Nürnberg im dortigen ebrachischen Klosterhof Wohnung nahm, hatte am 20. 3. 1632 dem Kloster in Hinblick auf die geforderten Kontributionen Verkauf und Verpfändung von Ordensbesitz eigens bewilligt.

[95] Durch den Westfälischen Friedensbeschluß hatte Ebrach die während des Krieges an Schweinfurt gekommenen Besitzungen, darunter als wichtigstes das gesamte Klosteramt Weyer, wieder zurückerhalten.

lich Weinberge in und um Würzburg, die Ebrach um 500 fl hinzuerwarb, 1663 der Anspruch auf den gesamten Zehnten zu Selig (nahe Bamberg) um 2100 fl, 1664 um 6000 Rthlr. der Zehnte zu Herreth (LK Staffelstein), 1667 Zehntgerechtsame in Schmerb, 1670 um 200 fl Korngültansprüche des Würzburger Klosters St. Stephan in Mühlhausen[96]. Zur gleichen Zeit berichtigte Ebrach eine aus den Kriegsgeschehnissen resultierende Schuldenlast in Höhe von 68 000 fl, ließ die durch den Krieg vernichteten bzw. beschädigten Klostergebäude und die Abteikirche restaurieren, z. T. neu errichten[97], und war wenig später finanziell in der Lage, die Ortschaft Abersfeld, ferner die ritterschaftlichen Orte Unterschwappach und Stibar-Limbach gänzlich, die Ganerbendörfer Geusfeld, Lüllsfeld und Düttingsfeld zum Teil aufzukaufen. Unter Einbeziehung zweier größerer Ankäufe, die noch gegen Ende des Jahrhunderts erfolgten[98], sind dies die letzten bedeutenden Erwerbungen Ebrachs. Käufe und Verkäufe, Tauschgeschäfte und Schenkungen, die die klösterlichen Quellen bis zur Auflösung der Abtei verzeichnen, beziehen sich ausschließlich auf Objekte geringeren Umfanges und Wertes, deren spezielle Erwähnung hier zu weit führen würde.

Unbelastet von Einzelheiten über Erwerbsweise und -daten sei hier abschließend die Besitzentwicklung Ebrachs noch einmal kurz zusammengefaßt:

Ausgestattet mit einem relativ dürftigen Fundus (1126/27), der bis 1134, dem Jahr der Einweihung der Klosterkirche, durch einige kleinere, vornehmlich aus geistlicher Hand kommender Schenkungen noch etwas vergrößert wurde, setzte für das junge Kloster etwa zehn Jahre nach seiner Gründung eine Schenkungswelle ein, die bis in die zweite Hälfte des 13. Jahrhunderts (bis etwa 1270) den Abteibesitz fast jährlich um namhafte Güterkomplexe erweiterte. Es ist die Zeit der größten Besitzmehrung. Graphisch dargestellt würde die Schenkungsfrequenz etwa in einer Kurve folgenden Verlaufes zum Ausdruck gebracht werden können: von 1136 bis Ende des 12. Jahrhunderts steil ansteigend, etwas abfallend zu Anfang des folgenden Jahrhunderts; 1240 wiederum anhebend, um 1270 ihren Höhepunkt erreichend, danach stetig abfallend und noch in der ersten Hälfte des 14. Jahrhunderts völlig ausklingend. Mit einigen umfassenden Schenkungen und Vermächtnissen in den letzten drei Dezennien des 13. Jahrhunderts geht die Epoche der großen Güterschenkungen an das Kloster zu Ende. Adel und Stadtpatriziat, bisher die nach Anzahl und Wert ihrer Schenkungen großzügigsten Tradenten, wenden ihre Stiftungen nunmehr bevorzugt den Bettelorden zu; eine stete Abnahme der Schenkungsfreudigkeit ist darüber hinaus eine seit dem 14. Jahrhundert allgemein zu beobachtende Erscheinung.

Nachdem sich bereits während der letzten drei Jahrzehnte des 13. Jahrhunderts das Verhältnis von Schenkung und Kauf annähernd die Waage gehalten hatte, treten nun im Rahmen der Besitzmehrung die Käufe in den Vordergrund. – Naheliegend ist hier die Einschaltung der Frage, woher der Konvent die Geldmittel für Käufe derartigen Ausmaßes (siehe u. a. die Kaufsummen S. 12 ff.) bezog. Die von den Klosterbauern in monetärer Form geleisteten Abgaben sowie der Erlös aus den gewonnenen Naturalprodukten können dazu keinesfalls ausgereicht haben. Auch wenn die ebrachischen Quellen detaillierte Angaben darüber versagen, dürfte der Abtei der größte Teil der

---

[96] Abb. Ebr. 174–176.

[97] Neben den Klostergebäuden in Ebrach selbst wurden auch die Klosterhöfe in Nürnberg, Würzburg, Bamberg und Iphofen z. T. neu erbaut, z. T. renoviert; den Klosterhof in Volkach hatte Ebrach 1661 verkauft (Abb. Ebr. 174).

[98] 1696 kaufte Abt Candidus Pfister von Barbara v. Schmitt zu Frankenwindheim einige Lehen und Lehenleute, im Jahre 1700 den Hof Klebheim von Dompropst v. Guttenberg zu Bamberg.

für Ankäufe notwendigen Summen gleichfalls aus Schenkungen und Spenden zugeflossen sein; Jahrtagsstiftungen, für die das Kloster statt einer Besitzüberschreibung eine ansehnliche Geldzuwendung erhielt, sind urkundlich relativ häufig belegt. Aus Quellen normativen Charakters dagegen (Rügen, Verboten und Strafandrohungen von seiten des Generalkapitels in Citeaux) wird deutlich, welche Wege die Ordensniederlassungen – und Ebrach dürfte hier keine Ausnahme gebildet haben – einschlugen, um den Anforderungen gerecht zu werden, die die Tendenz zu ständiger Erweiterung des Besitzes an die Klosterkasse stellte[99]. – Richtete sich das Kaufinteresse des Klosters innerhalb des 14. Jahrhunderts betont auf den Erwerb von Gerechtsamen mit dem Ziel der Ausschaltung fremdherrlicher Ansprüche im grundherrlichen Klosterbereich (Aufkauf umfassender Rechte auf dem Sektor der Gerichtsbarkeit, Erwerb von Zehntgerechtigkeiten, Ablösung fremdherrlicher Ansprüche auf Leistungen klösterlicher Grundhöriger u. a.), so waren es in der ersten Hälfte des 15. Jahrhunderts vorwiegend wieder Ankäufe, die den Klosterbesitz räumlich erweiterten. Eine Reihe in unmittelbarer Nähe der Abtei gelegener Dorfschaften konnte in dieser Zeit vom Kloster erworben werden, – für längere Zeit allerdings die letzten Erwerbungen, die zur Ausweitung des Klosterlandes beitrugen. Ab etwa 1470 galt das Trachten der klösterlichen Erwerbspolitik vornehmlich dem Ausbau und der Verdichtung des Besitzes. Im Rahmen dieser Bestrebungen überwogen nunmehr die Tauschverfahren die Käufe, unterbrochen nur noch einmal von einer größeren Kaufperiode in der zweiten Hälfte des 17. Jahrhunderts. Der um 1700 erreichte Besitzstand blieb nahezu unverändert bis zur Säkularisation (1803) erhalten.

2. Die Organisation

Im Rahmen einer Untersuchung über eine Zisterzienserniederlassung wird in Hinblick auf die von diesem Orden, zumindest ursprünglich, verfochtenen Wirtschaftsprinzipien von einem Kapitel über die organisatorischen Verhältnisse folgerichtig eine Zweiteilung – eine Darstellung der Organisation der eigenwirtschaftlich geführten Betriebe, der Grangien, und eine entsprechende Darlegung des durch bäuerliche Hand bewirtschafteten Klosterbesitzes – erwartet werden. Erst vor kurzem wurde von I. Bog an dem Fehlen einer Darstellung der Entstehung und Organisation der Grangien in der Untersuchung A. Heidachers über das ebrachische Filialkloster Heilsbronn i. Mfr. Kritik geübt[100]; daß diese Kritik in Anbetracht der Quellenlage Heilsbronns zurecht geäußert wurde, unterliegt insofern keinem Zweifel, als I. Bog auf Grund eigener Studien Umfang und Aussagegehalt der Heilsbronner Quellen bekannt sind. Letztere hätten demnach geboten, was die Überlieferung anderer Zisterzen im allgemeinen verweigert: eine exakte Beantwortung der Fragen nach Aufbau und Wirtschaftsweise der

---

[99] Wiederholte Verbote (so in den Jahren 1179, 1184, 1198), vorhandenes Kapital durch Zinsnahme bei Verleihungen zu vergrößern; Laien zu Spenden aufzumuntern; Opferstöcke aufzustellen; Klosterangehörige zum Betteln auszuschicken; siehe Näheres bei E. Hoffmann, Die Entwicklung der Wirtschaftsprinzipien, a.a.O., S. 710 ff.

[100] I. Bog, in: Vierteljahrsschrift f. Sozial- und Wirtschaftsgeschichte (künftig: VSWG) 43, 1 (1956), S. 64/65. (A. Heidacher, Die Entstehungs- und Wirtschaftsgeschichte des Klosters Heilsbronn bis zum Ende des 15. Jahrhunderts, Bonn 1955).

Grangien, nach Art der Abfindung jener Bauern, die durch die Errichtung von klöster-lichen Eigenhöfen ihres Besitzes verlustig gingen bzw. nach dem «Schicksal der Bauern in der Hofwirtschaft»[101]. Die Ebracher Quellen, so zahlreich sie sind, übermitteln dazu kaum eine Nachricht. Schon gelegentliche Hinweise auf den genauen Zeitpunkt der Errichtung bzw. auf den der Auflösung (vgl. die Seiten 9, 11), vornehmlich dann, wenn sie etwas über den Modus der Ausgabe aufgelöster Grangien an Bauern bekanntgaben (vgl. S. 39 f.), wurden daher bereits mit einer gewissen Dankbarkeit der Überlieferung gegenüber aufgenommen. Verschiedentlich konnte ja selbst der Zeitpunkt der Errich-tung und Auflösung nur durch Rückschluß aus späteren Quellenvermerken annähernd festgelegt werden (vgl. S. 9 ff.). Ebrach stellt mit diesem Mangel an Überlieferung kei-neswegs einen Einzelfall dar. So mußte sich schon F. GELDNER. dessen eingehende Kennt-nis der Langheimer Quellen unangezweifelt ist, hinsichtlich der Grangien dieser frän-kischen Zisterze auf die Wiedergabe bzw. Rekonstruktion von Errichtungs- und Auf-lösungsdaten beschränken[102], und auch H. WISWE stellte seiner Untersuchung über die eigenwirtschaftlichen Großbetriebe niedersächsischer Zisterzienserklöster bedauernd voraus, daß die mittelalterlichen Quellen «über die Organisation und die Wirtschafts-weise der Grangien so gut wie nichts» geboten hätten, – er daher zur Heranziehung von Archivalien des 16. und 17. Jahrhunderts gezwungen gewesen sei[103]. (Quellen aus einer Zeit also, zu der ja die Grangien der drei großen fränkischen Zisterzienserklöster Ebrach, Heilsbronn und Langheim fast alle bereits aufgelöst und ausgegeben waren[104].)

Aus oben angeführten Gründen müssen sich daher die nachfolgenden Ausführungen auf die Darstellung der organisatorischen Verhältnisse jenes Klosterbesitzes beschrän-ken, der außerhalb der Grangien stand; im Rahmen des Auf- und Ausbaues der Ver-waltung stellten aber gerade die Grangien (und dazu überliefern die Quellen gesicherte Nachrichten), die neben ihren wirtschaftlichen Aufgaben zum großen Teil administra-tive Funktionen ausübten, das Grundgerüst dar.

Nur während der ersten Jahre nach Gründung des Klosters war es möglich, die Erwerbungen von einem zentralen Punkt, der Abtei, aus zu verwalten. Der rasch an-wachsende Besitz verlangte bald eine gewisse Dezentralisation der Verwaltung, den Aufbau kleinerer administrativer Einheiten, die eine genügende Kontrolle der Kloster-güter garantierten. Noch unter dem ersten Abt übernahmen einige verwaltungstech-nisch günstig gelegene Curien die Aufgabe, die aus dem umliegenden Streubesitz an-fallenden Reichnisse zu erheben und zu administrieren. Im Jahre 1136 fungierten neben dem Klosterhof in Ebrach selbst bereits 6 Curien[105] als derartige Sammelstätten

---

[101] I. BOG, a. a. O., S. 65.

[102] Vgl. F. GELDNER, Besitz und wirtschaftliche Entwicklung, a. a. O., S. 18 ff.; S. 36 f., S. 54; derselbe, Das älteste Urbar d. Cistercienserklosters Langheim (Veröffentlichungen d. Ges. f. Fränk. Gesch., X. Reihe, Würzburg 1952), S. 19*. – Auch in bezug auf die Quellen der ehem. Zisterzienserabtei Raitenhaslach stellte E. KRAUSEN fest, daß zu den in Eigenbetrieb des Klo-sters stehenden Höfen «fast gar keine Nachrichten vorhanden sind». (E. KRAUSEN, Die Wirt-schaftsgeschichte der ehem. Cistercienserabtei Raitenhaslach, a. a. O., S. 90.)

[103] H. WISWE, Grangien niedersächsischer Zisterzienserklöster, a. a. O., S. 24.

[104] Wenn weiter unten (S. 34) davon gesprochen wird, daß Ebrach bis zu seiner Auflösung die Eigenwirtschaft nicht völlig aufgab, so ist dies hierzu insofern nicht als Widerspruch auf-zufassen, als es sich bei diesen eigenwirtschaftlich betriebenen Gütern lediglich um einige, jeweils zu den Amtssitzen gehörige Liegenschaften handelte, die zwar weiter von Klosterangehörigen bestellt wurden, deren Bearbeitung aber nicht im Rahmen einer Grangie im ursprünglichen Sinn, d. h. im Verband eines selbständigen Wirtschaftsbetriebes erfolgte.

[105] In Alitzheim, (Main-)Stockheim, Sulzheim, (Kalten-)Hausen, Würzburg und (Mönch-)Herrnsdorf; letztere 1728 nach Burgwindheim verlegt.

grundherrlicher Gefälle, deren Reihe bis 1178 durch 3 weitere ergänzt wurde[106]. Spätestens 1195/96[107] wurde auch der Besitzkomplex Schwabach dem dortigen Klosterhof verwaltungsmäßig unterstellt. Nachdem 1296 noch Katzwang hinzuerworben, ein Teil des Güterkomplexes um Schwabach aber wiederum verkauft worden war, faßte man kurz darauf alle Klosterbesitzungen im Raume Nürnberg-Schwabach im officium Nürnberg administrativ zusammen. Das Zinsbuch von 1331 gibt Schwabach und Katzwang bereits als mit dem officium Nürnberg vereinigt an; die Zusammenlegung erfolgte also nicht erst im Anschluß an die Reformation, wie Hess[108] irrtümlich annimmt. – Wie der urkundlichen Überlieferung bis Anfang des 14. Jahrhunderts zu entnehmen ist, wurden die Verwalter – sie führten den Titel «magister» (Hofmeister) – aus der Reihe der Konversen gestellt[109]. Noch während des 14. Jahrhunderts bahnte sich auf dem Wege der Zusammenfassung und der Unterstellung mehrerer benachbarter Curien unter einen Verwaltungsmittelpunkt die Organisation der klösterlichen Außenämter (officia) an. Als Verwalter organisatorischer Einheiten dieser Art wird statt des Magisters nun ab und zu der Prokurator genannt; für den Nürnberger Besitz ist ein «procurator officii et curiae» schon für das Jahr 1312 belegbar[110]. Im Gegensatz zu den ersten beiden Jahrhunderten der Klosterherrschaft übernahmen seit dem 14. Jahrhundert in zunehmendem Maße auch Konventuale, vornehmlich in der Stellung von Prokuratoren, äußere Verwaltungsaufgaben. – Von den eingangs genannten ersten Curien, die mit administrativen Funktionen ausgestattet waren, wurden – neben Ebrach selbst – Mainstockheim, Sulzheim, Würzburg, Herrnsdorf, Nürnberg und Elgersheim Mittelpunkte klösterlicher officia. Die übrigen wurden in der Zeitspanne zwischen dem beginnenden 14. und 15. Jahrhundert[111] ihrer ehemaligen Verwaltungsaufgaben entledigt und den benachbarten Amtskurien verwaltungsmäßig inkorporiert;

[106] 1154 Waldschwind b. Geusfeld, 1161 «Morsbach» (Lage war in späteren Jahrhunderten selbst dem Kloster nicht mehr bekannt), 1178 Elgersheim; noch während des 12. Jhs. muß auch die Curie Bamberg errichtet worden sein. Vgl. hierzu H. Zeiss, Reichsunmittelbarkeit, a.a.O., S. 20; auch J. Looshorn, Die Geschichte des Bisthums Bamberg II (Bamberg 1886–1900), S. 502 ff.

[107] Zu diesem Zeitpunkt gelangte das durch Schenkung Herzog Friedrichs von Rothenburg an das Kloster gekommene Prädium Schwabach, das der Abtei vorübergehend entfremdet worden war, wieder an Ebrach zurück.

[108] W. Hess, Das Ebracher Interessengebiet, a.a.O., S. 71; vgl. ferner E. v. Guttenberg, Quellen zur Besitz- u. Wirtschaftsgeschichte, a.a.O., S. 17.

[109] Ebrach entsprach hier – verglichen mit anderen Zisterzienserklöstern Deutschlands – relativ lange Zeit der Forderung des Ordens, die äußere Verwaltungsarbeit nicht von Konventualen, sondern ausschließlich von Laienbrüdern ausführen zu lassen. (Vgl. die erste Sammlung der Kapitelsbeschlüsse von 1134; gedruckt bei Guignard, Inst. Cap. gen.; dazu E. Hoffmann, a.a.O.)

[110] J. Jaeger, Verzeichnis der Äbte und Religiosen der Cistercienser-Abtei Ebrach 1126 bis 1803; Sonderdruck aus d. Cistercienser-Chronik, 14. Jg., Bregenz 1903, S. 30. – Bis etwa 1320 werden der magister curiae in Schwabach (1. Nennung 1252/63; vgl. Jaeger, a.a.O., S. 15) und der procurator curiae in Nürnberg getrennt genannt; ab dieser Zeit scheinen die beiden Ämter personal vereinigt worden zu sein. Siehe dazu auch E. v. Guttenberg, Quellen zur Besitz- u. Wirtschaftsgeschichte, a.a.O., S. 22.

[111] In den Quellen werden keine exakten Zeitangaben über Zusammenlegung einzelner Curien und die Erstformierung von Ämtern gemacht. Zum großen Teil geben erst später angelegte Zinsregister von der Tatsache vorangegangener Zusammenlegungen Nachricht. So geht aus einem Zinsregister von 1484 des Prokurators in Sulzheim hervor, daß die Curien Alitzheim, Unterspießheim, Brünnstadt u. Sulzheim zum Amt Sulzheim zusammengefaßt wurden; auch die Vereinigung der Curien Elgersheim und Kaltenhausen ist erst aus einem Zinsregister von 1496/97 ersichtlich (vgl. E. v. Guttenberg, a.a.O., S. 24/25).

in einigen Fällen behielten sie im Rahmen der Verwaltung gewisse Zwischenfunktionen, sammelten die Gefälle des nahen Umlandes zur Weiterleitung an die Amtskurie oder übernahmen neben deren Sammlung auch eine vorübergehende Speicherung.

Stetige Zunahme des Besitzes, der durch die klösterlichen Bestrebungen nach Arrondierung wiederholtem Wechsel unterworfen war, machte in Anpassung an die jeweiligen Erfordernisse verschiedentlich die Neuformierung schon bestehender, später noch die Errichtung einiger zusätzlicher Verwaltungseinheiten notwendig. Das Ebracher Klosteramt war demnach – im Gegensatz zum «Amt» des eichstädtischen Stiftes Herrieden etwa[112] – keine organisch gewachsene, sondern lediglich eine in Hinblick auf verwaltungstechnische Utilität geschaffene Größe. – Zwischen dem ausgehenden 15. und 17. Jahrhundert (bis 1689) blieb der ebrachische Besitz ohne nennenswerte Veränderungen auf nachstehende acht Ämter verteilt[113]: Ebrach (17), Herrnsdorf (12), Sulzheim (11), Unterschwappach (4), Mainstockheim (5), Nürnberg (2), Weyer (1), Elgersheim (2). Daneben bestanden noch neun Amtshöfe[114], denen zwar kein Klosteramt im eigentlichen Sinn untergeordnet war, die aber zur Entlastung der großen Ämterkanzleien neben einigen anderen Belangen[115] auch grundherrliche und vogteiliche Aufgaben für klösterlichen Streubesitz ihrer nahen Umgebung zu erfüllen hatten. Soweit sie in Städten und Märkten angelegt waren, besaßen sie in allen Fällen Lagerungsmöglichkeiten für größere Mengen an Naturalien, die hier aus den angrenzenden Ämtern gesammelt und auf dem städtischen Markt zum Verkauf gebracht werden konnten. – Zwischen 1689 und 1738 wurde die Anzahl der Ämter von neun auf elf erweitert. Die Brevis Notitia des Abtes WILHELM I. SOELNER (1739)[116] gibt die Organisation des klösterlichen Verwaltungsnetzes in folgender Form an: Ebrach (mit 20 Ortschaften), Burgwindheim (mit 11), Sulzheim (mit 11), Unterschwappach (mit 4), Mainstockheim (mit 4), Nürnberg-Schwabach (mit 70), Weyer (mit 1), Würzburg (mit 1), Elgersheim (mit 1), Bamberg (mit 8), Schweinfurt (mit 1). – Eine in den nächsten Jahrzehnten erfolgte letzte Neuformierung, bei der die Zahl der Ämter durch Auflösung der Amtsbereiche Bamberg und Schweinfurt von elf wiederum auf die ursprüngliche Anzahl von neun reduziert wurde, geht aus der Notitia omnium locorum v. J. 1772 hervor: Ebrach (mit 40 Ortschaften), Burgwindheim (mit 24), Sulzheim (mit 20), Unterschwappach (mit 15), Mainstockheim (mit 13), Nürnberg-Katzwang (mit 60), Weyer (mit 8), Würzburg (mit 24), Elgersheim (mit 23). Die wesentliche Erhöhung in der Anzahl der zugehörigen Ortschaften ist nicht auf ein Anwachsen des Klosterbesitzes während dieser Zeitspanne zurückzuführen, sondern erklärt sich aus der zunehmenden Intensität, mit der die Ämter lokal verstreut liegende Einzelgerechtsame des Klosters «zum Amt» erfaßten. Wenn die Notitia omnium locorum die neun Klosterämter mit insgesamt 227 zuständigen Orten angibt, so verzeichnet sie trotz der verstärkten Erfassung bei weitem nicht alle, sondern nur einen, wenn auch den bedeutendsten Teil der Ortschaften, in denen Ebrach Rechtsansprüche besaß. Drei Jahr-

---

[112] Diesen Hinweis danke ich Herrn Dr. G. Rüger, der zur Zeit an einer Untersuchung über die Grundherrschaft Herrieden arbeitet.

[113] Die in Klammer stehende Zahl bezeichnet die Anzahl der zum Amt gehörigen steuerzahlenden Ortschaften.

[114] Bamberg, Schweinfurt, Schwabach, Rödelsee, Iphofen, Klebheim (Klebheimerhof bei Untersteinbach), Waldschwind, Winkel (Winkelhof) und Koppenwind.

[115] Sie dienten, wie auch die Klosterhöfe in den 8 Amtsorten, gleichzeitig als Gästehaus und Herberge für durchreisende Klosterangehörige.

[116] WILHELM SOELNER, Brevis Notitia Monasterii B. Mariae V. Ebracensis. Rom 1739; Übersetzung von G. Schübel, 1955, gedruckt im Rotaprintverfahren, 1 Exemplar i. d. Bibliothek des Bayer. Staatsarchives Bamberg.

zehnte später ermittelten die staatlichen Kommissionen bei Säkularisierung der Abtei (1803) als Resultat langwieriger Erhebungen etwas mehr als 700 Orte, in welchen das Kloster im Laufe seines Bestehens Besitz oder Rechtsansprüche unterschiedlichen Charakters besessen hatte[117].

Bestand in bezug auf die Administration der Klosterbesitzungen eine steigende Tendenz zur Intensivierung und Dezentralisation der Verwaltung, so entwickelte sich im Rahmen der Vermögensverwaltung ein anfänglich lockeres, in mehrere Ressorts mit eigenen Einkünften aufgeteiltes Gefüge im Laufe der Jahrhunderte zu einer straffen, zentral gelenkten Einheit[118].

Wenn die klösterlichen Einkünfte im Gesamturbar von 1340 z. T. noch mit besonderem Hinweis auf ihre Pertinenz aufgeführt werden, so lag dieser Art von Verzeichnung vermutlich der Wunsch zugrunde, das *Abts*gut (mensa abbatialis), vornehmlich zur Bestreitung aller öffentlichen Lasten der Abtei bestimmt, vom *Konvents*gut, das den Mönchen ein hinreichendes Auskommen sichern sollte, weitgehend getrennt zu halten[119]; außer den unter der Verwaltung des Priors stehenden Einnahmen des ganzen Konvents nennt das Urbar aber auch Einkünfte, die auf eine Reihe von Trägern klösterlicher (Innen-)Ämter (officia) aufgeteilt waren[120], daneben dann noch jene Einnahmen, die durch die bereits in Zusammenhang mit der äußeren Verwaltung erwähnten Amtshöfe administriert wurden. – Wie aus Urkunden der gleichen Zeit hervorgeht, wurden die Einkünfte vom Empfangsberechtigten im Sinne selbständiger Rechtsobjekte gehandhabt: 1326 (April 8) erhielt Abt Friedrich zur Schuldentilgung des Hofes *in maiori Stockheim* (Mönchstockheim) vom Konvent eine Summe von 84 ₰ Heller, wofür er diesem bis zur Bezahlung der Schuld die Jahreseinkünfte der Abtei im Orte Vögnitz überließ[121]; 1331 (Januar 23) bekennt Abt Albert von Ebrach, daß er vom Prior Christian als Schuldentilgung zur Pflege der Weinberge in Elgersheim und Kaltenhausen 90 ₰ Heller gegen eine jährliche Zinszahlung von 9 ₰ Heller erhalten habe[122]. Aus der Erwähnung bestimmter Einkünfte mit Hinweis auf ihre Verwendung geht u. a. hervor, daß der Abt außerhalb der Wohngemeinschaft der übrigen Mönche, im Abtshaus, lebte[123] und dort für ihn auch eigens eine Küche geführt wurde[124]. –

[117] Von diesen rund 700 Orten war im Laufe der Jahrhunderte etwa ein Sechstel eingegangen, zirka ein Zehntel davon ist verschollen. (Vgl. W. Hess, Das Ebracher Interessengebiet, a. a. O., S. 72). – 282 Orte mit ebrachischem Besitz und Rechtsansprüchen, also etwa die Hälfte der um 1800 noch lebenden Orte, sind in der beigefügten Besitzskizze verzeichnet.

[118] Eine sachlich parallele Beobachtung wurde erst vor wenigen Jahren von H. Wiswe (a. a. O., S. 31) in bezug auf niedersächsische Zisterzen mitgeteilt.

[119] Zur Trennung von Abts- und Konventsgut vgl. u. a. Daniel Neundörfer, Studien zur ältesten Geschichte des Klosters Lorsch, Berlin 1920 (Arbeiten z. dt. Rechts- u. Verfassungsgeschichte, III. Heft, Berlin 1920), S. 66.

[120] Über klösterliche (Innen-)Ämter mit separierten Einkünften S. 23 f.

[121] RB 6, 193.

[122] RB 6, 353.

[123] Dem Abt standen dafür Sondereinkünfte aus dem Amtshof Rödelsee und dem Dorfe Schwappach zu, die jedoch zur Zeit der Niederschrift des Gesamturbars dem Bursarius zur Verfügung standen: «Licet curia in Rotelse cum suis attinenciis supradictis et villa Swappach ad domnum abbatem specialiter pertineant et ad presens per bursarium disponantur...» (Mon. Eberac. 131). – Zu den Einkünften des Subcellerarius im Dorfe Bebendorf (Holz- oder Wasserberndorf) wird vermerkt: «XX uncie hall. ad domum domni abbatis sunt annis singulis presentande.» (Ebenda 137.)

[124] Von den Zehenteinkünften, die dem Infirmarius aus dem Dorfe Schrappach zustanden, mußte dieser die Abtsküche mit Eiern versorgen («ut prouideat coquine domni abbatis in ouis»; ebenda 106).

Von seinen geistlichen Funktionen abgesehen, oblag dem *Prior* die Erhebung und Verwaltung aller Einkünfte, die dem Unterhalt des Konvents (pro consolacione conventus) dienten[125]; einige dieser Einkünfte waren – zumeist auf einen Wunsch des Stifters hin – ausdrücklich an einen bestimmten Verwendungszweck gebunden[126]. – Der *Bursarius* verwaltete die klösterliche Kasse; er übernahm die Einnahmen der Abtei, legte darüber mehrmals jährlich an bestimmten Tagen Rechnung und handhabte auf Anordnung des Abtes die Ausgaben. Ihm unmittelbar unterstanden sowohl die Verwalter der äußeren Klosterämter als auch die der innerklösterlichen officia, ferner alle Teil- und Sondergutsverwaltungen (Speicher, Schäfereien, gesonderte Hebestellen), die jährlich wenigstens einmal mit dem Bursarius als dem obersten Kassenverwalter abrechneten. Neben Einkünften unterschiedlicher Art fielen u. a. die «nova remedia», die neu hinzukommenden «Seelgeräte» an ihn. – Das Amt des *Kustos* umfaßte alle gottesdienstlichen Belange; ihm bzw. seinem Amt flossen daher auch alle Opfergaben zu. – Dem *Cellerarius* unterstanden alle zeitlichen, d. h. weltlichen Zwecken gewidmeten Klostergüter. Eigenartigerweise fehlt in der Reihe der im Urbar von 1340 eigens angeführten Klosterämter das Amt des Kellerers, während das Amt eines Subcellerarius mit seinen Einkünften gesondert genannt ist. TH. HAAS[127] nimmt nach langjährigen Studien über das Gesamturbar an, daß sich unter den häufig erwähnten Einkünften, die dem Cellerarius zustehen, möglicherweise das Abtsvermögen verberge. Eine genaue Scheidung zwischen dem Vermögen des Abtes und dem des Konvents ist jedoch trotz der verschiedentlich separierten Nennung der Einkunftsberechtigten nicht möglich. – Die Aufgaben des *Camerarius* oder Kämmerers dürften denen des Vestiarius, wie er andernorts bezeichnet wird, gleichzusetzen sein. Zu seinen Amtsobliegenheiten gehörte u. a. auch die Verwaltung des Wollertrages aus den klösterlichen Schafhaltungen. – Über ein gewisses Sondergut mit eigener Verwaltung und Rechnungslegung verfügten auch der *Hospitalarius*, der für das vor den Toren des Klosters gelegene Gästehaus Sorge trug, sowie der *Infirmarius*, der sich der Pflege alter und kranker Mönche widmete. – Das Pförtneramt versorgte der *Portenarius*, dem außerdem auch die Verteilung der Almosen oblag. Zu seinen Einkünften zählten u. a. die Einnahmen aus der zweiten Messe am Tor (= Fuchsenkapelle). Nicht eindeutig klärbar ist, was unter den «multos pueros ac nutrices» zu verstehen ist, die nach Aussage des Urbars[128] zum Aufgabenkreis des Portenarius gehörten. Da in einem späteren Verzeichnis der Äbte und Religiosen[129] auch ein *officialis rei pupillariae* aufgeführt wird, darf rückschließend vielleicht angenommen werden, daß das Kloster eine Art Waisenhaus unterhielt, dessen ursprüngliche Betreuung möglicherweise unter die Aufgaben des Pförtners fiel. – Als officia mit eigenen, jedoch relativ geringen Einkünften führt das Gesamturbar auch einige klösterliche Handwerksbetriebe an: das Amt des *Magister fabrice* (Leiter der Werkstatt oder Schmiede), das des *Magister sutorie* (Leiter der Schusterei) und das,

---

[125] Dafür sprechen auch Hinweise in anderem Zusammenhang: so werden z. B. Weinberge in Escherndorf vom Prior «ex parte conuentus» bebaut (ebenda 131).

[126] 32 tal. hall. des Nürnberger Amtshofes mußten z. B. ausschließlich zur Erhöhung der Butterration für den Konvent (ebenda 130), der halbe Zehent in Vorche für den Ölbedarf verwendet werden (ebenda 131). Zur gesammelten Verzeichnung aller Servitienstiftungen siehe: Liber Pietanciarium (genaues Quellenzitat: S. 7 Anm. 26).

[127] Für das mir freundlicherweise zur Einsichtnahme überlassene Manuskript, das neben den mit großer Akribie durchgeführten Untersuchungen zum Gesamturbar auch wertvolle urkundliche Ergänzungen enthält, darf ich Herrn Oberstudienrat Dr. Th. Haas, Erlangen, an dieser Stelle nochmals danken.

[128] Mon. Eberac. 140.

[129] J. JAEGER, Verzeichnis der Äbte und Religiosen, a. a. O., S. 88.

angesichts des ausgedehnten klösterlichen Weinbaues, wichtige Amt des *Doleators* (Büttner, Küfer). Wie aus den ihnen zugehörigen Äckern und Wiesen zu schließen ist, dürften sie jeweils sogar über eigenen Viehbestand verfügt haben. – Größere Einkünfte fielen an die Klosterbäckerei (pistrinum), die jedoch nicht als eigenes officium gerechnet wurde. Von 72 Höfen und 1 Lehen in Herlheim standen ihr 218½ Malter Roggen, von Mönchsondheim 272 Malter Roggen zu; in Obereuerheim waren 3 Höfe zur Reichung von 13 Malter Roggen, ebensoviel Hafer und 3 Fastnachtshühnern an die Bäckerei verpflichtet. Der Zehnte in Halbersdorf, Lubrichsdorf und Unterharrnsbach wird als «ad monasterium Ebracense . . . et pistrinum» gehörig bezeichnet.

Blieb die Vermögensverwaltung mit ihrer Aufgliederung in einzelne Ressorts auch bis zur Auflösung der Abtei nahezu unverändert erhalten, so wurden im Bestreben um Zentralisierung die verschiedenen Sondereinkünfte allmählich bis auf geringe Reste gelöscht und den klösterlichen Gesamteinnahmen zugeschlagen. 1407 löste Abt Heinrich III. verschiedene Stellen und Ämter im Kloster mit der Begründung auf, der «Reiz des Eigentums» gefährde nicht nur die Seelen der Klosterbrüder; die Vielzahl der Ämter stelle auch eine ordentliche Klosterverwaltung in Frage. Einnahmen und Ausgaben sollten forthin nur noch unter Oberaufsicht des Cellerarius' vom Bursarius verwaltet werden[130]. In der Hauptsache verfügten während der späteren Jahrhunderte lediglich die Außenämter über einige Separateinnahmen.

II. Der Besitz der Klosterbauern

1. Die Besitzgrößen

Das in lateinischer Sprache verfaßte erste Klosterurbar[131] von 1340 beschränkt sich bei der Bezeichnung der im Untersuchungsgebiet vorkommenden bäuerlichen Wirtschaftseinheiten auf die Begriffe: bonum, mansus, feodum und domus bzw. area inquilina. Worauf der Schreiber bei Anwenden der Bezeichnung «curia» Bezug nimmt, ist entweder der noch in Form der Grangie bestehende oder inzwischen bereits zur Bewirtschaftung an Coloni ausgegebene Klosterhof; daneben wird der gleiche Terminus auch zur Bezeichnung eines Ausstattungsteiles der bäuerlichen Manse, der Hofstatt, verwendet. (Es wird später näher davon zu sprechen sein.)

Mit der oben gewählten Reihenfolge – vom Bonum als der umfangreichsten Einheit zum Kleinstgut, dem geringfügig ausgestatteten Beisassenhaus – ist bereits eine gewisse größenmäßige Stufung der Betriebseinheiten angezeigt. Nach Anzahl stehen die Mansen an der Spitze; mit Abstand folgen die Nennungen von Feoda und Häusern, nur vereinzelt die Hinweise auf das Bestehen von Bona. Diese Beobachtung, bezogen auf das gesamte grundherrliche Gebiet Ebrachs, schließt nicht aus, daß die Struktur eines einzelnen Dorfes zu dieser Aussage in Widerspruch stehen kann, hier und dort die Anzahl der Klein- und Kleinstgüter beispielsweise die Zahl der Mansen bei weitem übersteigt.

---

[130] Vgl. J. JAEGER, Die Klosterkirche in Ebrach, a. a. O., S. 60 f.
[131] Mon. Eberac. 67 ff.

Die Beantwortung der Frage, welches Ausmaß an Liegenschaften sich mit dieser oder jener Bezeichnung eines bäuerlichen Betriebes verband, dürfte in Form einer Reihe von Beispielen zuverlässiger als mit bloßer Bekanntgabe von Durchschnittswerten gegeben sein; letztere würden zwangsläufig, da die Größe der mit dem gleichen Begriff bezeichneten Betriebe je nach Ertragsfähigkeit des Bodens von Landschaft zu Landschaft, ja teilweise von Dorf zu Dorf stark wechselt, einen täuschenden Eindruck vermitteln. Nur innerhalb *eines* Dorfes waren Betriebseinheiten gleicher Bezeichnung im allgemeinen auch von annähernd gleicher Größe. – Erschwerend fällt beim Versuch einer Berechnung der zu einzelnen Betriebsgrößen (der älteren Zeit) gehörigen Liegenschaften ins Gewicht, daß in einer Reihe von Fällen die Angaben des Ersturbars zu Feld- und Wiesenzubehör in Form der Umschreibung[132] erfolgen. Die ebrachische Curie[133] Kaltenhausen besaß an gutem und schlechtem Ackerland für «3 Pflüge genügend» («ad tria aratra satis»); zu jedem Pflug wiederum, setzt die Quelle hier ausnahmsweise ergänzend und einen gewissen Anhaltspunkt vermittelnd hinzu, gehörten 120 Joch[134]. Zum Vergleich sei das zur Curie Rödelsee gehörige Ackerland gegenübergestellt, dessen 340 Acker minus 1/2 agro[135] als «. . . sufficiunt ad aratrum cum sex equis»[136] bezeichnet werden, – demnach hier auf das Gespann nur etwa 113 Acker treffen würden. – Jede der 4 Mansen in Burgwindheim hatte nach Aussage des Urbars soviel an guten und schlechten Äckern, wieviel 4 Pferde in 12 Tagen, jede der 8 Mansen in Oberweiler soviel an Ackerland, wie 4 Pferde in 11 Tagen zu pflügen imstande seien[137]. Ungeteilte Höfe in letztgenanntem Ort besaßen nach einer i. J. 1699 vorgenommenen Gütermessung etwa 135 Acker Feld[138]. (Die Größe eines Ackers scheint, wie entsprechenden Vermerken in den Urbaren zu entnehmen ist[139], zu dieser Zeit der Größe eines Morgens [siehe Anm. 139] entsprochen zu haben.) – Die Zugehörungen an Wiesen hält das Urbar mehrfach in Form des aus dem Wiesenbesitz resultierenden Heuertrages (in Fuderanzahl) fest; welches Flächenausmaß sich hinter einem Vermerk, diese oder jene Besitzgröße verfüge über Wiesen «für 2 oder 3 Fuder Heu» verbirgt, war in Einzelfällen (bei unverändert fortbestehenden Betriebseinheiten) durch die später an die

---

[132] Vorwiegend nach Pflugleistung pro Tag (Pflugtage) beim Feldzubehör, nach Heuertrag beim Wiesenbesitz.

[133] Da lediglich zwei Quellenhinweise (Anm. 134 u. 136) durch relativ exakte Angaben einen Anhaltspunkt zur Aufschlüsselung der in der Quelle verwendeten Umschreibungen geben, mußten sie trotz der Tatsache, daß sie sich auf die terra salica des Klosters und nicht auf bäuerliches Wirtschaftsland beziehen, beim Versuch einer Berechnung des bäuerlichen Ackerbesitzes zu Hilfe genommen werden.

[134] Mon. Eberac. 91.

[135] Die umständliche Rechnungsweise ist durch den Gebrauch römischer Ziffern verursacht.

[136] Mon. Eberac. 102/103.

[137] Mon. Eberac. 122 (Burgwindheim), 120 (Oberweiler).

[138] StA Bamberg, Stdbch. nr. 7802, Gütermessungsregister von 1699.

[139] Vgl. u. a. StA Würzburg, Stdbch. nr. 499 f 79 («Acker = Morgen»). – Sowohl Tagwerk als auch Joch wurden während des 17. und 18. Jhs. zu ungefähr 1¹/₂ Morgen berechnet; der Morgen selbst wiederum umfaßte, regional verschieden, zwischen 150 und 190 Gevierthuthen, also etwa zwischen 2000 und 2565 m², da die Ruthe im allgemeinen zu 16 Schuh (= 192 Zoll) angenommen wurde; 1 Schuh = ca. 30 cm. Dieser Berechnung zufolge (wird der Morgen zu 150 Gevierthuthen angenommen) entsprechen etwa 3 Morgen bzw. 1,9 Tagwerk (= Joch) 1 Hektar. Siehe dazu: H. MADER, Maß und Gewichte des fränkischen Oberlandes im 16. Jahrhundert, in: Arch. f. Gesch. u. Altertumskde. v. Oberfranken, 32. Bd., 2. Heft, 1934, S. 83 f. – Im Nürnberger Raum wurde zur gleichen Zeit ein Tagwerk einem Morgen gleichgesetzt; vgl. dazu J. B. FISCHERS statistisch-topographische Beschreibung des Burggrafthums Nürnberg, unterhalb des Gebürgs oder des Fürstenthums Brandenburg-Ansbach, I. Teil, Ansbach 1790, S. 140 u. 214.

Stelle der Umschreibung tretenden Angaben in Joch oder Tagwerk annähernd feststellbar[140].

Ausgegangen sei hier von der Größenbestimmung der Manse: Mit 80 Acker Feld und 6 Joch Wiesen dürfte die Manse Hagen im Dorf Abtswind um 1340 als umfangreichste Einheit dieser Bezeichnung[141], 8 Mansen in Wolfsbach mit je 9 Tagwerk Äckern und Wiesen für etwa 1 Fuder Heu als diejenigen mit der geringsten Ausstattung anzusprechen sein[142]. Am häufigsten treten Mansen mit Zugehörungen von 30–40 Acker Feld und einigen Joch Wiesen (für 3–4 Fuder Heu) in Erscheinung[143]: Zu 6 Mansen in dem oben bereits genannten Dorf Abtswind werden als Pertinenzien durchschnittlich je 40 Acker Feld und 2 Joch Wiesen aufgeführt, zu 6 Mansen in Untereuerheim gleichfalls je 40 Acker Feld, dazu 4 Joch an Wiesen, zu 3 Mansen in Wiesentheid 40 Joch an Äckern und etwa 2 Joch Wiesen angegeben[144]. In Breitbach besaßen 13 Mansen je 30 Acker Feld und an Wiesen für 2 Fuder Heu, desgleichen die 37 Mansen in Grettstadt, 4 Mansen in Unterdürrbach, 7 Mansen in Geesdorf, 15 Mansen in Frankenwindheim und 35¹/₂ Mansen in Gochsheim[145]. – Als mit 21 Pflugtagen Acker (dietas arandi) und Wiesen (für 5 Fuder Heu) ausgestattet bezeichnet das Urbar 1 Manse in Wustvild, mit etwa 16–18 Pflugtagen Feld, dazu Wiesen (für 4 Fuder Heu) jede der 8¹/₂ Mansen im Dorfe Füttersee[146]. – 18 Tagwerk Feld, dazu Wiesen für etwa 3 Fuder Heu wird für 2 Mansen in Geiselwind[147], 12 Tagwerk Äcker und Wiesen für 2 Fuder Heu für jede der 10 Mansen in Cappel[148] und 7 Mansen in Unterweiler[149], 10 Tagwerk Äcker und Wiesen für 3 Fuder Heu für 4 Mansen in Dieppach angegeben[150]. Betrachtet allein unter der Perspektive *einer* Betriebseinheit, für die die Quelle die gleiche Bezeichnung verwendet, ergibt sich bereits ein Bild völlig unterschiedlicher Größenverhältnisse! – Vergleichsweise seien hier einige Größenangaben von herrschaftlichen Curien, deren Zugehörungen gleichfalls von stark unterschiedlichem Ausmaß waren, gegenübergestellt: Die Curie in Sulzheim[151] dürfte mit einem für «10 Pflüge genügendem» Ackerland, 260 Joch Wiesen, 40 Joch Weinbergen und etwa 400 Joch «de nemore et rubeto» als größte, die Curien in Gaibach, Großenlangheim, Kleinochsenfurt und Schmalfeld[152] mit Ackerland für nur «1 Pflug genügend», einigen Joch Wiesen oder Weinbergen als kleinste Einheiten herrschaftlicher Wirtschaftshöfe zu bezeichnen sein. Mit einem Feldumfang von «VII aratra sufficientes» (dazu 600 Joch Wiesen, 24 Joch Weingärten, 450 Joch «de nemore et rubeto») wird der Herrenhof in Alitzheim[153],

[140] Bei der nachfolgenden Besprechung einzelner Besitzgrößen der älteren Zeit wurden die der Quelle entsprechenden Formulierungen übernommen.

[141] Mon. Eberac. 69.

[142] Ebenda 128.

[143] Diesen Angaben folgend berechnete TH. HAAS in seinen «Studien über das erste ebrachische Urbar» (unveröffentl. Manuskript S. 224) das Ausstattungsgut der am häufigsten vorkommenden Manse mit 10¹/₂ ha.

[144] Mon. Eberac. 69/70 (Abtswind), 118 (Untereuerheim), 127 (Wiesentheid).

[145] Ebenda 72 (Breitbach), 87 (Grettstadt), 77 (Unterdürrbach), 86 (Geesdorf), 121 (Frankenwindheim), 86 (Gochsheim).

[146] Mon. Eberac. 128 (Wustvild), 83 (Füttersee).

[147] Ebenda 86.

[148] Ebenda 76.

[149] Ebenda 121; gleiche Größenangaben schon in einer bischöflichen Bestätigungsurkunde von 1290 (vgl. Abb. Ebr. 52).

[150] Mon. Eberac. 76/77; gleiche Größen ebenfalls schon für 1291 bestätigt (vgl. Abb. Ebr. 52).

[151] Mon. Eberac. 111.

[152] Ebenda 82, 95, 101 f., 107.

[153] Ebenda 69.

mit Ackerland für «VI aratra satis» die Curien Unterspießheim und Weyer[154], mit nur 2–3 «aratra satis» die Höfe in Birkenrode, Füttersee und Waldschwind[155] angegeben. Wo auf Grund eines Nebeneinanderbestehens von Curie und bäuerlichen Mansen im gleichen Ort ein Vergleich beider Betriebsgrößen möglich ist, liegt das Ausstattungsgut des Herrenhofes im Durchschnitt um das 7–8fache höher als das der Manse[156].

Auf die zweifache Verwendung der Bezeichnung «curia» – bezogen einmal auf den herrschaftlichen Wirtschaftshof, im anderen Fall auf einen Teil der zur Manse gehörigen Ausstattung – ist bereits eingangs hingewiesen worden. Unter der «curia» in der Reihe der zur Manse zählenden Ausstattungsgüter dürfte unzweifelhaft die Hofstatt zu verstehen sein, zumal in der fast formelhaft wirkenden Nennung der Mansenzugehörungen («habet domus [hospicium, domicilium], curia et ortus»[157]) das Wort curia verschiedentlich durch «area»[158] ersetzt ist.

Von zwei Ausnahmen abgesehen beschreibt das Urbar von 1340 den Mansus als eine mit Haus, Hofstätte, Garten und Liegenschaften ausgestattete Siedelstätte, die zwar – wie anhand der vorangegangenen Beispiele gezeigt – von recht unterschiedlicher Größe sein konnte, in jedem Fall aber eine von *einem* Bauern bewirtschaftete Einheit darstellte. Dazu scheinbar im Widerspruch stehen die Aussagen des Urbars zu den beiden Orten Ober- und Unterspießheim: Im erstgenannten besaß Ebrach 36 Mansen (zu je 30 Acker Feld und 1 Joch Wiese), die um 1340 von nur 7 Colonen bebaut wurden; ähnliche Verhältnisse gibt das Urbar für Unterspießheim bekannt, wo «ad presens» 5 Bauern 31 Mansen innehätten[159]. Daraus könnte die Feststellung abgeleitet werden, die «Manse» besäße verschiedentlich nur den Charakter einer Rechnungseinheit und bezeichne lediglich ein bestimmtes Ausmaß an Grundstücken[160], – eine Annahme, die für das Untersuchungsgebiet verneint werden muß. Die relativ häufigen

---

[154] Ebenda 107/108, 119.

[155] Ebenda 72, 83 (Wüstenfüttersee), 119.

[156] Nur in vereinzelten Fällen betragen die Zugehörungen des Herrenhofes das 10- bis 11fache des Bauernhofes; andererseits ist die Ausstattung der Curie in einigen Orten nur um weniges reicher als die der Manse.

[157] Mon. Eberac. 69, 83, 86, 87.

[158] Ebenda 77 (Unterdürrbach). Beide Verwendungsarten der Bezeichnung curia kommen in einer auf den Ort Burgwindheim (ebenda 121/122) bezogenen Textstelle gut zum Ausdruck, wo der Schreiber eingangs von der herrschaftlichen Curie und deren Pertinenzien, anschließend von 4 bäuerlichen Mansen und ihren Zugehörungen spricht: «Item ad eandem *curiam* pertinet mansus . . . . et quatuor domus inquiline . . .»; der gleiche Ort besaß «IV mansi, ad quemlibet pertinet *curia*, domus et ortus».

[159] Mon. Eberac. 107/108. – Auf eine Auflösung von Grangien ist diese Situation nicht zurückzuführen; die Grangie in Unterspießheim bestand zu dieser Zeit noch und Oberspießheim besaß keinen klösterlichen Wirtschaftshof. – Die Bewirtschaftung mehrerer Güter durch *einen* Bauern scheint während des 14. Jhs. in Franken nicht selten gewesen zu sein. Von Parallelfällen berichten H. H. HOFMANN für das im oberfränkischen Raum gelegene Amt Herzogenaurach, F. GELDNER für das grundherrliche Gebiet der Zisterze Langheim. (Vgl. H. H. HOFMANN, Herzogenaurach, die Geschichte eines Grenzraumes in Franken, Schriften d. Inst. f. fränk. Landesforschung, Hist. Reihe 2 [Nürnberg 1950], S. 141; F. GELDNER, Das älteste Urbar des Cistercienserklosters Langheim, a. a. O., S. 57*.) – Mehrmals wird in den Quellen der fraglichen Zeit auch auf die Tatsache verwiesen, daß die Flur wüst gewordener Orte durch Bauern benachbarter Ortschaften bebaut werde; siehe u. a. Abb. Ebr. 81 (zur Wüstung Förstorff b. Burgebrach) sowie die entsprechenden Angaben in Anm. 161).

[160] Siehe hierzu F. LÜTGE, Hufe und Mansus in den mitteldeutschen Quellen der Karolingerzeit, VSWG 30 (1937), wo eingehend auch zu den von verschiedenen Autoren über den Begriff der Manse verfochtenen Thesen Stellung genommen wird.

Verweise des Urbars auf desolate Orte und Liegenschaften[161], vermutlich mit einem Rückgang der Bevölkerung in ursächlichem Zusammenhang stehend[162], lassen annehmen, daß es sich bei den genannten Dörfern um teilweise verwaiste Orte handelt, für die die Quelle mit ihrer Beschreibung eine Ausnahme-, nicht die Normalsituation festhält; dafür spricht im übrigen auch das eingeflochtene «ad presens», das auf eine zeitbedingte Lage hindeutet.

Die neben der Manse am häufigsten genannte Wirtschaftseinheit ist das *feodum*, dessen Name, obwohl ein terminus der Rechtssprache, hier einen bäuerlichen Betrieb bestimmter Größe ohne besondere Rücksicht auf seine rechtliche Stellung bezeichnet, d. h. ohne daß damit ein Gegensatz zur Rechtsstellung anderer in der Quelle genannter Besitzgrößen (Manse, Bonum, Söldengut), die ihrer Rechtsnatur nach ja fast alle «feoda» (= Lehen) waren, zum Ausdruck gebracht werden soll[163].

Daß die Größe dieses Feodums etwa der einer halben Manse gleichzusetzen ist, sprechen die Quellen ab und zu klar aus; in anderen Fällen ist dieses Größenverhältnis errechenbar oder anhand von Vergleichen zu bestätigen. Betont sei hier nochmals, daß auf Grund der großen landschaftlichen Verschiedenheiten auch eine derartige Beziehung der Größen zueinander nur für Anwesen des gleichen Dorfes bestehen kann.

In Siegendorf besaß das Kloster 8 Mansen und 8 feoda. Zu jeder Manse gehörten hier 40 Acker Feld, dazu Wiesen für etwa 2 Fuder Heu; der Umfang der zu den feoda zählenden Liegenschaften wird vereinfachend mit dem Hinweis beschrieben, daß zu jedem feodum «sicut ad dimidium mansum»[164] gehöre. Von «dimidii mansi seu feudi»[165] spricht eine Kaufurkunde von 1353; als «medio feudo sive ¼ manso»

---

[161] Vgl. Mon. Eberac. 73 f. (Brotbach, curia desolata), 74 f. (Burge, villa desolata), 81 (Effeltrech, villa desolata), 89 (Heselbrun, villa desolata «quam colunt aliqui rustici de Capel et aliqui de Kothsewinsdorf»), 91 (Ilmenau; nach einem Vermerk um 1500: villa desolata «est colitur per inhabitantes ville Grube»), 92 u. 99 (Kaltenclingen, Berhteim, Coppenwinde, Clebheim = wüste Orte).

[162] In verhältnismäßig kurzen zeitlichen Abständen wurde die Gegend seit Ausgang des 12. Jhs. von Mißernten und Seuchen (von der Chronistik unterschiedslos als «Pest» bezeichnet) heimgesucht. Zur Veranschaulichung seien hier wenigstens die größten Katastrophenjahre angeführt: 1191 (Mißwachs), 1202 (Pest, Hungersnot), 1219 (Mißwachs; nahezu völlige Vernichtung der Weinstöcke durch Kälte), 1225–1227 (Pest), 1275 (Pest, Mißernte), 1312 (Pest; von den Chronisten als «furchtbarste Pest seit langem» bezeichnet; «viele Tausende von Menschen» seien ausgewandert), 1339 (Pest, Heuschreckenplage), 1347/1351 (Pest), 1356 (Pest), 1363 (Pest); siehe FRIES, Würzburger Chronik I, S. 268, 281, 305, 316, 379, 431/432, 468, 504, 508; vgl. ferner M. J. ELSAS, Umriß einer Geschichte der Preise und Löhne in Deutschland, 1. Bd., Leiden 1936 (Daten aus der Geschichte Würzburgs), S. 202. – Siehe die allgemein gültigen Ausführungen zu den aus der Pestzeit resultierenden Folgen bei F. LÜTGE, Das 14./15. Jh. in der Sozial- u. Wirtschaftsgeschichte, Jbb. f. Nationalök. u. Stat. 162 (1950), S. 166 ff., und W. ABEL, Wüstungen und Preisfall im spätmittelalterlichen Europa, Jbb. f. Nationalök. u. Stat. 165 (1953), S. 380 ff. – Neben der durch Katastrophen verursachten Abnahme der ländlichen Bevölkerung ist während der gleichen Zeit Landflucht – hervorgerufen durch die Neuschaffung einer größeren Anzahl von Märkten und durch das Aufblühen der Städte – eine in vielen Teilen Frankens beobachtete Erscheinung. (Siehe dazu vor allem I. BOG, Dorfgemeinde, Freiheit u. Unfreiheit in Franken [Quellen u. Forschungen z. Agrargesch. III], Stuttgart 1956, S. 52, und die dort angegebene Literatur.)

[163] Die später so vielfach verwendete Bezeichnung «Lehen» (vgl. S. 32), mit der nahezu jede Besitzgröße belegt werden kann, ist auf das «feodum» des 14. Jhs. (erste Belege: Ende des 13. Jhs.) nicht ohne weiteres übertragbar.

[164] Mon. Eberac. 106.

[165] Abb. Ebr. 81.

bezeichnet das Urbar von 1678[166] den Besitz eines Philipp H. Braun, – ein Vermerk, demzufolge anzunehmen ist, daß die Größenrelation – 1 feodum = $^1/_2$ mansus – auch noch in späterer Zeit Gültigkeit hatte. Umschreibend gibt das Ersturbar ein gleiches Größenverhältnis für die Orte Burgwindheim und Untersteinach bekannt: Jede der 4 Mansen im erstgenannten Ort besaß neben curia, domus et ortus an Äckern soviel, wie 4 Pferde in 12 Tagen zu pflügen vermochten, an Wiesen für etwa 2 Fuder Heu; zu jeweils 2 (der 7) hier gelegenen feoda aber gehörte «preter domicilia tantum quantum ad unum mansum de predictis»[167]. Jede der 6 Mansen in Untersteinach hatte «preter hospicium de agris ad IX dietas et de pratis ad duo plaustra feni»; auch hier gehörten wiederum zu jeweils 2 (der 9) feoda soviel an Äckern und Wiesen wie «ad unum mansum»[168]. Die Regel fand sich in überwiegender Mehrheit der Fälle auch dort bestätigt, wo die Quelle weder ausdrücklich noch in Form der Umschreibung von diesem Größenverhältnis zwischen Manse und Feodum spricht und ohne besonderen Hinweis lediglich die Anzahl der zu beiden Einheiten gehörenden Liegenschaften aufführt, – wie beispielsweise für den Ort Kolitzheim, wo für das feodum 30 Acker Feld und 1$^1/_2$ Joch Wiesen, für jede der 4 Mansen 60 Acker Feld und 2 Joch Wiesen vom Schreiber vermerkt werden[169]. – Entsprechend der im Untersuchungsgebiet vorherrschenden Mansengröße von 30–40 Acker Feld und Wiesen (für etwa 3–4 Fuder Heu) bewegt sich der Umfang der zu den feoda gehörigen Liegenschaften vorwiegend zwischen 15–18 Acker Feld, dazu Wiesen (für etwa 1–2 Fuder Heu)[170].

Die einem halben mansus entsprechende Größe – im Ebracher Klostergebiet fast durchwegs für das feodum zutreffend[171] – kommt im ältesten Urbar des ebrachischen Filialklosters Langheim (i. Ofr.) der «Hube» zu, die man dort «rein schematisch einem halben Hof gleich setzte»[172]. Da das ebrachische Ersturbar die Bezeichnung «Hube» nicht verwendet –, in den zeitlich vor dieser Quelle liegenden Urkunden der terminus zwar gebräuchlich ist, jedoch die sich mit ihm verbindenden Zugehörungen niemals in Gegenüberstellung mit dem Ausstattungsgut eines «Hofes» bekanntgegeben werden, ist die Zuordnung der «Hube» zu dieser oder jener Größenklasse für die ältere Klosterzeit nicht möglich. In den neuzeitlichen Quellen werden die Bezeichnungen mansus, Hube und Hof völlig gleichbedeutend verwendet. Wiederholt ist feststellbar, daß in einem Urbar Betriebsgrößen als Höfe, in einem anderen die gleichen Einheiten als Huben bezeichnet werden[173]. Als das Kloster den Ort Großgressingen im 13. Jahr-

---

[166] StA Würzburg, Stdbch. nr. 499 f 249'.

[167] Mon. Eberac. 122.

[168] Mon. Eberac. 109.

[169] Ebenda 95; vgl. auch die Angaben zu Wiesentheid (ebenda 127) und Frickenhöchstadt (ebenda 82).

[170] Siehe u. a. die Angaben zu Brotbach (Mon. Eberac. 73/74), Burge (ebenda 74; abgeg. Ort, nahe Wolfsbach b. Burgebrach gelegen), Burk (75), Ebersbrunn (80), Frickenhöchstadt (82). – 2 Feoda in Ilmenau, die an Äckern lediglich «circa unam dietam arandi» besaßen, werden deshalb von dem Hinweis begleitet, daß es sich dabei um «parva feoda» handle (ebenda 91).

[171] Die gleiche Beobachtung teilt E. FRHR. v. GUTTENBERG für das im oberfränkischen Raum liegende Gebiet um Kulmbach bereits für das 11. und 12. Jh. mit. (Siehe E. v. GUTTENBERG, Land- und Stadtkreis Kulmbach, Bd. I d. Hist. Ortsnamenbuches v. Bayern, Teil Oberfranken, München 1952, S. 39*; dort: «... scheint sich der Ausdruck ‹Lehen› als allgemeiner Begriff für ... Betriebsstellen von halber Hofgröße durchgesetzt zu haben ...».)

[172] F. GELDNER, Das älteste Urbar, a. a. O., S. 37*. – Von der gleichen Gepflogenheit berichtet TH. KNAPP für Bayern (im 15. Jh.) und (als Mutmaßung) auch für das schwäbische Oberamt Göppingen. (Siehe TH. KNAPP, Die Grundherrschaft im südwestlichen Deutschland, a. a. O., S. 52).

[173] Vgl. z. B. die Standbücher nr. 7735 u. 7736 (im StA Bamberg, Rep. nr. A 223/2).

hundert erwarb, habe er – so sagt z. B. ein Vorbericht im Urbar von 1789[174] – «in 6 mansis *oder* Huben, undt 2 beneficiis» bestanden; später (vor 1340) sei er «in 12 Huben *oder* Höff, wie sie dann auch noch würcklich seyn, undt 26 Sölden Häuser abgeteilet worden».

Im Vergleich zu Mansen und Feoda erwähnt das Urbar von 1340 relativ selten das Vorkommen von «Bona», – eine Besitzgröße, die mit der in späteren Jahrhunderten gebräuchlichen Bezeichnung «Gut» nicht identisch ist. Das Bonum des 14. Jahrhunderts ähnelte in Bezug auf den Umfang seiner Pertinenzien stärker einer herrschaftlichen Curia als einem bäuerlichen Mansus, während ja das «Gut» nach neuzeitlichem Sprachgebrauch bestenfalls einem Halbhof gleichkam. Eine größere Anzahl von Bona vermerkt das Gesamturbar nur für die Orte Mönchstockheim (10), Brünnstadt (9) und Alitzheim (5). Die zu jedem Mönchstockheimer Bonum gehörigen Liegenschaften betrugen 200 Joch Ackerfeld minus XX agris und 18 Joch Wiesen; an Jahresabgaben leistete es 16 Malter Korn, 8 Malter Hafer, 6 Fastnachtshühner und 9 uncias den. (= «id est 1½ tal. hall.»[175]). Für die Brünnstädter und Alitzheimer Bona werden die Zugehörungen nicht aufgeführt; da aber die Abgabelast pro Bonum bekanntgegeben wird, kann – im Vergleich zu den Abgaben im obigen Fall – auf eine vermutlich noch umfassendere Ausstattung geschlossen werden. Jedes Bonum in Brünnstadt reichte jährlich 18 Malter Korn, 18 Malter Hafer, 6 Fastnachtshühner, dazu 64 hall. für den Heuzehent[176], jedes Bonum in Alitzheim mit 23 Maltern et 3 metretas Korn sowie der gleichen Menge Hafer noch höhere Jahresabgaben[177]. Bäuerliche Betriebe von einer Größe, wie sie das Bonum besaß, sind schon für das 15. Jahrhundert nicht mehr nachweisbar. Die Tendenz, wirtschaftliche Einheiten dieses Umfanges in kleinere Betriebe aufzuteilen, scheint bereits vor 1340 eingesetzt zu haben: Die Zerschlagung eines Bonums in 8 gleich große feoda mit jeweils Ackerland für 2 Pflüge und Wiesen für etwa 10 Fuder Heu, erwähnt das Urbar für den Ort Grub[178], 3 feoda, «que quondam unum bonum fuerunt» für den Ort Bullenheim[179].

Als kleinste Wirtschaftseinheit erscheint der domus oder die area inquilina. Soweit es sich dabei nicht um bloße Häuser ohne Nutzland (Tropfhäuser) handelt, sind darunter jene bäuerlichen Klein- und Kleinstbetriebe zu verstehen, die in späteren Jahrhunderten unterschiedlich als Sölden, Söldenhäuser[180], Gütlein, Erb, Erblein u. ä. benannt werden. Nur für das Dorf Kappel[181] gibt das Ersturbar einmal den Umfang der Zugehörungen mit 2 Acker pro Inquilinenhaus ausdrücklich bekannt; andernorts dürften, wie z. T. aus der Höhe der Abgaben zu schließen ist, die Liegenschaften etwas umfangreicher gewesen sein, wie ja auch die späteren Sölden, Gütlein, Erb u. dgl. in

[174] StA Bamberg, Rep. 223/2 nr. 7686 f 34', mit Rückverweis auf das Lehenbuch von 1406 f 59b.

[175] Mon. Eberac. 110. (1 Malter Korn entspricht hier etwa 3 hl, 1 Malter Hafer etwa 5⅓ hl; vgl. dazu K. WILD, Staat und Wirtschaft in den Bistümern Würzburg und Bamberg, Heidelberger Abhandlungen zur mittl. u. neueren Gesch., 15. Heft, Heidelberg 1906, S. 146; siehe Näheres im «Exkurs» S. 51 ff.).

[176] Mon. Eberac. 74. – Der Heuzehent ist hier also schon um 1340 durch einen fixierten jährlichen Geldbetrag ersetzt; siehe Heuzehent S. 66.

[177] Mon. Eberac. 69.

[178] Ebenda 88.

[179] Ebenda 76.

[180] Die Bezeichnung Söldenhaus für ein Wohnhaus mit etwas Grundbesitz wird bereits in einer Schenkungsurkunde von 1296 (Abb. Ebr. 72, Grettstadt) verwendet: «. . . et 2 domorum vulgo Söldenhäuser . . .».

[181] Mon. Eberac. 76.

den meisten Fällen mit wenigstens 3–5 Morgen Acker, 1–2 Morgen Wiese, des öfteren auch mit etwas Holz oder 1–2 Weingärten ausgestattet erscheinen. – Im allgemeinen liegt um 1340 die Anzahl dieser Kleinbetriebe noch weit unter der für das gleiche Dorf angegebenen Anzahl von Mansen und Feoda; in den beiden einzigen Orten, in denen die Zahl der Inquilinenhäuser die der Mansen überwiegt[182], werden merkwürdigerweise keine feoda genannt, so daß fast anzunehmen ist, daß hier auch etwas größere Betriebe, die jedoch bezüglich ihrer Zugehörungen noch nicht der Vorstellung eines feodums (= 1/2 mansus) entsprachen, mit in die Gruppe dieser Kleinstellen einberechnet wurden.

Wird die Anzahl der um 1340 in den Klosterorten bestehenden Wirtschaftseinheiten mit der Zahl der bäuerlichen Betriebe um 1803 verglichen, so ist im Durchschnitt ein Anwachsen um etwa 30 % feststellbar, – eine Zunahme, die mangels der Möglichkeit, den verfügbaren Boden auf dem Wege der Rodung wesentlich zu erweitern, im allgemeinen zu Lasten der größeren Betriebe ging. Erläuternd muß zu diesem relativ hohen Prozentsatz hinzugefügt werden, daß er sich als bloßer Durchschnittswert eines von Dorf zu Dorf völlig unterschiedlichen Ansteigens der Betriebsstellen ergibt. In einer Reihe von Orten blieb die für 1340 angegebene Struktur bis 1803 nahezu unverändert erhalten. In anderen dagegen ist ein Anwachsen der Wirtschaftseinheiten bis zu 85 % nachzuweisen; dies vor allem dort, wo nach Aufgeben der klösterlichen Eigenwirtschaft herrschaftliche Curien in kleinere Einheiten geteilt wurden. Allein die Curie in Grettstadt – um dazu nur ein Beispiel zu nennen – erscheint im Urbar von 1678[183] in 3 Achtel- und 10 Sechzehntelhöfe zerschlagen; schon einige solcher Teilungen tragen natürlich wesentlich zu einem verhältnismäßig hohen prozentualen (wenn auf das gesamte Klostergebiet bezogen) Endergebnis bei. Auffallend starkes Zunehmen der Anzahl von Betriebsgrößen findet sich nur in solchen Orten, wo auf Grund des Bestehens einer großen oder mehrerer größerer Einheiten (einer Curie oder einiger Mansen mit wenigstens durchschnittlicher [30–40 Acker] Ausstattung) die Möglichkeit zur Teilung in noch wirtschaftsfähige Betriebe gegeben war. Der Ort Siegendorf z. B. besaß 1340 8 Mansen und 8 feoda, wobei jede Manse mit etwa 40 Acker Feld und 7–8 Acker Wiese, jedes feodum mit circa der Hälfte an Zugehörungen in Hinblick auf die Verhältnisse im Untersuchungsgebiet also relativ gut ausgestattet war[184]; 1625 (beibehalten bis 1803) erscheint das Dorf in 27 Güter aufgeteilt, die Liegenschaften pro Einheit zwischen 12 und 38 Acker Feld und 3 bis 14 Acker Wiesen betragend[185]. – Wo die Besitzungen schon um 1340 von verhältnismäßig dürftigem Umfang sind, unterliegt Zahl und Größe der Einheiten in den folgenden Jahrhunderten kaum einer Veränderung. Für den Ort Großgressingen gibt das Urbar von 1340 das Bestehen von 12 Mansen und 26 Inquilinenhäusern bekannt. Jede Manse verfügte hier nur über etwa 12 Tagwerk Feld und 3–4 Tagwerk Wiesen[186], – Zugehörungen also, wie sie in benachbarten Dörfern mit annähernd gleichen Bodenverhältnissen schon der Halbhof bzw. das feodum besaß. Weitere Teilungen[187] hätten hier nur noch

---

[182] In Gochsheim (Mon. Eberac. 86/87) stehen 52 Inquilinenhäuser 35 1/2 Mansen, in Großgressingen (ebenda 87/88) 26 Inquilinenhäuser 12 Mansen gegenüber.

[183] StA Würzburg, Stdbch. nr. 499 f 227' ff. Die Curie wurde während des 14. Jhs. dem Kloster von der Würzburger Familie v. Teuffel geschenkt.

[184] Mon. Eberac. 106/107.

[185] StA Bamberg, Stdbch. nr. 7736, Siegendorf.

[186] Mon. Eberac. 87 f.

[187] Ursprünglich besaß der Ort 6 größere bäuerliche Betriebe, die schon bis 1340 in 12 Mansen geteilt worden waren; vgl. S. 30.

Kleinststellen ergeben. Wie aus den Urbaren von 1625 ff. nachzuweisen ist, blieb demnach Anzahl der Höfe und Umfang ihrer Zugehörungen erhalten, lediglich die Zahl der Sölden hatte sich 1625 von 26 auf 30 erhöht[188]. Ähnlich lagen die Verhältnisse in Mittelsteinach; der Ort zählte 1340 11 Mansen, 4 Feoda, im Jahre 1803 10 Höfe, 5 Sölden und 2 Häuser mit etwas Feld- und Wiesenbesitz, – in einer Zeitspanne von über vier Jahrhunderten also kaum eine ins Gewicht fallende Veränderung. Eine Teilung der schon um 1340 durchschnittlich nur mit 13–14 Morgen Feld, 7–8 Morgen Wiese und etwas Holz ausgestatteten Manse hätte wohl auch hier jede weitere Rentabilität in Frage gestellt[189].

Beschränken sich die Bezeichnungen im Gesamturbar noch auf die Begriffe bonum, mansus, feudum und domus bzw. area inquilina, so verwenden schon die Quellen seit etwa der Mitte des 15. Jahrhunderts, indem sie die im bäuerlichen Sprachgebrauch üblichen, landschaftlich wechselnden Benennungen übernehmen, für jeweils die eine oder andere Besitzgröße eine Reihe unterschiedlicher termini. Lediglich die größte Wirtschaftseinheit, der Hof, unterliegt – wenn man von der gelegentlichen Verwendung der traditionellen Benennung als Hube absieht – keinen wechselnden Bezeichnungen. Halbhof und überwiegend auch das Gut, beide in den meisten Fällen noch spannfähige Einheiten, beziehen sich auf Betriebsgrößen mittlerer Klasse, Sölde, Söldengut, Halbgut, Gütlein, Erblein, halbes Erb, Viertel-, Achtel- und Sechzehntelhöfe – um nur die vorherrschenden Benennungen anzuführen – auf das Klein- und Kleinstgut. Obwohl letztere, von Ausnahmen abgesehen, kaum mehr als vollbäuerliche Betriebe anzusprechen sind, gelten sie, ihrer an das Anwesen gebundenen Liegenschaften wegen, im Gegensatz zu den lediglich mit walzenden (fliegenden) Stücken ausgestatteten («ungebundenen») Tropfgütern, Tropfhäusern, Häckersgütlein und einfachen Häusern als «gebundene» Einheiten mit Anspruch auf einen ihrer Größe entsprechenden Anteil an der Realgemeinde. – Nur anhand des Archivals läßt sich entscheiden, worauf sich in diesem oder jenem Fall die Bezeichnung «Lehen» – schon im 15. Jahrhundert nur noch vereinzelt mit dem ehemaligen «feudum» identisch – bezieht; vom Feldstück bis zum Halbhof ist nahezu jede Besitzgröße als «Lehen» belegbar, ohne daß die Quelle damit ausgesprochen die Rechtsnatur des betreffenden Stückes oder Anwesens zum Ausdruck bringen will. – Im übrigen ist die Heranziehung der Quelle für den Einzelfall in Bezug auf alle oben angeführten Benennungen ratsam. Die nicht nur landschaftlich oder von Ort zu Ort, sondern oft im gleichen Dorf ungemein wechselnde Anwendung der Bezeichnungen erlaubt eine Zuordnung der Betriebe im Sinne der obigen Klassifizierung immer nur mit Vorbehalt. Der Sechzehntelhof – im allgemeinen zu den nicht mehr spannfähigen Kleingütern zählend – besaß im Orte Grettstadt[190] mit 11–12 Morgen gebundenen Feld- und 1–2 Morgen Wiesenstücken immerhin ein Ausmaß an Zubehör, wie sie bei ähnlichen Bodenverhältnissen in benachbarten Orten der Ausstattung eines Gutes oder eines Halbhofes entsprach, – der Achtelhof, allgemein auch noch zu der Gruppe kleiner Betriebe gerechnet, mit durchschnittlich 26 Morgen Feld, 3 Morgen Wiese und 2–3 Morgen Holz einen reicheren Fundus als der ganze Hof in gleicher landschaftlicher Situation[191]. Eingehendere Kontrollen sind für den Einzelfall auch bei Anwesen, die als «Gut» bezeichnet werden, geboten. Da sie überwiegend über eine höhere Anzahl an Zugehörungen als die Sölden verfügen, wurden sie in der oben

[188] StA Bamberg, Stdbch. nr. 7736, Großgresen, ao. 1625 mit Nachträgen bis Anfang des 19. Jhs.
[189] Vgl. Mon. Eberac. 109; StA Bamberg, Stdbch. nr. 7736, Mittelsteinach.
[190] StA Würzburg, Stdbch. nr. 499 f 227' ff.
[191] Zurückzuführen ist das umfassende Ausstattungsgut in diesen Fällen auf die Tatsache, daß es sich dabei um Teilhöfe einer ehemals entsprechend großen herrschaftlichen Curie handelt.

getroffenen Größenordnung noch als «mittlere» Betriebsstellen klassifiziert; auf die willkürliche Verwendung beider Bezeichnungen, die eine klare Einstufung nahezu unmöglich macht, sei jedoch nachdrücklich hingewiesen[192].

Keinerlei allgemein zutreffende Angaben lassen sich zur Höhe der Ausstattung mit walzenden bzw. fliegenden (= ungebundenen, nicht zum Hofgut gehörigen) Stücken machen. In Art der Zupacht moderner Prägung besaß fast jede gebundene Einheit einige derartige Stücke, die für größere bäuerliche Betriebe mehr oder weniger nur einen Faktor erhöhter Wirtschaftlichkeit darstellten, kleine Betriebe mit geringen gebundenen Zugehörungen häufig überhaupt erst wirtschaftsfähig machten.

2. Die Besitzverhältnisse

Eine Beurteilung der Lage bäuerlicher Grundholden setzt die Beantwortung der Frage nach der Art des Leiheverhältnisses bzw. nach den Besitz- und Nutzungsrechten des Holden an dem ihm überlassenen Grund und Boden voraus.

Den Aussagen der frühesten Quellen zufolge fungierten bereits die ersten Grangien als Hebe- und Verwaltungsstellen für bäuerliche Reichnisse des Umlandes, – eine Gegebenheit, die eindeutig dafür spricht, daß Ebrach sich auch in den ersten Jahrhunderten seines Bestehens nicht ausschließlich auf die Eigenbewirtschaftung seiner Grangien beschränkte, sondern gleichzeitig auch über Güter, aus denen ihm Grundrenten zuflossen, verfügte. Nicht alle Gütererwerbungen, die ja zumindest in den ersten beiden Jahrhunderten vorwiegend auf Schenkungen zurückgingen, waren auf Grund ihrer Größe oder Lage zur Errichtung einer neuen Grangie bzw. zur Eingliederung in eine schon bestehende geeignet. Fand sich für derartige Güter keine Gelegenheit zum Tausch, so wurden sie trotz des Widerspruches zum ursprünglichen zisterziensischen Wirtschaftsprinzip der ausschließlichen Eigenarbeit vom Augenblick der Erwerbung an als Rentenobjekte genutzt. Mit Rückgang der Eigenwirtschaft trat die Rentenwirtschaft und damit die bäuerliche Leistung als entscheidender Wirtschaftsfaktor lediglich in den Vordergrund, nachdem sie – wenn auch in untergeordneter Rolle – von Anfang an neben der Eigenwirtschaft bestanden hatte[193].

[192] Siehe u. a. den Ort Untersteinach (StA Bamberg, Stdbch. nr. 7736), wo von 11 Einheiten annähernd gleicher Größe 4 als Güter, 7 als Sölden bezeichnet werden, wobei die Zugehörungen zweier Güter geringer als die der Sölden sind.

[193] Obwohl in bezug auf die beiden Ebracher Filialklöster in Franken, Langheim und Heilsbronn, von den Bearbeitern nicht ausdrücklich auf ein frühzeitiges Nebeneinanderbestehen von Rentenwirtschaft und Eigenbewirtschaftung hingewiesen wird, ist aus indirekten Vermerken anzunehmen, daß auch dort die Verhältnisse ähnlich gelagert waren: F. GELDNER (Besitz und wirtschaftliche Entwicklung, a. a. O., S. 54) gibt für Langheim an, daß um 1250, also knapp mehr als hundert Jahre nach der Gründung, «wohl der überwiegende Teil des Besitzes im Eigenbau des Klosters genützt» worden sei; der andere Teil der Güter dürfte demnach auch hier schon vor Aufgabe des eigenwirtschaftlichen Systems in Händen zinspflichtiger Bauern gelegen haben. – Aus der Gegebenheit folgernd, daß Heilsbronn relativ bald (im zweiten Viertel des 13. Jhs.) die Formierung seines Besitzes in Ämter für notwendig erachtete, hält A. HEIDACHER auch in Hinblick auf die genannte Zisterze für möglich, daß «niemals der gesamte Besitz in Grangien straff organisiert» gewesen war. (Siehe A. HEIDACHER, Die Entstehungs- u. Wirtschaftsgeschichte d. Klosters Heilsbronn, a. a. O., S. 70). I. BOG – auf Grund eigener Untersuchungen eingehend mit den Heilsbronner Verhältnissen vertraut – spricht das von HEIDACHER

33

In diesem Zusammenhang sei mit Nachdruck darauf hingewiesen, daß andererseits nach Auflösen der letzten Grangien (etwa um die Mitte des 15. Jahrhunderts[194]) die Eigenwirtschaft niemals völlig aufgegeben wurde. In fast allen Fällen blieben die späteren Amtshöfe, z. T. auch die als Sondergut mit eigener Verwaltung ausgeschiedenen klösterlichen Ämter (wie Spital, Bäckerei, Schusterei, Gartenmeisterei) mit Liegenschaften größeren Umfanges ausgestattet, die weiter von Konversen, unterstützt von bezahlten Arbeitskräften und Fronpflichtigen, bewirtschaftet wurden[195]. Beide Wirtschaftssysteme, Eigen- und Rentenwirtschaft, bestanden also bis zu einem gewissen Grade immer nebeneinander, wenn sich auch das Schwergewicht seit der ersten Hälfte des 15. Jahrhunderts maßgeblich von ersterem auf letzteres verlagerte. – Namhafte Autoren[196] haben dargelegt, daß die Errichtung und Erweiterung der großen Eigenwirtschaften des Zisterzienserordens in altbesiedeltem Land zwangsläufig mit der Verdrängung der Bauern von Grund und Boden einherging, der Aufbau von Grangien nicht selten das Verschwinden ganzer Dörfer zur Folge hatte. Dieser überzeugend belegten These zu folgen zwingt einerseits die Tatsache, daß auch Ebrach in Altsiedelland angelegt war, wo eine umfassende Rodungstätigkeit nicht mehr entfaltet, Grangien aus wilder Wurzel demnach nicht mehr errichtet werden konnten; die urkundlich nachweisbare Erweiterung des Sallandes durch Anlage von Neugereuten blieb auch tatsächlich immer auf ein bescheidenes Ausmaß beschränkt. Zwar sprechen die frühen Quellen viel von Tauschhandlungen, die sich aber in allen Fällen auf Rechtsgeschäfte zwischen den Herrschaften, niemals auf einen Tausch zwischen Kloster und Bauern beziehen, so daß die Frage offen bleibt, ob und auf welche Weise die Zisterze bei Bildung ihrer eigenwirtschaftlichen Betriebe die Bauern entschädigte. Die relativ große Anzahl von Verödungen, die das Ersturbar von 1340 bekanntgibt, steht jedoch mit Sicherheit nicht in ursächlichem Zusammenhang mit der Errichtung bzw. der späteren Auflösung von Grangien, da diese Wüstungen zum wenigsten dort nachzuweisen sind, wo eigenwirtschaftlich betriebene Klosterhöfe bestanden hatten. Etwa zwei Drittel der um 1340 noch in Eigenbetrieb stehenden Wirtschaftshöfe lagen in geschlossenen Orten, in denen neben dem Klosterhof, der zwar jeweils die größte Wirtschaftseinheit des Dorfes darstellte, immer eine Reihe bäuerlicher Betriebe fortbestand.

So wenig die Quellen zur oben angeschnittenen Frage Stellung nehmen, so wenig vermitteln sie auch bis zur Mitte des 13. Jahrhunderts Nachrichten zu den bäuerlichen Besitzverhältnissen. In den zahlreichen Kauf-, Tausch- und Schenkungsurkunden, auf die sich das Quellenmaterial bis zu dieser Zeit beschränkt, werden lediglich die Interessen der herrschaftlichen Rechtspartner – ihr mit dem Rechtsgeschäft erworbener Anspruch auf bestimmte Leistungen der gekauften, geschenkten bzw. getauschten Objekte

nur Angedeutete klar aus: «Nur der frühe Besitz im Umkreis des Klosters wurde in Grangien zusammengefaßt, die entfernteren Güter von *vornherein* ausgetan, ihre Renten durch die Propsteien gesammelt . . .». (Siehe I. Bog, Besprechung der Arbeit von A. Heidacher, in: VSWG 43, 1, 1956, S. 65).

[194] Näheres dazu S. 39 f.

[195] Daraus läßt sich auch erklären, warum die Ableistung der Frondienste bis zur Auflösung der Abtei zum großen Teil in Form des Realdienstes erfolgte; vgl. S. 71.

[196] Siehe dazu u. a. K. Lamprecht, Deutsches Wirtschaftsleben im Mittelalter, Bd. I 2, Leipzig 1886, S. 690; K. Th. v. Inama-Sternegg, Sallandstudien, Tübingen 1889, S. 103 ff.; Ed. O. Schulze, Die Kolonisierung und Germanisierung der Gebiete zwischen Saale und Elbe, Leipzig 1896, S. 140; W. Wittich, Der religiöse Gehalt der Kolonisation des ostelbischen Deutschlands, Jbb. f. Nationalök. u. Stat. 144 (1936), S. 655 ff. – Gegenüberstellung der verschiedenen Thesen neuerdings bei H. Wiswe, Grangien niedersächsischer Zisterzienserklöster. a. a. O., S. 22.

– festgehalten. «Wir würden genauere Nachrichten über das Leben und die wirtschaftlichen und rechtlichen Verhältnisse der bäuerlichen Untertanen höher schätzen und dafür gerne einige der endlosen Erwerbsurkunden missen»[197].

Wenn jedoch aus den frühesten Nachrichten ein Rückschluß auf die vorangegangene Zeit erlaubt ist, so war die kurzfristige Leihe auf ein oder drei, seltener auf sechs, völlig vereinzelt auf zwölf Jahre[198] die gebräuchlichste: Aufsage und Verleihung erfolgten bei Zusammentreten des Oberstengerichts (zu Trium Regum; verschiedentlich auch 14 Tage danach) durch den zuständigen klösterlichen Hofmeister. Sprach er dem Belehnten das Zeitlehen ab, so hatte dieser «zur stunde» Haus und Hofrait zu verlassen und jede Nutzung der Zugehörungen ab diesem Zeitpunkt zu unterlassen; jedoch hatte er das Recht, alles, was er während der Leihezeit auf die Hofrait gebaut hatte sowie seine persönliche Habe «nach dez Closters und der Hofmark . . reht undt gewohnheit» zu verkaufen («bawreht»)[199]. Lag kein Grund zu einem Lehensentzug vor, so erhielt der Lehenträger nach dem Gelöbnis zur Leistung des Jahreszinses[200] und guter Bewirtschaftung der Leihegüter das Lehen wiederum für eine bestimmte Zeitspanne zugesprochen. – Zwischen dem ausgehenden 13. und der Mitte des 14. Jahrhunderts werden eine Reihe von Gütern (sowohl geschlossene Anwesen als auch einzelne Grundstücke) vom Kloster auf Lebenszeit, zu Leibgeding, ausgegeben[201]; etwa zur gleichen Zeit verweisen die Quellen aber auch erstmals auf das Vorkommen von Erbzinsleihe, der zweifellos günstigsten Form der Nutznießung an Grund und Boden, da sie dem Holden ein erbliches und – bei Einhaltung der Vertragsbestimmungen – unentziehbares Recht am Leihegut sicherte[202].

Schon während des 13. Jahrhunderts muß, wie aus einem Nürnberger Landgerichtsspruch von 1297 hervorgeht, die erbliche Leiheform neben der Zeitleihe üblich gewesen

---

[197] Dieser von F. GELDNER (Besitz u. wirtschaftl. Entwicklung, a. a. O., S. 54) in Zusammenhang mit seinen Studien zum Ebracher Filialkloster Langheim ausgesprochene Wunsch könnte ebenso in bezug auf die ebrachischen Quellenverhältnisse geäußert sein.

[198] Die Verleihung auf drei Jahre bzw. auf ein Vielfaches dieser Zahl ist durch die Dreifelderwirtschaft bedingt.

[199] Staatsbibliothek München, cod. lat. 6081 f 57/57', Mitte des 13. Jhs. – Ergänzend sei hier auf die unterschiedliche Verwendung des Begriffes «bawreht» (Baurecht; im Oberfränkischen auch Zimmerrecht genannt) hingewiesen: Im Gegensatz zu unserem Fall, wo sich der Begriff eindeutig auf die kurzfristige Zeitleihe bezieht, wird z. B. in Tirol unter «Baurecht» die Leihe zu Erbrecht verstanden (vgl. O. STOLZ, Bauer u. Landesfürst in Tirol u. Vorarlberg, in: Adel u. Bauern im dt. Staat d. Mittelalters, hrsg. v. TH. MAYER, Leipzig 1943, S. 183 f.). – Als Sammelbegriff für Erbrecht, Leibrecht, Freistift und Neustift erscheint die Bezeichnung im *Codex Maximilianeus Bavaricus Civilis* v. 1756 (vgl. F. LÜTGE, Die Bayerische Grundherrschaft, Stuttgart 1949, S. 79), obwohl sich der Begriff ursprünglich auch hier auf ein kurzfristiges «zeitpachtähnliches Besitzrecht» bezogen hatte (ebenda 77).

[200] Eine Verpflichtung zu individuellen Leistungen, wie Fron- und Scharwerksdienste, war im Untersuchungsgebiet bei kurzfristiger Leihe nicht nachzuweisen.

[201] Mon. Eberac. 94, 104, 107, 119, 121, 123; dazu auch Mon. Eberac. 72 f., 86, 92, 95, 96, 98 f., 101, 103, 110, 116; bei letzteren allerdings wahrscheinlich, daß es sich dabei um Schenkungen an das Kloster handelt, die erst nach dem Tode des Besitzers in Kraft treten sollten. – Im Untersuchungsgebiet ist das «Leibgeding» im allgemeinen auf die Lebenszeit des Beliehenen beschränkt. Nur in vereinzelten Fällen ist die Leihezeit auch auf die Lebenszeit der Ehefrau, von Söhnen oder Brüdern des Beliehenen ausgedehnt (ebenda 82, 90). Überlassung zu Leibgeding auf «zween Leib» findet sich häufig – allerdings erst um 1500 etwa – im oberfränkischen Raum. (Vgl. u. a. StA Bamberg, Stdbch. nr. 4233 f 101'.)

[202] Zur Natur des Erbzinsrechtes grundsätzlich F. LÜTGE, Die mitteldeutsche Grundherrschaft und ihre Auflösung (Quellen u. Forschungen z. Agrargesch. IV), 2., stark erweiterte Aufl., Stuttgart 1957, S. 89 ff.

sein[203]; in genannter Entscheidung wird dem Kloster neben Vogteifreiheit für seine Güter in der Hofmark zu Katzwang bestätigt, daß jeder auf Klostergut sitzende Untertan, «daß sein erbe ist von Closter oder daz sunst von Closter get», ausschließlich vor ebrachische Gerichte gerufen werden dürfte[204].

Die Vermutung, daß bei Neuverleihung von heimgefallenen Zeitlehen die Descendenten des verstorbenen Inhabers bevorzugt wurden, die Güter demnach in gewissem Sinne schon «erblich» waren, bevor sich die Erbleihe als Rechtsform durchgesetzt hatte, findet sich in den Quellen wiederholt bestätigt[205]: 1392 bekannte Heinrich Vischer zu Katzwang vor dem ebrachischen Vogt und den Schöffen des Klostergerichtes für sich und seine Erben, daß das ihm vom Kloster jeweils für den Zeitraum eines Jahres aufgetragene Lehen (umfassend Wohnhaus, die Hofrait mit ihren Zugehörungen sowie Teiche und Fischweide), das schon «sein voter selig und auch er manig jar gehabt und genozzen hetten, sein .. erb nicht .. wer, noch auch furbaz auf ir kint nicht erben soll...»[206]. Trotzdem hatten die Nachkommen des Heinrich Vischer den Lehenkomplex i. J. 1458, als das Kloster dem Leihegut nun ausdrücklich Erbrechtscharakter zusprach, noch immer inne[207]. Es hielten sich also nicht nur Vitallehen, sondern auch kurzfristig ausgegebene Zeitlehen Generationen hinweg in der Hand einer Familie. Nicht selten scheint der Leheninhaber allein aus dieser Tatsache die Annahme abgeleitet zu haben, daß er sein Gut zu Erbrecht besäße; zweifelnd fügt daher der Schreiber des Ersturbars verschiedenen Gütern den Vermerk hinzu: «quos dicunt se homines ibidem hereditarie possidere»[208].

Schon zu einem relativ frühen Zeitpunkt wurde Erbrecht[209] häufig jenen zugestanden, die dem Kloster um ihrer oder ihrer Angehörigen Seelenheil willen frei eigene Grundstücke oder Anwesen schenkten und sie von diesem als Lehen wieder zurückempfingen. Betont sei, daß keine der untersuchten Urkunden, die Übertragungen von freiem Eigentum an das Kloster und Rückempfang (der gleichen Güter) auf dem Wege der Verleihung («precaria oblata»[210]) zum Inhalte haben, Zweifel daran aufkommen läßt, daß die Schenkung ausschließlich auf Sachwerte beschränkt blieb, – die Person des Tradenten bzw. die seiner Familie und Erben in die Übereignung nicht einbezogen wurde. Der Tradent ging lediglich eine Realverpflichtung ein; seine persönliche Rechtsstellung blieb unverändert. Alle ebrachischen Prekarien tragen das Charakteristikum der «precaria oblata»: der Tradent erhielt dasjenige Gut als Leihegut zurück, das er dem Kloster übereignet hatte. Für Übertragungen im Sinne der «precaria remunerato-

---

[203] Nachweise für das Vorkommen von Erbzinsrecht im Raume Franken sind für das 13. Jh. noch relativ selten; vgl. dazu die von I. Bog, Dorfgemeinde, a. a. O., S. 43 f. u. S. 53 zusammenfassend angeführten Beispiele mit entsprechenden Quellen- u. Literaturvermerken.

[204] Staatsbibliothek München, cod. lat. nr. 6081 f 30/30', bestätigt 1299 (ebenda f 59'/60).

[205] Es scheint dies eine verhältnismäßig weit verbreitete Gepflogenheit gewesen zu sein. F. Lütge berichtet darüber für den Bereich der bayerischen Grundherrschaft (vgl. Die Bayerische Grundherrschaft, a. a. O., S. 81); für den fränkischen Raum teilen W. Scherzer (a. a. O., S. 157), F. Geldner (Besitz u. wirtschaftl. Entwicklung, a. a. O., S. 57 f.; derselbe, Das älteste Urbar, a. a. O., S. 40*), A. Heidacher (a. a. O., S. 72) gleiche Beobachtungen mit; darauf allgemein verweisend auch I. Bog, Dorfgemeinde, a.a.O., S. 57.

[206] Staatsbibliothek München, cod. lat. nr. 6081 f 57/57'.

[207] Abb. Ebr. 138.

[208] Mon. Eberac. 95; auch 121.

[209] Die Übergabe zu Lebzeiten des Inhabers ist im Begriff des Erbrechtes eingeschlossen.

[210] Grundsätzliches zur Prekarie siehe bei F. Lütge, Die Agrarverfassung des frühen Mittelalters im mitteldeutschen Raum vornehmlich in der Karolingerzeit, Jena 1937, S. 100, 219 ff., 227 ff.; auch S. Rietschel, Die Entstehung der freien Erbleihe (Zs. d. Savigny-Stiftung f. Rechtsgesch., Germ. Abt., 22. Bd., Weimar 1901), S. 203 ff.

ria», bei der der Tradent entweder sein – jedoch durch andere Güter erweitertes – Schenkungsgut in Form der Leihe zurückerhielt oder überhaupt andere, nicht in der Schenkung beinhaltete, Güter verliehen bekam, fand sich kein Nachweis. – Die Übereignung gab dem Tradenten die Möglichkeit, neben anderen Vergünstigungen (geringe Zinszahlung, wenige oder keine Dienste[211]) auch die Verleihung zu Erbrecht als Bedingung an die Schenkung zu knüpfen, um auf diese Weise seinen Erben zumindestens die Nutznießung zu erhalten. In einigen Fällen überließ man dem Schenker selbst das Gut für die Dauer seines Lebens noch zu unentgeltlichem Nießbrauch und verpflichtete erst die Descendenten zu jährlichen Leistungen. Dagegen scheint der Modus, dem Tradenten neben Nutznießung ohne jährliche Gegenleistung noch eine Art von Leibrente zu gewähren, im Untersuchungsgebiet nicht gebräuchlich gewesen zu sein. RIETSCHEL[212] konnte für das Kloster St. Stephan zu Würzburg, dessen Besitzungen z. T. auch in ebrachischem Interessengebiet gelegen waren, eine Reihe solcher Schenkungen mit Rückempfang zu unentgeltlicher Nutzung, verbunden mit dem Zugeständnis einer Leibrente auf Lebenszeit (des Schenkers), nachweisen. – Verleihung zu Erbrecht wurde in mehreren Fällen auch bei Verkäufen frei eigener Güter vom Verkäufer zur Bedingung gemacht: 1304 verkaufte Ulrich Araz, ein Nürnberger Bürger, dem Kloster rund 10 Morgen (bei Volkach gelegene) Weinberge um 135 ℔ Heller; die Grundstücke wurden dem Kloster «zu rehtem aigen» überlassen mit dem Vorbehalt, daß sie dem Verkäufer sowie später seinen Erben gegen die Verpflichtung einer jährlichen Zinszahlung (12 ℔ Heller) vom Kloster «ze rehtem erbe» wiederum verliehen werden. Würde der Abgabepflicht von seiten des Lehenmannes bzw. seiner Erben nicht Genüge getan, so sollten die Grundstücke dem Kloster zur freien Verfügung heimfallen[213]. Die Klausel, daß bei Zins- bzw. Dienstversäumnis das Leihegut an das Kloster zurückfalle, findet sich in allen Erbhuldigungsformeln und nahezu allen Erbleiheurkunden. Der Lehenherr behielt damit eine der wenigen Möglichkeiten zur Rücknahme erblich verliehenen Gutes in der Hand, – eine Rückversicherung, auf die er im Rahmen der Zeitleihe angesichts der temporären Begrenzung noch verzichten konnte[214]. Daneben behielt sich der Obereigentümer das Recht vor, das Leihegut wieder zurückzunehmen, wenn dem Beliehenen Vernachlässigung oder Verödung des überlassenen Besitzes nachgewiesen werden konnte, – gleichfalls ein Vorbehalt, der wie der Hinweis auf Heimfall bei Abgabeversäumnis in nahezu alle Erbleiheurkunden und Leheneidsformeln aufgenommen ist: 1327 beurkundet der ebrachische Hofmeister zu Nürnberg, daß dem «erbenmann» Heinrich aus Klosterbesitz die «Widem» zu Schwabach, ein Haus, Wiesen und die Peunt gegen die Verpflichtung von Jahresabgaben überlassen werde; sei es nun aber, fährt der Vertrag fort, «daz er der widem nicht mag bawen, so sull wir im woll gunnen,

---

[211] Als ältester Kontrakt dieser Art (noch in die erste Hälfte des 12. Jhs. fallend) dürfte der zwischen Richwin von Ebera, einem der beiden Stifter des Klosters, und dem ersten Abt (Adam) geschlossene Vertrag über Richwins Anteil an Birkenrod anzusprechen sein. Gegen die Verpflichtung eines kleinen jährlichen Rekognitionszinses blieb Richwin im Genuß des Gutes auf Lebenszeit; Verleihung zu Erbrecht hatte sich der Stifter jedoch nicht ausbedungen. Nach Richwins Tod wurde das Gut von dessen natürlichem Sohn reklamiert und sein vermeintlicher Anspruch vom Abt mit 3 Mark Silbers losgekauft. (Siehe die Darstellung bei J. JAEGER, Die Klosterkirche in Ebrach, a.a.O., S. 46 f.).

[212] S. RIETSCHEL, a.a.O., S. 217.

[213] Staatsbibliothek München, cod. lat. nr. 6081 f 29'/30.

[214] Aus dem Hinweis auf Lehenheimfall bei Zinsversäumnis kann daher, wenn die Leiheform (Erb- oder Zeitleihe) zweifelhaft ist, mit großer Wahrscheinlichkeit auf Erbleihe geschlossen werden.

daz er dem widem erbe auf sein kint»; andernfalls sollte das Leihegut an das Kloster zurückfallen[215].

Güter, zu deren Eigenbewirtschaftung das Kloster augenblicklich nicht in der Lage war, gab es bis gegen Ende des 14. Jahrhunderts verschiedentlich zu *Teilbau* aus[216]. Schon 1208 hatte das Generalkapitel von Citeaux diese Abwendung von der ursprünglichen Wirtschaftspraxis der Zisterzienser mit der Bestimmung, Ländereien, die im Eigenbetrieb weniger ertragfähig seien oder von der Abtei zu weit entfernt lägen, gegen die Hälfte des Ertrages auszutun oder «auf irgend eine andere Weise» zu vergeben («vel aliter prout poterunt competenter»), den Forderungen der Zeit gehorchend sanktionieren müssen; 1220 und 1315 resignierte es mit den Verfügungen «colonis ad tempus concedendum» (1220) und «tradi secularibus ad vitam seu ad firmam» (1315) endgültig auf das vom Orden ehemals verfochtene Wirtschaftsideal[217]. Im allgemeinen wurde beim Teilbausystem – wie im Rahmen der kurzfristigen Leihe (vgl. S. 35) – dem Übernehmer das Nutzungsrecht lediglich auf ein, drei, ab und zu auf sechs oder zwölf Jahre zugestanden[218]; nur vereinzelt erfolgte auch die Überlassung von Teilbaugütern auf Lebenszeit[219]. Ebrach forderte überwiegend den dritten Teil[220], selten die Hälfte des Ertrages[221]. Wo sich die Forderung nur auf den vierten Teil bezog, war das Teilbaugut fast ausnahmslos noch mit der Verpflichtung einer anderen Abgabe[222] belastet oder leistete zusätzlich den Zehnten, während Güter, die zur Hälfte oder zum dritten Teil des Ertrages bauten, in den meisten aller nachgeprüften Fälle als zehentfrei

[215] Staatsbibliothek München, cod. lat. nr. 6081 f 48/48'.

[216] Auch in der Herrschaft Plassenberg (Ofr.) sowie im Bereich des Zisterzienserklosters Langheim war es in der Hauptsache Salland, das während des 14. Jhs. zu Teilbau ausgetan wurde. (Vgl. E. v. GUTTENBERG, Die älteste Landesbeschreibung d. Herrschaft Plassenberg, Plassenburg-Jb. 1938, und F. GELDNER, Das älteste Urbar, a.a.O., S. 33*; das Urbar des Stiftes Herrieden (Mfr.) von 1288 läßt für die ehem. stiftischen Salhöfe auf eine gleiche Entwicklung schließen. (Siehe dazu I. BOG, Dorfgemeinde, a.a.O., S. 54).

[217] Vgl. E. HOFFMANN, Die Entwicklung d. Wirtschaftsprinzipien im Cisterzienserorden, a.a.O., S. 719; H. WISWE, a.a.O., S. 74.

[218] Diese, für das Untersuchungsgebiet ermittelten Nutzungsfristen entsprechen völlig den in anderen grundherrlichen Bereichen Frankens geübten Gepflogenheiten; vgl. u. a. StA Bamberg, Stdbch. nr. 4072, zu Oberlangheim; Stdbch. nr. 4233 f 101', zu Oberleiterbach; Stdbch. nr. 4231 f 57', zu Ebensfeld.

[219] Vgl. Mon. Eberac. 82, 90.

[220] Einer Berechnung von F. GELDNER zufolge, deren Durchführung an den Quellen von Kloster Langheim möglich war, sollen auch die später fixierten grundherrlichen Abgaben durchschnittlich jeweils ein Drittel des Jahresertrages betragen haben. (F. GELDNER, Das älteste Urbar, a.a.O., S. 57*).

[221] Nicht nachweisbar sind die Gründe, die das Kloster bewogen, in einem Fall nur den dritten Teil, in anderen Fällen die Hälfte des Ertrages zu fordern. Vermutlich erfolgte die Handhabung nach gleichem Modus, wie er von Kloster Langheim praktiziert wurde: Ein Drittel wurde hier von allen jenen Höfen gefordert, die das Kloster selbst erstmals zu Teilbau ausgab; Langheim nahm jedoch die Hälfte, wenn dies unter einem früheren Herrn bereits so üblich gewesen war. – Auch für Langheim sind die Teilbaugüter, die um ein Drittel des Ertrages ausgegeben waren, im Vergleich zu Teilbaugütern mit höheren bzw. niedrigeren Bedingungen zahlenmäßig überwiegend. (Siehe dazu F. GELDNER, Besitz u. wirtschaftl. Entwicklung, a.a.O., S. 59). Vorwiegend ein Drittel des Ertrages zu fordern, scheint auch bei Teilbauverträgen baierischer Klöster üblich gewesen zu sein; vgl. den Hinweis auf die Klöster Gars, Herrenchiemsee und Seeon bei I. BOG, Dorfgemeinde, a.a.O., S. 56.

[222] U. a. Mon. Eberac. 90 («... dant quartam partem de 1/2 iugere ... et 1/2 lib. cere»).

bezeichnet werden[223]. Wurde die später in ihrer Höhe fixierte Gült ohne Rücksicht auf das Ernteergebnis geleistet, so traf beim Teilbausystem der aus Mißernten erwachsende Schaden belastend auch den Herrn, – dem «geteilten Unternehmergewinn» stand ein «adaequates Risiko» gegenüber[224]. Dies und möglicherweise auch die aus der Überlassung zu Teilbau resultierenden großen Schwankungen des jährlichen Einkommens dürften die verhältnismäßig frühe Abkehr vom Teilbausystem erklären, – ein System, das – nach der überzeugenden Darlegung von I. Bog[225] – «seiner Natur nach angetan gewesen (wäre), die Agrarverfassung Frankens maßgeblich zu verändern». Schon gegen Ende des 14. Jahrhunderts verringern sich entsprechende Nachrichten in den Quellen; bereits um die Mitte des 15. Jahrhunderts ist kein Teilbaugut mehr nachzuweisen.

Grangien, die das Kloster gegen Ende des 14. Jahrhunderts auflöste und austat, überließ es bei der Erstverleihung zumeist noch ungeteilt in Form des Leibgedings und gab sie erst nach zwei- oder zumindest einmaligem Heimfall, geteilt in zwei oder mehrere kleinere Einheiten, zu Erblehen aus:

> 1377 verlieh Ebrach den bisher von Konversen bewirtschafteten Saudrachshof (bei Michelau), zu dem neben dem Hofgebäude, Stallungen, Scheune, Äckern und Wiesen auch etwa 51 Morgen Weingärten gehörten. Die Verleihung erfolgte «ad dies vita», zu Leibgeding. Der Übernehmer verpflichtete sich zur jährlichen Lieferung von 18 Eimer Weins (1 Eimer = etwa 60 l) und zur Haltung von 18 Stück Rindern für die Abtei.
>
> 1412 wurde der Hof an 2 Bauern, diesmal zu Erblehen ausgegeben. Die beiden Übernehmer verpflichteten sich zusammen zu einem ewigen jährlichen Gültreichnis von 3 Maltern Korn, 3 Maltern Hafer und einem Fuder Wein, ferner zur Abgabe des großen und kleinen Zehnten, zur Lieferung von 2 Fastnachtshühnern, zu einer Geldabgabe von 2 fl «gutt an goldt undt schwer genug am gewicht», und zu Handlohn (von 20 fl einen) in Veränderungsfällen. Vom Kloster wurde ihnen völlige Dienst-, Bede- und Steuerfreiheit sowie Schutz und Schirm zugesichert.
>
> Zu den gleichen Bedingungen wurde der Hof 1485 an 4 Lehenträger (nicht namensidentisch mit den beiden Lehenträgern von 1412) ausgegeben, die zu gleichen Teilen die oben genannten Abgabepflichten übernahmen[226].

Grangien, deren Eigenbewirtschaftung erst nach 1400 aufgegeben wurde, gingen – ohne vorher zu Zeitleihe ausgegeben gewesen zu sein – sofort in Form des Erblehens (jedoch wiederum nach Teilung in kleinere Einheiten) an die Lehenträger über. So z. B. der Hof Füttersee, der 1456 unmittelbar nach Auflösung als Grangie, dem Wortlaut einer späteren Quelle zufolge, an 4 Übernehmer erblich verliehen wurde[227]; desgleichen der 1464 aufgegebene Klosterhof Kaltenhausen, dessen Zugehörungen 1473 in Anteilen den Klosterleuten der Gemeinde Untereisenheim (BA Volkach) gegen eine jährliche Gesamtgült von 50 Maltern Korn und 10 Maltern Hafer (Schwarzacher Maß), 2 Fastnachtshühner und gegen die Verpflichtung, die zum ehemaligen Hof gehörige Kapelle und ein dem Kloster gehöriges Haus in gutem baulichen Stand zu halten,

[223] Ebenda 77/78 (Durrehoue, abgeg. Ort); 188 Morgen Weinberge sind hier gegen den dritten oder vierten Teil des Ertrages ausgegeben; wer zum dritten Teil baut, ist in den meisten Fällen zehntfrei; siehe dazu auch die bei H. Wiswe, a. a. O., S. 75 angegebenen Beispiele. (Ausgleich der Belastungen, wie er auch später immer wieder begegnet.)
[224] E. Jenny, Der Teilbau, München 1913, S. 28.
[225] I. Bog, Dorfgemeinde, a. a. O., S. 57.
[226] StA Würzburg, Stdbch. nr. 501 f 45.
[227] StA Bamberg, Stdbch. nr. 7686 f 131.

erblich überlassen wurde[228]. Nicht als Leihegut ausgegeben wurden bis zur Säkularisation die zu den ältesten Grangien zählenden Wirtschaftshöfe Elgersheim (bei Volkach) und Waldschwind (vgl. S. 11, 15) sowie die Höfe zu Koppenwind, Winkelhof und Klebheim (Klebheimer Hof bei Untersteinbach). Nach ihrer Auflösung als Grangien wurden die vier letztgenannten – in ihrer ursprünglichen Form kaum verändert – bis zum Ende der Klosterherrschaft von Pächtern (zu Zeitpacht), die der Aufsicht des obersten klösterlichen Wirtschaftsdirektors, des Cellerars, unterstanden, «mit eigenen Gespannen» bebaut; Elgersheim dagegen wurde von einem gedungenen Winzer bewohnt, der die klostereigenen Äcker, Wiesen und Weinberge «mit den Mitteln des Klosters» bewirtschaftete[229].

Spätestens um 1400 ist der Übergang von Vital- zu Erbleihe vollzogen. Ab diesem Zeitpunkt ist die erbliche Verleihung Ebracher Klostergutes die Regel; Übertragungen von Gütern zur Nutzung bis zum Lebensende des Empfängers erfolgen nur noch in Ausnahmefällen; kurzfristige Verleihungen sind überhaupt nicht mehr nachweisbar. Der Wechsel von Zeit- zu Erbleihe war hier um mehr als hundert Jahre früher eingetreten als in den Bereichen der beiden ebrachischen Filialklöster Heilsbronn (i. Mfr.) und Langheim (i. Ofr.). Nach Aussage des Heilsbronner Salbuches v. J. 1505 verhielten sich zu dieser Zeit erblich zu zeitlich verliehenen Gütern noch immer im Verhältnis 2:1[230]. Für Langheim wird Erbrecht im 14. Jahrhundert «nur selten ausdrücklich bezeugt»; einer rechtlichen Darlegung von 1420 zufolge, berichtet F. GELDNER in seinen Studien zum ältesten Langheimer Urbar[231], habe es zu dieser Zeit «am Roten Main überhaupt noch kein Erbrecht auf langheimischen Gütern» gegeben. «Es scheint sich», folgert GELDNER für das Langheimer Interessengebiet weiter, «im Laufe des 15. Jahrhunderts das Erbrecht erst allmählich durchgesetzt zu haben»[232]. In der Herrschaft Plassenberg (Ofr.) waren Erbzinslehen erst an der Wende vom 15. zum 16. Jahrhundert «beinahe zur Regel geworden»[233]; Gleiches scheint für den Bereich der Grundherrschaft des Zisterzienser-Nonnenklosters Sonnefeld (bei Coburg) zuzutreffen, wo Anfang des 16. Jahrhunderts neben dem auch dort bereits vorherrschenden Erbzinsrecht Verleihungen auf Lebenszeit noch mehrfach bezeugt sind[234]. Überall aber war die endgültige Verdrängung der Zeitleihe zugunsten des Erbzinsrechtes im Grunde genommen nur noch eine Frage der Zeit. Welche Ursachen und Gründe zu diesem Entwicklungsprozeß, der die Erbzinsleihe schließlich «zum vorherrschenden bäuerlichen Recht am Boden Frankens» werden ließ, einleitend und fördernd beitrugen, hat I. BOG erst

---

[228] Abb. Ebr. 139. – 1464 hatte das Kloster die Grangie aufgelöst und unter Vorbehalt des Rückkaufrechtes veräußert, 1473 aber wieder zurückerworben.

[229] Vgl. dazu die Brevis notitia von Abt WILHELM SOELNER, 1739; Übersetzung von G. Schübel, 1955, S. 42/43; ferner TH. HAAS, Die «Kolonisationstätigkeit» des Zisterzienserklosters Ebrach, a. a. O., S. 92. – Auch Langheim hielt bei einigen seiner ehemaligen Grangien bis zur Säkularisation (1803) an der Zeitpacht fest; F. GELDNER, Besitz und wirtschaftliche Entwicklung, a. a. O., S. 54 und 58. – Häufiger jedoch als die Verpachtung ehemaliger Grangien in ihrer alten Größe ist deren Teilung in kleinere Einheiten und Vergebung dieser Teile zu Leihe (so bei den fränkischen Zisterzienserklöstern Ebrach, Langheim, Heilsbronn); entsprechende Angaben auch bei W. LORENZ in bezug auf das Zisterzienser-Nonnenkloster Sonnefeld b. Coburg (W. LORENZ, Die Geschichte unserer Häuser, in: 700 Jahre Sonnefeld, Coburg 1952, S. 42).

[230] Vgl. A. HEIDACHER, a. a. O., S. 72.

[231] F. GELDNER, Das älteste Urbar, a. a. O., S. 40*.

[232] Ebenda.

[233] E. v. GUTTENBERG, Die älteste Landesbeschreibung der Herrschaft Plassenberg, a. a. O., S. 15.

[234] Vgl. W. LORENZ, Campus Solis, a. a. O., S. 165 ff.

vor wenigen Jahren überzeugend dargestellt[235]. Die in vielen Teilen Mitteldeutschlands, vornehmlich in den kursächsischen, häufiger noch in den thüringischen Gebieten vorkommende Besitzform des «schlichten Zinsgutes»[236], die den Inhaber zwar zu Abgaben verpflichtete, ihm aber – im Gegensatz zum Inhaber des Erbzinsgutes – sowohl das dominium utile als auch das dominium directum zugestand, ist im Untersuchungsgebiet nicht nachweisbar; diese Beobachtung tritt den in bezug auf andere Grundherrschaften Frankens bereits mehrfach ausgesprochenen Feststellungen von gleichem sachlichen Inhalt lediglich ergänzend zur Seite[237].

Verleihung zu Erbrecht, Veräußerungs- und Abzugsrecht, dazu Berufungsmöglichkeit an ein Obergericht – Kriterien, die im allgemeinen für eine günstige Rechtslage bäuerlicher Untertanen sprechen –, besaßen die ebrachischen Hintersassen bereits um 1400; zwei Rechtssatzungen von 1400 und 1494, die nachstehend ihrer Bedeutung wegen im Wortlaut übernommen seien[238], bringen dies klar zum Ausdruck. Obwohl sich diese beiden Verordnungen allein auf das Klosteramt Nürnberg-Schwabach-Katzwang beziehen, können sie ihrem Inhalte nach, wie sich aus sachlich gleichen, auf andere Klosterämter bezogenen Quellenstellen rechtfertigen läßt, ohne Bedenken auch auf das übrige Klostergebiet übertragen werden.

Aus Zinsbuch D (um 1400)

Aus Zinsbuch H (1484)

Nota quod homines in districtu Katzwang subsides et morari volentes promittere habent et iurare ut sequitur:

(1) Primo quod aliud dominium non habent (siehe H 1).

(1) Primo quod liberi sint id est *aliud dominium non habeant* nec habere velint (siehe D 1).

(2) Secundo quod non recedant a nobis nisi cum licentia et nostra voluntate (siehe H 5).

(2) Secundo quod sint monasterio et omnibus suis *fideles* promoventes bonum et impedientes malum quantum valeant corpore ac rebus suis (siehe D 7).

(3) Tercio quod nobis et suis vicinis obedientes in communis utilitatis procuratione (siehe H 3).

(3) Tercio quod sint *obedientes* abbati suisque officialibus et iudicibus ac famulis in mandatis eis factis tam in iussionibus quam prohibicionibus (siehe D 3).

(4) Quarto quod sint nobis et nostris fideles scabini in nostro iudicio, cum iubentur.

(4) Quarto si nunc libuerit amplius morari in fundo nostro, *quod vendant hominibus nobis* ydoneis vel convenientibus in suscipiendo (siehe D 5).

[235] I. Bog, Dorfgemeinde, a. a. O., S. 80; dort eine zusammenfassende Darstellung der kausalen Zusammenhänge.

[236] Siehe hierzu vor allem F. Lütge, Die mitteldeutsche Grundherrschaft, a. a. O., S. 85 ff.

[237] Auf das Fehlen des «schlichten Zinsgutes» im fränkischen Raum bereits bei F. Lütge, a. a. O., S. 303 zusammenfassend verwiesen.

[238] StA Nürnberg, Zinsbuch D des ebrachischen Klosteramtes Nürnberg-Schwabach-Katzwang (um 1400; Innenseite des Pergamentumschlages); Zinsbuch H (1484; unfol. Bl. 3); gedruckt in: Quellen zur Besitz- und Wirtschaftsgeschichte des Kl. Ebrach, von E. v. Guttenberg (JffL 3, Erlangen 1937, S. 39 ff.). – Wo die jüngere Verordnung (H) an die ältere Form anlehnt, wurde dies durch Kursivdruck hervorgehoben.

(5) Quinto quod vendant hereditarium ius suum hominibus nobis aptis cum decimo denario dando pro laudimio (siehe H 4).

(6) Sexto quod non citent perpetuis temporibus nostro(s) ad alia iudicia nisi cum nostro assensu et voluntate (siehe H 7).

(7) (von jüngerer Hand hinzugefügt:) Quod bona concessa fideliter conserva(n)t in esse (siehe H 2).

(5) Quinto *quod non recedant* absque bona voluntate nostra id est de *licentia* petita et obtenta (siehe D 2).

(6) Sexto quod post recessum suum ad anni spacium sistant in nostro iudicio nobis et omnibus et singulis monasterii subsidibus causas contra eos habentibus.

(7) Septimo quod de cetero neminem de *nostris* umquam citare praesumant *ad alia iudicia* praeterquam ad Katzwang, nisi iusticia fuerit alicui denegata, tunc querat iudiciarie in iudicio principali et non alibi (siehe D 6).

D und H 1 untersagen dem Klosteruntertanen, sich gleichzeitig einer anderen Herrschaft zu unterwerfen; H 1 bezeichnet erweiternd die Hintersassen als «frei», womit wohl lediglich auf die Freiheit im Sinne von Unabhängigkeit von einer fremden Herrschaft hingewiesen sein soll. – H 2 hebt unter besonderer Betonung des Treueverhältnisses (fideliter) die allgemein gültigen Verpflichtungen eines Grundholden, den Vorteil des Herrn zu fördern und ihn unter Einsatz von Leib und Gut vor Schaden zu bewahren, hervor; H 2 hat zwar in der älteren Fassung (D) keine Parallelbestimmung, dürfte aber mit dem von jüngerer Hand hinzugefügten Absatz D 7 in Zusammenhang stehen, der gleichfalls auf Grund des Treueverhältnisses vom Untertanen die gute Instandhaltung der Leihegüter fordert. – D 2 gibt bekannt, daß der Hintersasse zwar schollengebunden ist, jedoch die Möglichkeit besitzt, nach Lösung des Rechtsverhältnisses und unter Vorbehalt der herrschaftlichen Erlaubnis, vom Gute abzuziehen; sachlich das gleiche, wenn auch in wesentlich schärferer Weise, spricht H 5 im Rahmen der jüngeren Satzung aus. – Erwähnt D 3 neben der Verpflichtung gegenüber dem Herrn unter Hinweis auf den Gemeinnutz noch ausdrücklich die Gehorsamspflicht des Untertanen der Dorfgemeinschaft (vicinis) gegenüber, so engt der entsprechende Passus (H 3) der jüngeren Fassung den Untertanengehorsam in Betonung des Herrschaftsgedankens auf Abt, Amtleute, Richter, Klosterbeamte und die von ihnen erlassenen Mandate ein. – D 4 weist auf die Schöffenpflicht der Hintersassen im klösterlichen Gericht hin, – eine Bestimmung, die trotz der Tatsache, daß die Schöffenpflicht der Klosteruntertanen fortbestand, in die jüngere Verordnung nicht aufgenommen ist. – D 5 gibt näheren Einblick in die besitzrechtliche Lage der Hintersassen: Sie haben das ihnen überlassene Klostergut zu Erbrecht inne, können also vom Herrn nicht willkürlich aus dem Besitz entfernt («abgestiftet») werden. Bei Verkauf hat das Kloster Einspruchsrecht gegen die Persönlichkeit des Käufers; das Leihegut bleibt Eigentum des Klosters (Obereigentum), auch wenn die Erbleihe dem Lehenträger volles und unentziehbares Nutznießungsrecht am überlassenen Gut gewährt (Untereigentum). Als Laudemium fordert das Kloster (zu dieser Zeit noch) den 10. Pfennig des Verkaufswertes[239]. Indirekt geht auch aus diesem Passus hervor, daß der Holde die Möglichkeit hatte, vom Gut abzuziehen, wenn auch nur mit Genehmigung der Herrschaft. – Sachlich gleichen Inhaltes ist Absatz H 4; nur das Handlohnreichnis, inzwischen selbstverständlich geworden, findet keine eigene Erwäh-

[239] Der Handlohn wird hier später auf 5 % herabgesetzt, nach dem 30jährigen Krieg jedoch wieder auf $6^2/_3$ % erhöht; vgl. S. 60.

nung mehr. – H 6 (ohne Vorlage in der älteren Satzung) bestimmt, daß jeder Hintersasse bei Abzug in anhängigen Rechtsfällen noch für den Zeitraum eines Jahres dem
Klostergericht rechtszuständig bleibt. D 6 spricht für die Hintersassen das Verbot aus,
bei Streitigkeiten unter sich den Prozeßgegner ohne Genehmigung der Herrschaft vor
ein fremdes Gericht zu laden; die jüngere Form (H 7) beschränkt das Verbot auf das
Katzwanger Klostergericht und bestimmt im Fall von Rechtsverweigerung Berufung
beim Obergericht in Ebrach als der einzig zuständigen Instanz.

Vermutlich bezog sich die Erbberechtigung ursprünglich nur auf die Descendenten
oder nächsten Blutsverwandten des Lehenmannes[240], so daß das Gut bei Aussterben
dieses Kreises von Erbberechtigten wieder an den Obereigentümer heimfiel. Erst im
Laufe der Zeit trat dem Erbrecht als positive Ergänzung die Veräußerungsfreiheit zur
Seite. Der Verkauf von klösterlichem Leihegut bedurfte zwar in jedem Fall und bis zur
Auflösung der Abtei der herrschaftlichen Zustimmung, die jedoch nicht versagt wurde,
wenn der Käufer ein «homo nobis aptus», ein dem Kloster annehmbar erscheinender
neuer Lehensmann war. Ebrach behielt sich damit nicht mehr als eine rein formelle
Mitwirkung bei Veräußerungen vor[241]. – Offenbar bedurfte der Verkauf erblich ver-
liehener Güter neben der herrschaftlichen Genehmigung auch der Zustimmung der
Erben; es wird dies zwar in keiner Satzung oder Lehensformel ausdrücklich erwähnt,
ist aber verschiedentlich aus entsprechenden Vermerken in den Urbaren zu er-
schließen[242].

Bedeutete die Vererbbarkeit der Güter im Rahmen der bäuerlichen Besitzverhältnisse
ohne Zweifel einen Fortschritt, so setzte nun in Folge der freieren Verfügbarkeit des
Bauern über sein Gut jene besitzzersplitternde Erbsitte – die Realteilung im Erbfall –
ein, die in manchen Gegenden Frankens (vornehmlich im oberfränkischen Raum) lange
Zeit hindurch so konsequent durchgeführt wurde, bis es im wahrsten Sinne des Wortes
nichts mehr zu teilen gab[243]. – Innerhalb des Untersuchungsgebietes hielt man am Prinzip der Realteilung nur so lange fest, bis die Tatsache, daß das Resultat einer weiteren
Teilung nur noch Zwerggüter sein konnten, einer nochmaligen Spaltung von selbst
Einhalt gebot. (Es ist im vorangegangenen Abschnitt schon in anderem Zusammenhang davon gesprochen worden; siehe S. 31 f.).

Die Quellen spiegeln ungefähr folgende Entwicklung wider: Mit dem Zugeständnis
der Vererbbarkeit setzte sich noch im 14. Jahrhundert – mit steigender Tendenz bis
etwa Mitte des 16. Jahrhunderts – die Sitte der Realteilung im Erbfall durch. Um diese

[240] Die Erbleiheurkunden sprechen ohne nähere Hinweise nur von den «Erben» schlechthin.
[241] Siehe Absatz D 5 und H 4 der Rechtssatzungen von 1400 und 1494 (S. 41/42). Ferner beinhaltet jeder Lehenseid diese Verpflichtung in einem eigenen Passus; vgl. u. a. die Formeln der
Lehensgelöbnisse von 1608 «... sollt Ihr ... ohne Wissen undt Willen des Lehensherrn nicht
verkaufen undt ... (bei Verkauf) ... einem so lehenswerth undt annehmblich ist, zu kaufen
geben», und von 1674 «... fals Ihr an anderen orthen Ewer sach verbessern könnet, und die
ebrach. güter verkaufen wöllet, die sollet Ihr verkaufen denen, die dem Closter anzunehmen
seint ...» (StA Würzburg, Stdbch. nr. 501 f 5 f [1608], f 7' [1674]).
[242] So u. a. aus einer Notiz im Ersturbar (1340) zu einem als Erblehen ausgegebenen klösterlichen Allod in Gerolzhofen: («quod hereditarie tenent Kuno et uxor eius»), zu dem der Schreiber eigens vermerkt, daß die Hälfte des Leihegutes «invitis filiis suis et nobis nescientibus», also
gegen den Willen der Söhne und ohne Wissen der Herrschaft, verkauft worden sei (Mon. Eberac.
85/86).
[243] Vgl. dazu u. a. I. Bog, Forchheim (Heft 5 des Hist. Atlas von Bayern, Teil Franken,
München 1955), S. 26 u. 45 ff.; ferner N. Wendler, Das Oberamt Lichtenfels (ein unveröffent-
lichtes Manuskript, das mir durch die freundl. Vermittlung von Herrn Dr. H. H. Hofmann,
Nürnberg, zugänglich gemacht wurde).

Zeit wird ohne direkte Einflußnahme von seiten des Grundherrn das Einsetzen einer Reaktion gegen eine weitere Besitzzersplitterung deutlich[244] (Zusammenlegungen kleiner Teilgüter, Wiedererstehen von Vollbauernstellen durch Aufkauf dismembrierter Stücke; im Maintal als Folge einer rückläufigen Bewegung z. T. sogar Güteranhäufung in einer Hand[245]. Nachweisbar aus den Urbaren, ergänzt durch Erbschafts- und Handlohnprotokolle, ist die Aussage erlaubt, daß seit dem 17. Jahrhundert die größeren und mittleren Betriebe vorwiegend wieder ungeteilt an *einen* Erben übergingen, der die weichenden Erben auszuzahlen hatte. Daß sich dieser Modus durchsetzen konnte, dürfte nicht zuletzt mit der Gegebenheit zu erklären sein, daß nahezu alle diese Anwesen mit einer verhältnismäßig großen Anzahl an walzenden Stücken ausgestattet waren, die dem Alleinübernehmer die Abfindung der Miterben erleichterte bzw. überhaupt möglich machte[246]. Ein Anwesen, das ungebundene, d. h. nicht zum Leihegut gehörige Grundstücke besaß, konnte mit ihnen weichende Erben auszahlen und sich auf diese Weise trotz des Prinzips der Realteilbarkeit die Geschlossenheit bewahren; bot sich andererseits dem mit einigen Grundstücken befriedigten Miterben die Möglichkeit, noch einige andere ledige Stücke hinzuzuerwerben, so konnte er einen eigenen, wenn auch kleinen bäuerlichen Betrieb errichten und war nicht zur Abwanderung gezwungen. Eine Auszählung der in einem Dorf vorhandenen gebundenen und ungebundenen Stücke, durchgeführt an rund 30 Orten (zwischen 1625 und Ende des 18. Jahrhunderts), ergab als Resultat, daß das Verhältnis der Summe lediger zur Summe gebundener Stücke sich etwa in einer Spanne zwischen 1:5 und 1:2 bewegt[247]. Hier seien zwei Orte[248] als Beispiele herausgegriffen:

[244] Eine nahezu konform verlaufende Entwicklung, wie sie hier für das Untersuchungsgebiet seit etwa der Mitte des 16. Jhs. beschrieben wird, hat für die Gegenwart vor wenigen Jahren W. v. TROTHA in Zusammenhang mit einer Untersuchung über den «Gegenwärtigen Stand der Erbverhältnisse in der oberfränkischen Landwirtschaft» ermittelt. (Vgl. die gleichnamige Diss. agr. TH München 1955; dazu die Besprechung von G. FRANZ in: Zs. f. Agrargesch. u. Agrarsoziologie, Jg. 3 u. 4, 1955/56, S. 205).

[245] Gleiche Beobachtungen machte N. WENDLER (a. a. O.) im oberfränkischen Jura und im Banzgau zwischen Main und Itz. – Auch für den Schwarzwald wird mitgeteilt, daß «nach einer Zeit sehr weitgehender Zersplitterung im 15. Jh. die Bauern aus eigenem Antrieb darauf ausgingen, die Splitter wieder zu größeren Gütern zu vereinigen» und «größere Höfe . . . ebenfalls aus eigenem Antrieb, nicht unter dem Zwang der Grundherrschaft, in einer Hand» zusammenzuhalten. (Siehe TH. KNAPP, Die Grundherrschaft im südwestlichen Deutschland, a. a. O., S. 98, fußend auf der Arbeit von EB. GOTHEIN, Die Hofverfassung auf dem Schwarzwald, ZGO 40 = NF. 1, S. 292.).

[246] Der Nachweis, daß ein nach Zahl und Größe nennenswertes Vorhandensein von walzenden Stücken das Festhalten an der geschlossenen Vererbung bzw. den Rückgriff auf diese Erbsitte wesentlich begünstigte, wurde bereits für andere Teile Deutschlands geführt: F. LÜTGE hat in diesem Zusammenhang vornehmlich auf die nördlich des Harzes gelegenen Gebiete (Wernigerode, Halberstadt, Aschersleben, Ballenstedt) verwiesen; vgl. F. LÜTGE, Die mitteldeutsche Grundherrschaft, a. a. O., S. 67.

[247] Nahezu jedes Anwesen verfügte über einige ledige Stücke; Anzahl und Größe waren jedoch in bezug auf das Einzelgut so unterschiedlich, daß hierzu keine verallgemeinernden Angaben gemacht werden können.

[248] StA Bamberg, Rep. 223/2 nr. 7736, zu Großgressingen und Untersteinach.

1. Großgressingen besaß im oben genannten Zeitraum

an gebundenen Äckern:	147	Morgen
an gebundenen Wiesen:	106	Morgen
an gebundenem Holz:	3	Morgen
an ledigen Äckern:	38½	Morgen
an ledigen Wiesen:	93	Morgen
an ledigem Holz:	2	Morgen

2. Untersteinach besaß zur gleichen Zeit

an gebundenen Äckern:	242	Morgen
an gebundenen Wiesen:	69½	Morgen
an gebundenem Holz:	101½	Morgen
an ledigen Äckern:	47	Morgen
an ledigen Wiesen:	39½	Morgen

Die ledigen Stücke betrugen also bei Großgressingen ungefähr ein Fünftel, bei Untersteinach etwa ein Drittel aller vorhandenen Stücke. – Einen Einzelfall stellt der Ort Koppenwind dar, wo die Summe der gebundenen Liegenschaften nur 68½ M, die der ledigen Stücke dagegen 183 M, also nahezu das Dreifache, betrug[249]. Güter, die zwar ungeteilt von einem Erben übernommen wurden, aber über nur wenige oder keine fliegenden Stücke verfügten – eine bargeldlose Abfindung der Miterben auf diesem Wege also ausgeschlossen war –, erwiesen sich bei näherer Prüfung in den meisten Fällen als hoch verschuldet. Im Ort Abtswind waren um 1679 von 37 bäuerlichen Betrieben unterschiedlicher Größe (jeder mit kaum nennenswerten walzenden Stücken ausgestattet) nur 4 Güter erbschuldenfrei[250]; ähnlich lagen die Verhältnisse im Orte Buch, wo zur gleichen Zeit von 10 Betrieben nur 2 Güter nicht an Miterben verschuldet waren[251]. In Breitbach[252] – auch hier sei nur ein Beispiel für viele ähnlich gelagerte Fälle erwähnt – trug ein Anwesen, das neben seinem Hofgut von 41 M Feldern und 13 M Wiesen über keine ungebundenen Stücke, dazu nur über einen Viehbestand von 4 Rindern verfügte, eine Erbschuldenlast, zahlbar an die Geschwister des Übernehmers, von 339 fl; zieht man nun noch die Handlohnsgefälle bei Übernahme, die dem Vater des Übernehmers zustehenden 15 fl jährlichen Austraggeldes und die fortlaufenden Jahresabgaben an den Grundherrn in Betracht, so muß sich der neue Hofinhaber in den ersten Jahren nach der Übernahme in einer außerordentlich schwierigen wirtschaftlichen Situation befunden haben.

Die verhängnisvollen Folgen der Erb- und Realteilung lagen, was das Untersuchungsgebiet anbetrifft[253], weniger in der Schaffung kleiner und kleinster Anwesen[254] als viel-

[249] Ebenda, zu Koppenwind.

[250] StA Bamberg, Rep. 223/2 nr. 7646 f 2 ff.

[251] Ebenda f 17 ff.

[252] Ebenda f 22.

[253] Fälle, in denen nicht allein der Besitz schlechthin, sondern jeder einzelne Acker nach Anzahl der Erben geteilt wurde (wie N. WENDLER, a. a. O., berichtet, ein sonst in Oberfranken häufig beobachteter Teilungsmodus), finden sich im Untersuchungsgebiet nur ganz vereinzelt und jeweils nur in bezug auf *ein* Grundstück.

[254] Inhaber derartiger Betriebseinheiten übten in überwiegender Anzahl ein Handwerk aus. Nach Aussage der Steuerlisten betrug der Prozentsatz von Kleinstellen mit Handwerk gegenüber jenen ohne Handwerk durchschnittlich 70–75 %. (Vgl. u. a. den Ort Abtswind: hier werden Ende d. 17. Jhs. von 19 kleineren Betrieben 13 mit Ausübung eines Handwerks angegeben; StA Bamberg, Rep. 223/2 nr. 7646 f 2 ff., Steuer-Revisions-Protocolle).

mehr in der starken Zersplitterung der einst nach durchdachtem Plan verteilten Dorfflur. Wie bereits im vorangegangenen Abschnitt erwähnt, zeigt das zahlenmäßige Verhältnis der größeren zu den kleinen bäuerlichen Einheiten zwischen 1340 und 1803 im
Endergebnis keine umwälzende Veränderung; dagegen wurden natürlich, nachdem sich
die Erb- und Realteilung durchgesetzt hatte, Grundstücke, die Miterben zugefallen
waren, häufig durch Einheirat einem anderen Hof zugetragen. Wurden nun andererseits dem Hof, der einzelne Stücke an weichende Erben verloren hatte, durch Mitgift
neue Liegenschaften zugebracht, so blieb das ursprüngliche Ausmaß an Zugehörungen
wohl annähernd erhalten, setzte sich jedoch im Laufe der Zeit immer wieder aus anderen Stücken zusammen. Infolge dieses wiederholten Wechsels von Hand zu Hand lagen
schließlich einzelne Felder und Wiesen Kilometer weit voneinander entfernt, ja waren
z. T. nicht einmal mehr in der heimischen Dorfflur des Inhabers, sondern in benachbarten Markungen gelegen, so daß es dem Besitzer verschiedentlich unmöglich war, diese
weit abliegenden Güter selbst zu bearbeiten und er sie zur Bewirtschaftung Beständnern
oder Afterlehensträgern[255] überlassen mußte. Von Vorteil wirkten sich bei dem durch
die Erb- und Realteilung bedingten Wechsel der Stücke für das Kloster seine ehemaligen Bemühungen um Arrondierung und Purifizierung aus; durch die Gegebenheit, daß
Ebrach in zahlreichen Orten alleiniger Grundherr war oder die Herrschaft in einem
Dorf nur noch mit ein oder zwei Grundherrn teilte, gerieten weniger häufig als in anderen grundherrlichen Verbänden durch Erbschaft und Einheirat Liegenschaften an eine
fremde Grundherrschaft.

Möglicherweise ist hierin ein Grund zu suchen, warum von seiten Ebrachs niemals
der Versuch unternommen wurde, den Teilungen in wirklich nachdrücklicher Weise
zu begegnen[256]. Das Kloster beschränkte sich auf die mit dem allgemeinen Lehenseid
beschworene Verpflichtung, «ohne Wissen und Willen des Lehensherrn nichts (zu) ver-
setzen, verpfänden, verändern oder (zu) zertheilen»[257], fügte zwar späteren Eidesfor-
meln verschärfend die Androhung des Lehenentzuges bei derartigen Vorkommnissen
hinzu[258], machte aber in keinem Fall trotz vielfacher Übertretung von der ange-
drohten Strafe Gebrauch. Seit der zweiten Hälfte des 17. Jahrhunderts etwa machte die
Abtei ihre Zustimmung zum Verkauf eines Hofteiles verschiedentlich von der Ein-
räumung des Vorkaufsrechtes für den Erstbesitzer abhängig; dieses Vorkaufsrecht gab
dem ursprünglichen Besitzer zumindestens die Chance, eines Tages den veräußerten
Teil vor Weiterverkauf seinem Hofgut wieder zurückgewinnen zu können[259]. Die
Abgabepflicht für Reichnisse, die bei Loslösung von Hofteilen neu auf das abgetrennte

[255] Sie werden, da sie vom Grundherrn zur Zahlung eines geringen Anerkennungszinses
verpflichtet wurden, in den Quellen als «Censiten» bezeichnet, zum Unterschied von den eigentlichen Trägern von Erbzinslehen, den «Emphyteuten». – Siehe hierzu die im fränkischen Rechts-
werk *Thesaurus Juris Franconici* (Abschn. I S. 3592 f.) niedergelegten allgemeinen Aussagen
zur Rechtsnatur der Emphyteuse Frankens, die auf die Ebracher «bona emphyteutica» voll zu-
treffen; dort vor allem: «bona . . . Emphyteutica in sensu Iuris Romani ignoramus», «. . . Em-
phyteuta vero utili tantum gaudet dominio». – Vgl. dazu die grundsätzlichen Erörterungen
zum Rechtsstreit, «ob das Erbzinsrecht gleich der römisch-rechtlichen Emphyteuse zu achten sei
oder nicht», bei F. LÜTGE, Die mitteldeutsche Grundherrschaft, a.a.O., S. 89 f.
[256] Eingehende Darstellung der Einwirkungsmöglichkeiten durch den Grundherrn bei F.
LÜTGE, Die mitteldeutsche Grundherrschaft, a.a.O., S. 65 f.
[257] StA Würzburg, Stdbch. nr. 501, ao. 1608, f 5 f.
[258] Ebenda f 7'. – Sachlich entsprechende Gebote und Verbote wurden später auch in die
Gemeinde- und dörflichen Ruggerichtsordnungen aufgenommen.
[259] StA Würzburg, Stdbch. nr. 497 f 18: «Wan dieser ¼ Theil Hofs verkauft wird . . . hat
primarius Possessor den Vorkauf»; Zusätze gleichen Inhalts finden sich häufig in den Urbaren
des 17. und 18. Jhs.

Gut geschlagen wurden, erlosch, sobald die Teilstücke dem ehemaligen Hof wieder inkorporiert wurden[260]. Wurde ein Grundstück als Afterlehen ausgegeben, so verpflichtete der Grundherr den Zweitlehensträger entweder zur Zahlung eines kleinen Zinsbetrages, den sogen. «Bekenntnispfennig», oder er forderte eine Hühnerabgabe. Bei Rücklösung zum Hauptgut fiel die Zinszahlung für das Flurstück in Form des Bekenntnispfennigs – wie ja auch die Abgabepflicht für andere Reichnisse – wieder weg; war aber eine Hühnerabgabe auf das Afterlehen geschlagen worden, so blieb diese auch bei Wiedervereinigung mit dem Hauptgut unlöslich mit dem ehemals ausgegebenen Grundstück verbunden[261].

Wenn man den von seiten des Landesherrn, dem Hochstift Würzburg, gegen Ebrach erhobenen Anklagen Glauben schenken darf, so hat es die Abtei nicht nur versäumt, der Besitzzersplitterung in wirklich aktiver Weise entgegenzutreten, sondern hat ungeachtet eigener wirtschaftlicher Verluste gegen Ende des 17. Jahrhunderts die Splitterung – so absurd dies klingen mag – noch verschiedentlich gefördert. Ermittlungen landesherrlicher Steuerbeamter zufolge hatte Ebrach in einer Reihe von Orten (vorwiegend im Klosteramt Mainstockheim) dem Kloster lehenbare, aber dem Hochstift steuerbare Güter aus dem Hofverband gelöst und «walzend» gemacht; durch «gewisse Verträg» mit seinen Untertanen, von denen jedoch in den «Actis das wenigste zu finden» sei, habe das Kloster diese Güter zwar sich selbst, jedoch auf diese Art auch dem Steuerzugriff entzogen[262]. Obwohl sich der Beweis für diese Manipulationen aus den Quellen nicht erbringen läßt, ist an der Richtigkeit der landesherrlichen Beschwerde kaum zu zweifeln. Der zwischen Abtei und Hochstift um Anerkennung der klösterlichen Reichsunmittelbarkeit entflammte Prestigekampf dürfte dieses, dem grundherrlichen Interesse völlig widersprechende Verhalten des Klosters zum großen Teil erklären; andererseits ist anzunehmen, daß die von den landesherrlichen Beamten erwähnten Absprachen mit den Untertanen Entschädigungen für das verlorengegangene Lehengut vorsahen[263].

Da die mit den Gütern verbundenen Verpflichtungen anteilmäßig von den kleineren Einheiten übernommen wurden, bedeuteten Teilungen für die Herrschaft in Hinblick auf die jährlichen Abgaben und Dienste keine Schmälerung ihrer Ansprüche. Im allgemeinen entsprach die Summe der auf die Teile umgelegten Leistungen nicht nur dem Ausmaß der Verpflichtungen, die das Gut in seiner ursprünglichen Größe zu tragen gehabt hatte, sondern lag in vielen Fällen sogar um etwas höher, da vor allem dort, wo eine exakte Teilung des Objektes (wie z. B. bei den nicht in Geld abgelösten Kleinabgaben [Hühnern[264], Eiern, Käse]; häufig auch bei den Diensten) praktisch nicht möglich war, die Teilverpflichtung immer nach oben aufgerundet wurde[265].

[260] StA Nürnberg, Rep. RA Schwabach nr. 351; auch StA Bamberg, Stdbch. nr. 7735, ao 1620, Art. Burghofstetten.

[261] StA Würzburg, Stdbch. nr. 499, ao. 1673, zu Grettstadt: «... wann auff dem Afterlehen bekantpfennig geschlagen werden, falt der Zins wieder, so das Afterlehen zum Hauptguth gelöst wird; wan aber Hünner darauf geschlagen werden, so bleiben solche umblöslich».

[262] *Causa Herbipolensis,* siehe Beilage Nr. CXCV.

[263] Abgesehen von den Lehengefällen verlor das Kloster damit auch ein Drittel der Steuergelder, da es auf Grund des ihm zustehenden ius collectandi nur zwei Drittel an die Kammer des Hochstifts abführen mußte, ein Drittel der Steuergelder einbehalten durfte.

[264] Wo in bezug auf derartige Reichnisse tatsächlich eine exakte Aufteilung erfolgte, erscheinen ab und zu Endergebnisse, die nur noch bei Umwandlung der Natural- in eine Geldabgabe von praktischem Wert sein konnten: halbe und viertel Eier z. B.; in Tugendorf hatte Ebrach u. a. einen Anspruch auf 47 $\frac{2^{1}/_{2}}{4}$ Fastnachtshühner! (StA Würzburg, Stdbch. nr. 454, 17. Jh.).

[265] Abb. Ebr. 76 (vgl. die Verpflichtungen ganzer und halber Höfe in Geesdorf ao. 1319).

III. Die bäuerlichen Lasten

Mit der sich in den Quellen formelhaft wiederholenden Wendung «. . . zinsen und dienen dem Kloster» ist der Rahmen der bäuerlichen Verpflichtungen, umfassend Abgaben und Dienste, generell umrissen. Rechtsnatur, Charakter und Höhe dieser beiden Arten von Belastung im einzelnen zu untersuchen und darzustellen, ist Aufgabe des folgenden Kapitels. Die Gegebenheit, daß der bäuerliche Untertan Lasten in zwei verschiedenen Formen zu tragen hatte, wies auf eine entsprechende Gliederung des Kapitels in (A) Abgaben und (B) Dienste hin.

A. *Die Abgaben*

1. *Allgemeines*

Zusammenfassend sei den nachfolgenden Ausführungen vorangestellt, daß es sich bei allen im Untersuchungsgebiet vorkommenden Abgaben um Lasten *realen*, nicht *personalen* Charakters handelt. Auf die Verpflichtung zur Leistung des Besthauptes – ein Reichnis, das zumindest ursprünglich von personalem Charakter war – fehlt in den Ebracher Quellen jeglicher Hinweis[266]; keinerlei Erwähnung wird auch einer weiteren, in Franken verschiedentlich üblichen Abgabe personaler Natur – des «bûteils»[267] – getan. Angesichts der Genauigkeit und Vielzahl der Quellen darf aus dem Fehlen derartiger Nachweise geschlossen werden, daß Reichnisse wie Besthaupt und bûteil (Beuteil) an die Grundherrschaft Ebrach nicht gebräuchlich waren. Offen bleibt die Möglichkeit, daß Abgaben dieser Art in den Anfängen der Klosterzeit auch im fraglichen Gebiet gefordert wurden, jedoch sehr früh in Form einer einmaligen Leistung abgelöst worden sind.

Empfangsberechtigung einerseits sowie Abgabeverpflichtung andererseits resultierten für den überwiegenden Teil aller Reichnisse aus der Wechselbeziehung, die zwischen Grundherrn und Grunduntertanen bestand: Für die Überlassung von klostereigenem Besitz erwarb der Herr das Recht –, übernahm der Untertan die Pflicht einer bestimmten Menge von Leistungen, deren Höhe in Relation zum Wert der überlassenen Güter festgelegt wurde. Der Anspruch des Herrn sowie die Verpflichtung des Untertanen erlosch, sobald eine Rücknahme bzw. Rückgabe des Objektes erfolgte. Durch Vertrag

---

[266] Die gleiche Feststellung traf auch F. GELDNER in bezug auf die Quellen des ebrachischen Filialklosters Langheim i. Ofr. (F. GELDNER, Das älteste Urbar, a. a. O., S. 59*). – A. HEIDACHER dagegen berichtet – jedoch ohne Angabe eines Quellen- oder Literaturhinweises –, daß dem Ebracher Tochterkloster Heilsbronn (Mfr.) Besthaupt geleistet worden sei, für das das Kloster den Erben allerdings «meist einen entsprechenden Gegenwert in Geld» bezahlt habe (vgl. A. HEIDACHER, Die Entstehungs- und Wirtschaftsgeschichte des Klosters Heilsbronn, a. a. O., S. 75).

[267] Beim «bûteil» (auch: bûtel; Beuteil) handelte es sich um ein (in den Weistümern nicht näher beschriebenes) Stück der von einem Erblehensmanne hinterlassenen fahrenden Habe, auf das der Lehensherr im Sinne eines «ihm gebührenden pflichtteils» Anspruch hatte. (Siehe dazu u. a. die Weistümer von Unter-Pleichfeld, Esleben und Kuernach [1400] und Kreuzwertheim [1449]; zitiert bei F. LÖWE, Die rechtliche Stellung der fränkischen Bauern im Mittelalter, Würzburg 1888, S. 16 f., § 9).

oder Nachweis auf den Brauch nach altem Herkommen hatte der Empfangsberechtigte sein Recht auf die Abgaben notfalls zu beweisen; die gleiche Verpflichtung, an die er auch im Rahmen der nichtgesetzlichen Dienste gebunden war[268].

Die Bedingungen, zu denen Klostergut im allgemeinen ausgegeben wurde, bestanden in einer zumeist weit unter dem eigentlichen Wert des Objektes liegenden «Kaufsumme», in jährlichen Reichnissen an Geld und Naturalien, der Ableistung einiger Dienste, später noch der Verpflichtung der Besitzwechselabgabe. – Rechte des Einen und Pflichten des Anderen wurden vertraglich detailliert festgelegt; die Möglichkeit der Abänderung eines Vertragspunktes (Erhöhungen der Leistungen z. B.) hatte die Herrschaft nur dann, wenn ein entsprechender Vorbehalt in den Vertrag aufgenommen worden war[269] oder beide Vertragspartner eine Änderung für wünschenswert hielten.

Mit auffallender Konstanz blieb der einmal für ein Objekt festgesetzte Umfang an Leistungen mit dem Anwesen bzw. seinen Zugehörungen durch alle Jahrhunderte der Klosterherrschaft hindurch verbunden[270]. Dies erklärt sich einerseits aus der Tatsache, daß die Überlassung von Klostergut schon etwa um 1400 überwiegend nach dem Modus der Erbzinsleihe erfolgte und damit die Möglichkeit auf Abänderung der durch Übereinkommen oder nach altem Herkommen festliegenden Bedingungen bei Besitzwechsel ab dieser Zeit ohnehin wegfiel. «Damit ist auch bedingt, daß alle Wirtschaftserfolge dem Bauern allein zugute kamen, er also durch seine Anstrengungen die auf ihm liegende Last relativ vermindern konnte, wie es auf der anderen Seite ihm allein zur Last fiel, wenn er sein Gut schlecht bewirtschaftete. Wenn und soweit der Zins in einer *Geld*zahlung bestand, hatte der Bauer den Vorteil der Erhöhung des Preisniveaus»[271]. – Aber auch während der ersten Jahrhunderte der Klosterherrschaft, als die Verleihung der Güter noch in zeitlich begrenzter Form erfolgte, wurden die einmal in Zusammenhang mit dem Objekt gestellten Forderungen bei Neuvergabungen fast ausnahmslos beibehalten. Soweit das Kloster solche Objekte durch Schenkung erhalten hatte, war es hier vielfach an Zusagen gebunden, die der Stifter zur Voraussetzung seiner Schenkung gemacht hatte[272]. Besitzungen, die es durch Kauf oder Tausch erworben hatte, gab das Kloster vermutlich in Rücksicht auf das alte Herkommen ohne wesentliche Änderung zu den gleichen Bedingungen wie der ehemalige Besitzer aus.

Bis zur Säkularisierung der Abtei wurden Abgaben sowohl in Form der Natural- als auch der Geldabgabe gereicht. Umwandlungen von Natural- in Geldleistungen setzten zwar frühzeitig ein und wurden mit steigender Tendenz bis ins 18. Jahrhundert fortgesetzt, bezogen sich aber vornehmlich auf Reichnisse wie Hühner, Eier, Käse, Wachs u. dgl., während Getreide und Wein bis zur Auflösung fast ausschließlich als Naturallieferungen fortbestanden. – Verschiedentlich blieb es den Pflichtigen anheimgestellt, die eine oder andere Abgabe in naturaler oder monetärer Form zu leisten. Obwohl sich diese Möglichkeit der Wahl in den meisten Fällen nur auf Kleinabgaben (Hühner, Eier,

---

[268] Grundsätzlich hierzu und gültig auch für Franken: F. LÜTGE, Die mitteldeutsche Grundherrschaft, a. a. O., S. 166/167.

[269] 1304 verkaufte ein Nürnberger Bürger etwa 10 Morgen Weinberge an das Kloster, die er als Erblehen gegen ein jährliches Reichnis von 12 ℔ Heller wieder zurückempfing. Sollten jedoch – so sagte der Vertrag – die Heller im Laufe der Zeit «peser» werden, so sollte der Lehensempfänger statt der genannten 12 ℔ Heller 4 Mark in gutem Silber zu geben verpflichtet sein (vgl. Staatsbibliothek München, cod. lat. nr. 6081, f 29'/30).

[270] So leistete z. B. der Ort Schmerb (LK Bamberg) i. J. 1418: 34½ lib. 8 den., 29 Weihnachts-, 30 Pfingstkäse und 24 Fastnachtshühner; i. J. 1803: 2 fl 27 lb. 116 Pfg., 29 Weihnachts-, 29 Pfingstkäse und 24 Fastnachtshühner. (Vgl. StA Bamberg, Stdbch. nr. 7736 und 7653.)

[271] F. LÜTGE, Die mitteldeutsche Grundherrschaft, a. a. O., S. 171.

[272] Z. T. knüpften sich solche Zusagen auch an Verkäufe.

Käse u. dgl.) bezog, darf sie als ein gewisses herrschaftliches Entgegenkommen gewertet werden. Die Fälle, in denen sich die Herrschaft die Wahl der Abgabeform vorbehielt, sind dagegen relativ selten.

Die Frage, ob Geld- oder Naturalleistungen für den Pflichtigen eine größere Belastung darstellten, läßt sich jeweils nur unter Berücksichtigung der temporären Gegebenheiten beantworten. «Trug bei den Geldabgaben der Empfangsberechtigte das Risiko der Geldwertänderung, so trägt bei Naturalabgaben der Abgabepflichtige das Risiko des Ernteausfalls»[273]. Dies trifft im Rahmen des Untersuchungsgebietes neben den «in absoluten Mengen»[274] festgesetzten Zins- und Gültabgaben auch auf den Zehnten zu, der überwiegend in jährlich fixe Geldbeträge, seltener in fixe Naturalreichnisse umgewandelt war und nur noch vereinzelt in einem gewissen prozentualen Verhältnis zum Ernteergebnis stand (vgl. S. 62 ff.).

Wenn man von den ersten drei Jahrhunderten nach der Gründung des Klosters absieht, der Zeit also, in der durch Schenkungen, Kauf und Tausch der Gesamtbesitz an Grund und Boden, dazu Gerechtsame verschiedener Art erst zusammengetragen wurden, erstreckte sich die Berechtigung Ebrachs auf den Empfang von Reichnissen weit über die ihm infolge seiner grundherrlichen Stellung zukommenden Gefälle hinaus. Es besaß, mit geringen lokalen Ausnahmen, alle Zehntrechte im gesamten Klostergebiet, daneben ansehnliche Zehntansprüche über fremden Besitz. Nachdem es in den ersten Jahrhunderten seines Bestehens noch die Gerichtsherrschaft über seine Hintersassen erworben hatte[275], fielen ihm auch alle im Rahmen der Gerichtsbarkeit liegenden Abgaben zu[276]. Reichnisse dieser Herkunft sind jedoch nur noch im Einzelfall als solche entweder ihrem Namen (Vogteigeld, Vogthafer) oder ihrer Art nach (Rauchhühner) als Gerichtsabgaben erkennbar; überwiegend sind sie ohne Hinweis auf ihre ursprüngliche Pertinenz zusammen mit den grundherrlichen aufgeführt. Eine derartige Aufgliederung war ja für den Berechtigten und den Pflichtigen bedeutungslos, wenn – wie im Fall Ebrach – Grundherrschaft und Gerichtsherrschaft in Personalunion bestanden. Mit ganz geringen Ausnahmen werden bereits im Ersturbar von 1340 die Reichnisse nur noch nach Geld- und Naturalabgaben geordnet aufgeführt[277]. Die relativ hohe Nachsteuer, die Ebrach in seiner Funktion als Gerichtsherr von abziehenden Gerichtsuntertanen erhob[278], wurde zwar, da in gewissem Sinne ja auch zu den «Bäuerlichen Lasten» zählend, in diesen Abschnitt der Arbeit aufgenommen (S. 68 f.), kann aber insofern nur bedingt zu diesen gerechnet werden, als sie

1. vom Untertanen lediglich in Zusammenhang mit einem besonderen Vorkommnis, nämlich bei Wegziehen in ein anderes Gerichtsgebiet, gefordert wurde und

[273] F. Lütge, Die mitteldeutsche Grundherrschaft, a. a. O., S. 167.
[274] Ebenda S. 168.
[275] Siehe Kap. «Grundherrschaft und Gerichtsherrschaft», S. 83 ff.
[276] Die hohen Einnahmen, die das Kloster auf Grund seiner gerichtsherrlichen Stellung verzeichnen konnte, rühren allerdings zum wenigsten aus diesen relativ kleinen jährlichen Reichnissen (Rauchhühnern u. dgl.), sondern summierten sich aus Sühne- und Strafgeldern, Sporteln aus Zivil- und Kriminalgerichtsbarkeit, Nachsteuern u. ä.
[277] Auf die gleiche Handhabung in bezug auf die Verzeichnung ihrer Einkünfte bei anderen fränkischen Herrschaften mit ähnlich gelagerten Verhältnissen hat I. Bog (Dorfgemeinde, a. a. O., S. 53, Anm. 295) erst kürzlich verwiesen; so auf das eichstädtische Stift Herrieden, Kloster Heilsbronn, die Propstei d. Kl. Bergen (Mfr.) und die Herrschaft Plassenberg (Ofr.).
[278] Die Nachsteuer ist – trotzdem sie bei «Abzug» (aus dem Gerichtsgebiet) fällig wurde – im Untersuchungsgebiet nicht identisch mit dem sog. «Abzugsgeld», einer kleineren Gebühr, die von der Gemeinde (oder von der Gemeinde und der Dorfherrschaft) bei Abzug aus der Gemeinde erhoben wurde (vgl. S. 109).

2. Nachsteuerpflicht nicht bei jedem Wechsel in ein anderes Gerichtsgebiet bestand. (Gegenseitige Abkommen benachbarter Gerichtsherrschaften sicherten den zu- und abziehenden Untertanen Nachsteuerfreiheit oder -minderung.)

Im Gegensatz zu Untertanen anderer fränkischer Grundherrschaften, für die infolge der für Franken bekannt starken Rechtszersplitterung Grund-, Zehnt- und Gerichtsherrschaft in vielen Fällen nicht identisch waren, leistete der Ebracher Hintersasse seine Abgaben aus allen drei genannten Rechtsbereichen nur *einer* Herrschaft. Dank der Bemühungen des Klosters in den ersten Jahrhunderten seines Bestehens um Ablösung landesherrlicher Ansprüche über seine Besitzungen und Untertanen waren die Klosterleute den Landesherrn (den Hochstiftern Würzburg und Bamberg, dem Markgrafen von Brandenburg-Ansbach und den Reichsstädten Nürnberg und Schweinfurt) neben der Landeshuldigung nur noch in Form einiger Jagddienste, mit Steuer und Kontribution[279], einer Schutzgeld-Abgabe von geringer Höhe[280] und vereinzelten Leistungen zum Centgericht[281] verpflichtet. Im gesamten Klostergebiet genossen die ebrachischen Hintersassen Bedefreiheit. Abschließend sei noch hinzugefügt, daß der Klosteruntertan verschiedentlich auch seiner zuständigen Pfarrei, der Gemeinde, dem Schulmeister, dem ihn beim Centgericht vertretenden Schöffen u. ä. zu kleineren regelmäßigen Reichnissen verpflichtet war[282].

2. *Charakter und Höhe der einzelnen Abgaben*

Um ein möglichst klares Bild über Charakter, Höhe und Art der Abgaben, Veränderungen im Abgabemodus und über tatsächliche Belastung verschiedener Gutsgrößen zu gewinnen, wurden aus der schon eingangs erwähnten Fülle des urbarialen Materials für jedes Klosteramt 4–5 Urbare ausgewählt, deren Niederschrift jeweils etwa hundert Jahre zeitlich geschieden liegt. Daraus wurden der Übersichtlichkeit wegen Listen angelegt, in denen von Ort zu Ort neben der Gutsgröße und dem Umfang der dazugehörigen Felder, Wiesen, Hölzer, Weinberge, Teiche und die darauf ruhenden Geld- und Naturalabgaben (sowie die Dienste) verzeichnet wurden[283]. Nur auf diesem Wege schien die Möglichkeit, zu annähernd exakten Aussagen zu kommen, gegeben. Bei den im folgenden angeführten Beispielen konnten die walzenden Stücke nicht mit in Rechnung gestellt werden. Sie sind in den Urbaren meistenteils ohne Angabe des Besitzers am Ende jeden Ortes verzeichnet; ihre Zugehörigkeit zum entsprechenden Hof ließ sich nur in Einzelfällen ermitteln.

Notwendig schien es ferner, in Hinblick auf die in den nachfolgenden Abschnitten wiederholt erwähnten Geldeinheiten, Maße und Gewichte hier in Form eines Exkurses wenigstens einige den Quellen entnommene Angaben zur Orientierung voranzustellen.

Exkurs

1. Im Ersturbar (1340) werden die Geldleistungen überwiegend nach Pfund (libra) und Schilling (solidus) berechnet; beide Begriffe sind lediglich als Rechnungseinheiten aufzufassen: 1 ℔ zählte 240, 1 Schilling 12 Einheiten; 1 ℔ Heller = 240 Heller, 1 Schilling Heller = 12 Heller; 20 Schillinge = 1 ℔. – Denarii und hallenses wurden 1340 offenbar noch

---

[279] StA Würzburg, Stdbch. nr. 499 f 276'/277.
[280] Vgl. S. 97, Anm. 508, auch S. 115.
[281] Siehe Kap. «Grundherrschaft und Gerichtsherrschaft», S. 89 f.
[282] Siehe Kap. «Grundherrschaft und Gemeinde», S. 109 f.
[283] Ergänzend wurden Kauf-, Tausch- und Schenkungsurkunden, Lehenbriefe, Erlässe und Korrespondenz (zwischen den Klosteramtleuten und dem Abt) herangezogen.

gleichwertig verwendet[284]. – Ab und zu erfolgt die Berechnung nach Unzen (1 Unze = 20 Einheiten); für Bamberg wird u. a. auch der «Helblin» erwähnt – ein Münzstück, das immer den halben Wert der jeweiligen Münze betrug;

2. aus dem Schwabacher Urbar von 1400/1414, Bl. 23[285]:

«1 lb ₰ facit 8 talenta» (1 lb ₰ = 240 ₰; 1 Talent demnach = 30 ₰);

«1 lb h (allensium) 4 talenta»   (nach Ergänzung durch «denariorum» ergibt sich:

1 ℞ Heller = 120 ₰;

1 ℞ Heller = ½ ℞ ₰;

2 Heller = 1 ₰;

«solidus longus ½ talentum»   (= 15 ₰; vgl. dazu die Relation weiter unten in Abs. 3:

1 sol. long. = 30 h);

«solidus brevis 12 hall.»

3. aus dem Nürnberg-Schwabacher Zinsbuch D (um 1400):

«solidus longus hall. facit 30 hall.» (siehe oben Abs. 2);

«solidus brevis hall. facit 12 hall.»

«libra denariorum 800» (zu ergänzen: hall.)

«libra hallensium 400» (zu ergänzen: hall.)

(demnach ergibt sich wieder: 1 ₰ = 2 h; vgl. oben Abs. 2);

4. aus dem Elgersheimer Zinsbuch 1496/1497, Bl. 246':

«uncia una denariorum facit 3 tal. 10 den.»   (nach der Talentberechnung in Abs. 2 betrug 1 Unze demnach 100 ₰);

5. aus dem Urbar des Amtes Katzwang-Nürnberg-Schwabach 1581[286], Vorspann:

«Item 1 ℞ Pfennig thut zu unseren Zeiten VIII ℞ alter müntz»;

«Item 1 ℞ Heller thut 4 alte Pfund».

Maße und Gewichte sind im Untersuchungsgebiet sehr uneinheitlich. (Bamberger, Haßfurter, Würzburger, Thüngfelder, Nürnberger, Schwarzacher Maße sind neben einer Reihe anderer Maße nur die gebräuchlichsten). An Getreidemaßen werden im allgemeinen Scheffel, Sümer (Simra), Malter und Metzen verwendet; um 1340 wird in bezug auf die Getreidemaße noch zwischen einer mensura longior und minor unterschieden:

1. aus dem Ersturbar (1340):

1 Scheffel = 4 Sümer;

1 Sümer = 14 Metzen (metretae) = 2 Malter;

1 Malter = ½ Sümer;

2. aus dem Nürnberg-Schwabacher Zinsbuch D (um 1400):

«... 14 metret(ae) Swartzacher maß (Stadtschwarzach) faciunt 1 su(merinum), et 8 metret(ae) Swartzacher mas faciunt 1 maltrum Franconie»[287], item (1) scheffel in Babenberg facit 1½ malter in Franconia»[288];

3. aus dem Urbar des Amtes Katzwang-Nürnberg 1581[289]:

«Item 14 Schwabacher Kar Korns = 1 Sümra»;

[284] Siehe u. a. Mon. Eberac. 73 u. 98. Einzelposten werden vorwiegend in denarii, Summen in hallenses angegeben. – Zur Entwertung des Hellers in Nürnberg auf ½ Pfennig seit dem Ende des 14. Jhs. siehe W. KRAFT, Bemerkungen und Ergänzungen, in: Mitt. d. Ver. f. Gesch. d. Stadt Nürnberg, Bd. 32 (1934), S. 21 ff.; zu Geld- und Wertrelationen für die Nürnberger Gegend vgl. auch A. CHROUST-PROESLER, Das Handlungsbuch der Holzschuher in Nürnberg von 1304–1307 (Veröffentlchg. d. Ges. f. Fränk. Gesch.), Erlangen 1934, Einl. II S. LIII ff.

[285] Zu Abs. 2, 3 und 4 vgl. E. v. GUTTENBERG, Quellen zur Besitz- und Wirtschaftsgesch., a. a. O., S. 46–48.

[286] StA Nürnberg, Rep. RA Schwabach nr. 346, ao. 1581 mit Nachträgen bis Mitte d. 18. Jhs.

[287] Aufzufassen im Sinne «Herzogtum Franken» der Fürstbischöfe von Würzburg.

[288] Zitiert nach E. v. GUTTENBERG, Quellen zur Besitz- und Wirtschaftsgeschichte, a. a. O., S. 47.

[289] StA Nürnberg, Rep. RA Schwabach nr. 346, Vorspann.

«Item 16 Schwabacher Kar Hafer u. Gerste = 1 Sümra»;
«Aber zu Nürnberg sind 4 Metzen 1 Viertheil, undt vier Viertheil oder 16 Metzen an Korn 1 Sümra»;
«An Hafer hat das Sümra 32 Metzen».

Wachs wurde in Pfund (libra) berechnet, wobei das damals gebräuchliche Pfund wahrscheinlich unter dem Gewicht des heutigen lag; das Ferto (Virdung) entsprach ¼ Pfund. Nicht feststellbar ist das Fassungsvermögen eines Gefäßes (cifus), in dem Talg und Unschlitt gemessen wurde. Der Wein wurde im allgemeinen nach Eimern (1 Eimer, urna = etwa 60 l), Eier nach Pfund (240 Stück) und Schock (60 Stück) berechnet[290].

a) *Zins und Gült*

Wenn Zins und Gült hier zusammengefaßt in *einem* Abschnitt behandelt werden, so liegt dem die Gegebenheit zugrunde, daß auch die Quellen, wo sie sich auf die jährlich beständigen, auf dem Anwesen mit seinen Zugehörungen ruhenden Gefälle beziehen, überwiegend beide Begriffe kombiniert verwenden[291]. Eine strenge Trennung im Sinne: Zins gleich Geld-, Gült gleich Naturalleistung war nicht gebräuchlich, wenn auch dort, wo im Rahmen der Gesamtabgabe ausdrücklich die Geldleistung bezeichnet werden sollte, bevorzugt der Begriff «Zins» gewählt wurde, wo allein das Natural- (vor allem das Getreide-)reichnis gemeint war, vorwiegend der Begriff «Gült»[292] Verwendung fand. Da das Klostergut – wie bereits erwähnt – schon etwa um 1400 dem Hintersassen fast ausnahmslos in Form der Erbzinsleihe überlassen wurde, sind unter den im Folgenden, ab diesem Zeitpunkt gewählten Beispielen durchwegs die Erbzinsen[293] zu verstehen, – eine auf Abkommen zwischen Grundherrn und Grunduntertanen basierende fixe Summe an jährlichen Geld- und/oder Naturalreichnissen, zu deren Leistung der Untertan im Sinne einer Gegengabe für die Überlassung des klostereigenen Grund und Bodens verpflichtet war. – Neben der Abgabesumme, die laut Vertrag für das Anwesen in seinem ursprünglichen Umfang festgesetzt war, hatte der Hofinhaber verschiedentlich für später hinzugekommene Einzelstücke (Felder, Wiesen, Weinberge, Teiche) noch zusätzlich kleinere Zinsabgaben (Geldbeträge geringer Höhe, ab und zu 1–2 Hühner pro Jahr) zu entrichten, deren Höhe nach Größe und Wert des Einzelstückes zwischen ihm und der Herrschaft gleichfalls vertraglich fixiert war. Während Dienste nicht in jedem Fall als Gegenleistung für überlassenes Klostergut gefordert wurden, bezog sich die Verpflichtung der Zins- und Gült-Leistung sowie der Besitzwechselabgabe auf jeden, der klostereigenen Besitz als Erblehen innehatte.
Im allgemeinen stand die Abgabenhöhe in Relation zu Umfang und Wert des übernommenen Objektes. Wenn einzelne Güter auffallend geringfügig belastet erscheinen,

[290] Ebenda.
[291] Neben der zusammenfassenden Bezeichnung «Zins und Gült» erscheinen in gleichsinnigem Gebrauch die Bezeichnungen «Erb- oder Erdenzins», auch «Erb- und Eigenzinsen».
[292] Sie wurde jährlich in gleicher Höhe ohne Berücksichtigung brachliegender Feldstücke fällig, im Gegensatz zur ausdrücklich als *Annon*gült bezeichneten, die nur dann gereicht werden mußte, wenn der annongültige Acker bebaut worden war; Annongült daher verschiedenenorts auch als «flührige Güld» bezeichnet (vgl. StA Nürnberg, Rep. RA Iphofen, nr. 401, ao. 1748, f 43).
[293] Es kann daher künftig vereinfachend die Bezeichnung «Zinsen» verwendet werden. Den Besitzverhältnissen im Untersuchungsgebiet entsprechend ist die Möglichkeit einer Verwechslung mit den Zinsen von schlichten Zinsgütern ja ohnehin nicht gegeben.

so ist dies häufig darauf zurückzuführen, daß es sich dabei um ursprünglich frei eigene Höfe handelt, die dem Kloster von ihren ehemaligen Besitzern durch Schenkung (oder Verkauf) übereignet, jedoch von diesen als klösterliches Lehen zurückempfangen worden waren («precaria oblata»); an solche Übereignungen an das Kloster hatten die Inhaber zumeist vorteilbringende Bedingungen geknüpft: Verleihung zu Erbrecht, relativ geringe Abgabenhöhe, wenige oder keine Dienste[294]. Nach dem Prinzip von Gewohnheit und Herkommen blieben die im Zuge solcher Abmachungen erreichten Vergünstigungen auch dann mit dem Hofe verbunden, wenn er eines Tages nicht mehr an Erben der Übereigner-Familie verliehen wurde. Dagegen beanspruchte das Kloster seinerseits höhere Jahresleistungen, wenn die Überlassung des Klostergutes ohne die Forderung einer Kaufsumme erfolgte; die Abgaben (bzw. Dienste) stellten dann nicht nur eine Gegenleistung, sondern gleichzeitig eine Art von Abzahlung für das überlassene Objekt dar.

Zins und Gült fielen überwiegend unter die *Hol*schuld, d. h. sie mußten vom Berechtigten im fraglichen Ort abgeholt werden. Je nach Vereinbarung oder Herkommen geschah die Einsammlung durch Beauftragte der Herrschaft entweder von Anwesen zu Anwesen (Gattergült), oder die Abgaben wurden von jedem Pflichtigen an einen bestimmten Platz des Dorfes gebracht und dort von den herrschaftlichen Beamten geprüft und übernommen; in einigen Orten holten die Gemeindebeamten vor Eintreffen der herrschaftlich Beauftragten die Gefälle ein, um sie diesen gesammelt zu übergeben. Vereinzelt vermerken die Quellen in diesem Zusammenhang ein grundherrliches *Atzungs*recht, das sogenannte jus fodri; wo der Grundherr dieses Recht besaß, mußten die Pflichtigen für die Zeit der Abgabensammlung die Verpflegungskosten für die herrschaftlichen Beamten, z. T. auch für deren Pferde, tragen. Ab und zu hatte das Kloster diese Verpflichtung gegen Nachlaß anderer Belastungen einem Einzelnen zur besonderen Auflage gemacht. Kommt das jus fodri im Untersuchungsgebiet relativ selten vor, so scheint es häufig zu sogenannten *Strafatzungen* gekommen zu sein: Mußten herrschaftliche Beamte wegen nicht rechtzeitig zur Ablieferung vorbereiteter Gefälle länger als vorgesehen im Dorfe bleiben, so waren die Säumigen verpflichtet, die aus dem verlängerten Aufenthalt entstandenen Unkosten zu tragen. – Die Kosten des Transportes gingen in jedem Fall zu Lasten des Berechtigten. In Anbetracht des räumlich weit ausgedehnten Klosterbesitzes dürfte hierin nicht zuletzt der Grund dafür zu suchen sein, daß die Herrschaft verhältnismäßig früh dazu überging, Naturalabgaben in fixe Geldbeträge umzuwandeln. Das mit der Umwandlung für die Herrschaft verbundene Risiko (Verteuerung der Marktgüter, Wertminderung des Geldes[295]) scheint für sie leichter tragbar gewesen zu sein als die Belastung hoher Transportkosten. Schon das erste Urbar von 1340 erwähnt an einigen Stellen in Geldabgaben umgewandelte Naturalreichnisse[296]. Mehrfach werden in der gleichen Quelle Leistungen von Natural- *oder* (vel)Geldabgaben genannt, wobei nach Lage der Verhältnisse im Untersuchungsgebiet anzunehmen ist, daß die Wahl der Lieferungsart beim Pflichtigen lag. Zur Frage,

---

[294] Ganz besonders günstige Bedingungen erwirkte auf diese Weise i. J. 1456 Cunz Poppenlaur bei Übereignung (und Rücknahme zu Lehen) seines Hofes in Oberspießheim: Er und seine Erben sollten dafür «jährlich vnd ewiglich» lediglich die Anerkennungsabgabe von 1 Fastnachtshuhn zu leisten verpflichtet, darüber hinaus aber frei von sonstigen grundherrlichen Reichnissen und Diensten sein. (Vgl. Lib. Pal. 280; Abb. Ebr. 137).

[295] Siehe hierzu F. LÜTGE, Die mitteldeutsche Grundherrschaft, a. a. O., S. 167.

[296] In Hittenheim (vgl. Mon. Eberac. 130) «. . . gibt Hans Hilprant von seinem Gut 4½ tal. 3 sol. circa festum Martini ‹zu weiset› . . .» (also statt der aus Eiern und Käse bestehenden Weisatabgabe).

welche Geldbeträge in dieser Zeit an Stelle von Naturalabgaben gesetzt wurden, seien hier einige Beispiele aufgenommen[297]:

Gans: aucam vel sol. den. (= 12 Pfg.)

Eier: ovorum 1340 vel 1 tal. et 28 hall. (= 268 Heller; 1 Ei = 0,2 Heller)

Käse: 83 casei vel 2 tal. et 1½ sol. hall. (= 498 Heller, 1 Käse = 6 Heller)

Flachs: fasciculum lini vel 8 den.

Schwein: pro uno porco 1 ½ tal. hall.

Lammsbauch: ventrem agni vel sol. den. (= 12 Pfg.)

Taube: unam albam columbam vel 2 den.

Hühner: pro pullo carnispriviali . . . sol. hall. (= 12 Heller),
      pro pullo estivali 5 hall.

Kleinere Abgaben, vor allem Hühner, Käse und Eier, erscheinen seit dem 16. Jahrhundert überwiegend in fixe Geldbeträge umgewandelt[298]. Da je nach den zeitlichen Gegebenheiten in einem Fall die Naturalabgabe, im anderen Fall der an ihre Stelle getretene Geldbetrag für den Pflichtigen die größere Belastung darstellen konnte, lag der Vorteil eindeutig bei *dem* Pflichtigen, dem die Herrschaft die Lieferungsform zur Wahl stellte[299]. Herrschaftliche Genehmigungen dieser Art wurden im «Mönchsgau» sowohl im Rahmen der Abgaben als auch der Dienste (Real- oder Geldleistung) verhältnismäßig häufig erteilt. – Ab und zu gestattete die Herrschaft auch nur für vorübergehende Zeit, bestimmte Abgaben statt in natura in Geld zu leisten, betonte dann aber stets ausdrücklich, daß es jederzeit in ihrem Belieben stehe, die Abgabe wieder in naturaler Form einzufordern[300].

Wo die Lieferung der Gefälle als *Bring*schuld bestand, mußte sich der Berechtigte auf entsprechendes Herkommen oder eigens in diesem Sinne getroffene Vereinbarungen mit den Pflichtigen berufen können[301]. Des öfteren sicherte sich das Kloster die Überbringung der Gefälle im Rahmen der Dienste (Wein-, Getreidegültfuhren); diese Art von Bringschuld bedeutete für den Pflichtigen keine zusätzliche Belastung, sondern stellte in dieser Form nur einen Teil seiner aus Abgaben und Diensten zusammengesetzten Gesamtverpflichtung dar.

Geld und Getreide wurden in den meisten Fällen in zwei jährlichen Raten, selten in drei oder nur einer einzigen Jahresabgabe entrichtet. Die Abgabe-Termine sind lokal

[297] Mon. Eberac. 86 (Geesdorf), 87 (Grettstadt), 93 (Katzwang), 112 (Schwappach). Die Möglichkeit der Wahl bestand verschiedentlich schon einige Zeit vor Niederschrift des Ersturbars; für Geesdorf schon für 1319 nachweisbar (vgl. Abb. Ebr. 76).

[298] In einigen Klosterämtern konnte die Höhe der im Laufe des 16. Jhs. festgesetzten Preise bis zur Auflösung der Abtei unverändert beibehalten werden. (Besonderer Hinweis auf das Fortbestehen der 1581 für das Amt Katzwang bestimmten Preise im Bericht des Amtmannes Pius Link von 1742; vgl. StA Nürnberg, Rep. RA Schwabach, nr. 2816 f 47'). Verschiedentlich aber sah sich auch das Kloster während des 30jährigen Krieges gezwungen, Geldbeträge für ehemalige Hühner-, Eier-, Käse- und Wachsreichnisse zu erhöhen bzw. in Geld- umgewandelte Naturalabgaben wieder in natura einzufordern.

[299] So gestattete ein klösterlicher Erlaß von 1674 den Ebracher Untertanen zu Mainbernheim, ihre jährliche Gült entweder «nach dem Anschlag, was das Getraidt jedesmals den 8./18. Sept. zu Kitzingen auf dem Markt gelten wird» in Geld zu bezahlen oder «da es einem oder dem andern . . . zu thun nicht beliebte», es «in eines jedweden freyen Willen» gestellt werde, seine Gült in natura zum Klosterhof nach Iphofen zu liefern (vgl. StA Nürnberg, Rep. 133, Ansbacher Copialbücher nr. 77).

[300] «Für eine Faßnachthennen, die man . . . alle lebendig zu geben schuldig ist, wann und so oft es die Herrschaft begehrt, gibt man dieser Zeit 8 Pfg.; für ein Herbsthuhn 5 Pfg., für ein Sommerhühnlein 4 Pfg.» (StA Nürnberg, Rep. RA Schwabach nr. 346, ao. 1581, Vorbericht).

[301] Verträge dieser Art siehe Abb. Ebr. 105, 107, 139.

verschieden: Als Termine für Geld- und Getreidereichnisse werden am häufigsten Walburgis (1. Mai) und Martini (11. 11.), Walburgis und Michaelis (29. 9.), auch Mariae Geburt (8. 9.) und Martini genannt; wo die Abgabe ein Mal jährlich erfolgte, werden als Termine vorwiegend Petri Stuhlfeier (18. 1.), der Jakobs-, Katharinen- oder Martinstag angegeben, bei Abgabe in drei jährlichen Raten Epiphania, Walburgis und Martini, selten der Johannistag (24. 6.), Mariae Geburt und Michaelis. Verschiedentlich war die Getreideabgabe nicht an einen bestimmten Tag gebunden, sondern wurde innerhalb einer vereinbarten Zeitspanne fällig[302]. Die Lieferungen von Käse erfolgten Weihnachten und Pfingsten (ab und zu auch am Johannistag), von Eiern zu Ostern. Bei den Hühnerabgaben ist mit der näheren Bezeichnung «Fastnachts»huhn, «Herbst»-, «Sommer»huhn die Lieferungszeit gegeben; für die Abgabe von Zehent- und Rauchhühnern wird kein spezieller Termin genannt.

Mit dem vorangehend Gesagten ist z. T. bereits die Frage, welche Reichnisse natu- raler Form gebräuchlich waren, beantwortet: Getreide[303], Käse, Eier, Hühner und Wachs[304] standen nach Häufigkeit ihres Vorkommens an der Spitze. Daneben bezog sich, lokal variierend, die Abgabepflicht auf Rüben, Erbsen, Linsen, Wicken, Hanf, Flachs, Honig, Talg, Unschlitt, Heu, Stroh, Weißbrote, Lammsbäuche, Schweinekeulen, Gänse, Enten, Branntwein, vereinzelt auf Pfeffer[305], im Weinbaugebiet um Würz- burg vor allem auf Wein, aber auch auf Most, Essig, Weinhefe und verschiedentlich auf Zubehör für die Weinbereitung (Pfähle, Wellen, Säcke). Das Gesamturbar erwähnt noch an mehreren Stellen die Verpflichtung zur Lieferung von Dung (fimus[306]), – eine Abgabepflicht, die für die spätere Zeit nicht mehr nachweisbar ist und möglicherweise

[302] Gebräuchlich war hier vor allem die Zeit zwischen Maria Geburt und Maria Empfängnis (8. 9. und 8. 12.), in den Quellen des öfteren auch als «zwischen 2 Frawen tag» bezeichnet (vgl. u. a. Abb. Ebr. 139).

[303] Die Getreideforderungen erstreckten sich in der Hauptsache auf Korn, an zweiter Stelle auf Hafer; mit Abstand folgten Weizen-, Dinkel- und Gersteabgaben. – Die gleiche Reihen- folge teilt auch F. GELDNER (Besitz u. wirtschaftl. Entwicklung, a. a. O., S. 59) für die Getreide- reichnisse der Kloster Langheimer Grundholden (um 1400) und A. HEIDACHER (a. a. O., S. 122) für die der Kloster Heilsbronner Ämter mit (ausgenommen das im fruchtbaren Ries gelegene Amt Nördlingen, wo die Weizenabgaben Korn- und Haferreichnisse überwogen).

[304] Auch nach Aussage des ältesten Urbars sind diese Wachsabgaben rein grundherrlicher Natur, fallen also nicht (oder nicht mehr) unter die «Wachszinsigkeit» im üblichen Rechtssinn (Wachszinse = Kopfzinse); ergänzend sei hier erwähnt, daß es sich auch bei den Beispielen von «Wachszinsigen» des 13./14. Jhs. aus dem Raum Franken und Schwaben, auf die H. v. MIN- NIGERODE (Das Wachszinsrecht, VSWG 13 [1916], S. 184 Anm. 2) hinweist, um Wachszins für das vom Grundherrn überlassene Leiheland, nicht um Kopfzinse handelt. (Siehe dazu spe- ziell sowie zum Begriff der «Wachszinsigkeit» im allgemeinen A. DOPSCH, Herrschaft u. Bauer in der dt. Kaiserzeit, Jena 1939, S. 32 ff., 37 f., 48, 122.

[305] Mon. Eberac. 123, zu Würzburg: Hier war 1 Haus neben einer jährlichen Geldleistung von 1 tal. hall. auch zur Abgabe von ½ Pfd. Pfeffer (piper) verpflichtet; die Abgabe wurde noch 1665 in naturaler Form geleistet (StA Würzburg, Stdbch. nr. 454, zu Würzburg). – Pfeffer – über Venedig, vermutlich aus den orientalischen Ländern bezogen – wurde bereits im 14. Jh. auf fränkischen Märkten gehandelt. Vgl. hierzu den ältesten Bamberger Zolltarif (um 1334) (Orig. im StA Bamberg, Stdbch. nr. 710; Druck bei C. HÖFLER, Friedrichs von Hohenlohe, Bi- schof's von Bamberg, Rechtsbuch 1348, Quellensammlung f. fränk. Gesch., hrsg. v. Hist. Ver. Bamberg, Bd. 3, 1852, S. 13 u. 33); siehe dazu auch W. G. NEUKAM, Wege und Organisation des Bamberger Handels vor 1400, JffL 14 (1954), S. 97 ff., S. 128 ff. – Ausgabeposten für den Kauf von Pfeffer finden sich für die gleiche Zeit u. a. auch im Rechnungsbuch (14./16. Jh.) der Zisterze Heilsbronn und dem ältesten Rechnungsbuch (13./14. Jh.) der Zisterze Aldersbach (Niederbayern); vgl. K. BOSL, Geschichte Bayerns I, München 1952, S. 78.

[306] Mon. Eberac. 108, 71/72 (Stammheim, Mainbernheim).

bei Einschränkung der vom Kloster eigenwirtschaftlich betrieben'en Höte dem Pflichtigen entweder erlassen oder von diesem abgelöst wurde. Die gleiche Quelle spricht an anderer Stelle von einer Geldabgabe, dem sogenannten *Vortsgeld*[307], ein Reichnis, das gleichfalls später nicht mehr in Erscheinung tritt.

Die Frage, zu welcher Menge an Geld- und Naturalreichnissen der bäuerliche Untertan des Untersuchungsgebietes durchschnittlich verpflichtet war, wird im Folgenden anhand einiger Beispiele zu beantworten versucht. Die in diesen Beispielen angegebene Abgabenhöhe ist eher etwas überhöht als rein durchschnittlich zu werten; in vielen Fällen liegen die Abgabensätze unter den genannten Quoten, selten hingegen darüber.

Beispiele:

1 Hof (Erhartshof; $35^1/4$ M Feld, 9 M Wiese, 10 M Holz) in Großbirkach war zu folgenden Jahresabgaben verpflichtet[308]:
4 ℔ 28 Pfg. an Geld; 10 Pfingstkäse (120 Pfg.), 4 Weihnachtskäse (48 Pfg.), 1 Herbsthuhn (12 Pfg.), 1 Fastnachtshuhn (22 Pfg.), 95 Eier (95 Pfg.), 1 ℔ Flachs (4 Pfg.); außerdem war noch ein jährlicher Betrag von 2 ℔ 24 Pfg. für einen in Geld umgewandelten Dienst (2 Heufuhren) zu entrichten.

Im gleichen Ort leistete ein anderer Hof (Wolfenhof) bei nur $18^1/4$ M Feld, 7 M Wiese und 9 M Holz genau die gleichen Abgaben, während wiederum ein anderer, ebenda gelegener Hof (Schmalzhof) mit fast demselben Umfang an Zugehörungen wie der letztgenannte nur
2 ℔ 16 Pfg., 4 Pfingst-, 3 Weihnachtskäse, 1 Herbst-, 1 Fastnachtshuhn, 48 Eier, 1 Pfd. Flachs sowie 2 ℔ 24 Pfg. (für 2 Heufuhren) abzugeben hatte.

Zum Vergleich seien hier noch einige Höfe anderer Klosterdörfer angeführt[309]:
1 Hof in Limbach (38 M Feld, 6 Tgw. Wiese, $15^1/2$ M Holz; vgl. oben den annähernd gleich großen Erhartshof) gab:
3 ℔ zu Walp., 3 ℔ zu Michael., $7^1/4$ Sra. Korn, 1 Fastnachtshuhn, 1 Herbsthuhn, 40 Eier;
1 Hof in Greut ($36^1/2$ M Feld, 4 Tgw. Wiese, $20^3/4$ M Holz) reichte:
51 Pfg. zu Nativit. Mariae, 5 ℔ $18^1/2$ Pfg. Mich., 2 Sra. 5 Metzen Korn, 3 Herbsthühner, $1^1/2$ Fastnachtshühner, $6^1/2$ Käse;
1 Hof in Gustenfelden ($30^1/2$ M Feld, $5^1/4$ Tgw. Wiese, 3 M Holz) leistete:
6 ℔ zu Mart., 3 Sra. Korn, 2 Fastnachtshühner, 60 Eier, 15 Käse.

Im allgemeinen gilt natürlich der Grundsatz, daß alle kleineren Wirtschaftseinheiten (Halb-, Viertelshöfe, Güter, Selden) ihrem geringeren Umfang und damit verbunden ihrer geringeren Ertragsfähigkeit entsprechend durch Abgaben (und Dienste) minder

---

[307] Mon. Eberac. 72/73 (zu Breitbach): «... cellerario solvuntur VIII $^1/2$ tal. minus I sol. hall., quorum duo talenta dicuntur Vortsgelt». – Sollte es sich hierbei nicht um ein Versehen des Schreibers (Vorstgelt statt Vortsgelt) handeln und damit nichts anderes als eine Abgabe für eine Waldnutzung gemeint sein, wäre die von Th. Haas (Studien über das erste ebrachische Gesamturbar) vertretene Annahme, es werde damit vermutlich eine dem Kloster geleistete Frömmigkeitsabgabe bezeichnet (von den mhd. Worten vorhte, vorte, vort = Furcht, Angst, Gottesfurcht hergeleitet), eine denkbare Erklärung.

[308] Alle Naturalabgaben waren hier in Geld abgelöst; der um 1791 dafür zu entrichtende Betrag ist in Klammer angegeben (vgl. StA Bamberg, Rep. 223/2 nr. 7656, ao. 1685 m. Nachträgen bis 1840. Auf eine Eigentümlichkeit dieser Quelle – wiederholt beobachtet aber auch in anderen Urbaren der gleichen Zeit – muß hier zur Vermeidung von Irrtümern nachdrücklich hingewiesen werden. Zahlen, die vom Schreiber mit einer Streichung versehen wurden, sind nicht als getilgt anzusehen, sondern bedeuten lediglich eine Verminderung des Wertes. Hierzu Näheres in dem Artikel «Über eine Besonderheit alter Zahlenschreibung» von G. Hirschmann (in: Mitt. f. d. Archivpflege in Bayern, 3. Jg., Heft 1/2, München 1957, S. 17).

[309] StA Nürnberg, Rep. RA Schwabach nr. 351, ao. 1672 – Ende 18. Jh.

belastet sind. Daß dieser Grundsatz nicht verallgemeinert werden kann, mag anhand des nachstehenden Beispiels, dem weitere zur Seite gestellt werden könnten, gezeigt werden[310]:

1 Hof (Burkhardshof; 17½ M Feld, 8¼ M Wiese, 10 M Holz) in Mittelsteinach war abzugeben verpflichtet:
13 Pfg. Grundzins, 2 ß 12 Pfg. als fixe Summe für den Heuzehent, 1 ß Ackergeld (das nach Belieben des Hofinhabers auch durch 2 Tage realen Ackerdienst abgeleistet werden konnte), ferner 1 Fastnachtshuhn, 1 Zehenthuhn, 3 Pfingstkäse, 3 Metzen Korn; dazu an Diensten: Holzfuhren für 4 Klafter Holz.
1 Selde (Zäberleinselde; 5¾ M Feld, 5 M Wiese, 8 M Holz) des gleichen Ortes gab:
15 Pfg. Grundzins, 20 Pfg. für den Heuzehent; ferner – wie der Hof – 1 Fastnachts-, 1 Zehenthuhn und 3 Metzen Korn; jedoch statt 3 Pfingstkäsen 6 und darüber hinaus noch 60 Eier; an Diensten leistete die Selde Holzfuhren für 2 Klafter (vgl. Tabelle S. 75).

Abschließend seien 2 Klosterdörfer hinsichtlich ihrer gesamten Gefälle festgehalten:

Der Ort Obersteinach[311] besaß 3 Höfe und 3 Halbhöfe (jeder Hof mit durchschnittlich 26 M Feld, 6 M Wiese, 14 M Holz, jeder Halbhof mit etwa der Hälfte an Zugehörungen ausgestattet), dazu 1 Mühle mit etwa 7,5 M Feld, 4 M Wiese und 2 M Holz; insgesamt gehörten zum Dorf noch zirka 30 Acker walzende Stücke. Die Gesamtleistungen betrugen jährlich:
1 fl 4 ß 6 Pfg. an Geld; 9 Fastnachtshühner, 7 Sommerhühner, 6 Zehenthühner, 240 Eier, 2 Malter Korn (Schwarzacher Maß); dazu kamen 5 ß für den in Geld abgelösten Heuzehent, ferner 4 ß 15 Pfg. Ackergeld (pro Hof 1 ß, pro Halbhof 15 Pfg.[312]) sowie an Realdiensten: von jedem Leheninhaber 4 Tage Hand- oder Gespanndienste in der Heu- oder Grummeternte, dazu einige Holzfuhren (4 Klafter pro Hof, 2 Klafter pro Halbhof).

Der Ort Buch[313] zählte 8 Höfe und 2 Selden, der Hof mit durchschnittlich 20 M Feld, 8 M Wiese, 1 M Holz (davon 2 Höfe mit 1 bzw. 2 kleineren Seen), die Selde mit 2–3 M Feld und 1–2 M Wiese ausgestattet; zum Ort gehörten dazu insgesamt etwa 20 M walzende Stücke. Hier betrugen die Gesamtleistungen jährlich:
6 fl 3 ß 5½ Pfg. an Geld; 14 Fastnachts-, 3 Sommer-, 8 Herbsthühner, 47 Pfingstkäse, 540 Eier; an Realdiensten leistete jeder Leheninhaber 6 Tage Handfron in der Heu- oder Schnittzeit und den für alle verpflichtenden Mühlbach-Reinigungsdienst; 5 Höfe reichten dazu noch 5 ß Ackergeld (1 ß pro Hof[314]).

Mehrfach wird in den Quellen auch auf Minderung oder Nachlaß von Abgaben verwiesen, die das Kloster unverschuldet in Not geratenen Untertanen vorübergehend zubilligte[315]; betont sei hier, daß Ebrach weder durch diesbezügliche Zusagen bei Abschluß des Lehenvertrages noch durch anderweitige Vereinbarungen mit seinen Grunduntertanen zur Herabsetzung oder Nachlaß von Abgaben (bzw. Diensten) – wie das

[310] Zur Frage nach den Gründen, auf die Unterschiede in der Höhe der Belastung häufig zurückzuführen sind, wurde schon S. 37, 49 u. 53 f. Stellung genommen; vgl. zu den Beispielen: StA Bamberg, Rep. 223/2 nr. 7736, ao. 1625 m. Nachträgen bis ins 18. Jh.
[311] StA Bamberg, Rep. 223/2 nr. 7736, ao. 1625 mit Nachträgen bis ins 18. Jh., Vorspann zu Ort Obersteinach.
[312] An Stelle des Ackergeldes konnte nach Wahl des Pflichtigen auch der Realdienst geleistet werden (2 Tage pro Hof, 1 Tag pro Halbhof).
[313] StA Bamberg, Rep. 223/2 nr. 7686 f 7 und nr. 7736, Vorspann zum Orte Buch.
[314] Die Leistung von 1 ß konnte auch hier durch den Realdienst (1 ß = 1 Tag ackern) ersetzt werden.
[315] Vgl. dazu u. a. StA Bamberg, Rep. 223/2 nr. 7735, ao. 1620, unter Art. Büchelberg.

für andere Gebiete Deutschlands beschrieben ist[316] – verpflichtet war. – Im Weinbaugebiet um Würzburg konnte derjenige mit einem zeitweiligen Erlaß bestimmter Abgaben rechnen, der Äcker zu Weinbergen umbaute. Wer ein Feldstück in Rödelsee zu einem Weinberg machte, erhielt dafür 6 Jahre hindurch Gült- und Zehentfreiheit; wurde aus einem Weinberg ein Acker gemacht, so mußte nur der vierte Teil der darauf stehenden Gült entrichtet werden, bis der Acker wiederum zu einem Weinberg umgebaut wurde[317].

b) das Rauchpfund

Eine Abgabe, die jeder zu leisten hatte, der eine eigene Herdstelle besaß, war das Rauchpfund[318], ein jährliches Reichnis an den Grund-(Vogtei-)herrn in Höhe von durchschnittlich 5 sh «pro concessione foci in recognitionem Dominii territorialis»[319]. Die Abgabepflicht bezog sich also nicht nur auf Inhaber selbständiger Anwesen (ob städtischer Bürger oder Bauer), sondern auch auf alle Beisassen, die innerhalb eines solchen Anwesens eine eigene Herdstelle errichteten. Der Besitzer mehrerer Häuser gab das Rauchpfund nur *ein* Mal, selbst im Falle er mehr als eines dieser Häuser bewohnte. Wurde die Herdstelle aufgegeben, erlosch die Empfangsberechtigung von seiten der Herrschaft, der Abgabezwang auf Seiten des Pflichtigen. Das Rauchpfund ist demnach – weil eindeutig an eine Realität, den eigenen Herd, gebunden – zu den Reallasten zu zählen und nicht als ein «onus personale»[320] aufzufassen.

c) der Handlohn

Eine Besitzwechselabgabe (Handlohn, Laudemium) wurde von den ebrachischen Klosterleuten nur bei Besitzwechselveränderungen in dienender Hand – in Kauf-, Tausch-, Erb-, Übernahme- und Heiratsfällen –, u. zw. immer nur für die Übernahme (bei «Anfall»), nicht für die Hergabe des Gutes («Abfahrt») gefordert; in keinem Fall wurde Sterbhandlohn[321] (bei Ableben des Leheninhabers) oder ein Hand-

---

[316] So z. B. von Th. Knapp für die überwiegende Anzahl der Grundherrn im Allgäu, die bei Hagel, Wind, Mißwachs und Krieg Nachlaß gewähren mußten. Siehe Th. Knapp, Die Grundherrschaft im südwestlichen Deutschland, a. a. O., S. 70, hier fußend auf der Untersuchung von F. L. Baumann, Geschichte des Allgäus (3 Bde., Kempten 1881–1895), Bd. 2, S. 648. – Für Mitteldeutschland vgl. hierzu F. Lütge, Die mitteldeutsche Grundherrschaft, a. a. O., S. 131 f.

[317] StA Nürnberg, Rep. RA Schwabach nr. 964, Rödelseer, Mönchsondheimer- und Wilantzheimer Wein- oder Mostgült-Reg., 1765.

[318] In den Quellen erscheint es auch unter den Bezeichnungen Rauchgeld, Rauchbund, Focagium und libra fumaria.

[319] Vgl. *Thesaurus Juris Franconici*, I. Abschnitt p. 3589; «dominus territorialis» kann hier nicht mit «Landesherr», sondern muß mit «Grundherr» übersetzt werden. Die Empfangsberechtigung lag – wie eine Überprüfung ergab – allein bei den Grundherrn, wenn sie gleichzeitig die Vogtei innehatten; in keinem Falle konnten die Hochstifter Würzburg und Bamberg, der Markgraf von Brandenburg-Ansbach und die Reichsstädte Nürnberg und Schweinfurt in ihrer Funktion als Landesherrn als empfangsberechtigt nachgewiesen werden.

[320] So der Verfasser des Art. «De Focagio» im *Thesaurus Juris Franconici* (a.a.O.) in der Folgerung, daß – von wenigen Ausnahmen abgesehen – «jede Person» zur Abgabe verpflichtet war.

[321] Er sah die zweimalige Entrichtung einer Besitzwechselabgabe vor und wurde daher als besonders drückend empfunden. Bei Antritt der Erbschaft hatte zunächst der Erbe bzw. die Erbengemeinschaft eine Laudemialabgabe zu entrichten; zu einem weiteren Laudemium war dann der Erbe oder derjenige aus der Erbengemeinschaft verpflichtet, der das Gut schließlich de facto übernahm.

lohnreichnis bei Ableben des Lehensherrn, also des Abtes, erhoben. Da auch keine Verpflichtung zur Abgabe des Besthauptes bestand (vgl. S. 48), fehlen damit *die* beiden Kriterien, anhand derer allgemein auf die Leibeigenschaft der Untertanen geschlossen wird. Auf die Tatsache, daß das Kloster keinen Sterbhandlohn fordere, wird in den Ebracher Quellen mehrmals ausdrücklich hingewiesen. Gerade diese nachdrückliche Betonung – allem Anscheine nach als Hervorhebung eines Gegensatzes beabsichtigt – läßt vermuten, daß Grundhörige anderer fränkischer Herrschaften im allgemeinen zu einem derartigen Reichnis verpflichtet waren. Für den Bereich des ebrachischen Filialklosters Heilsbronn (Mfr.) hat A. HEIDACHER[322] auf das Vorkommen dieser Verpflichtung verwiesen, desgleichen I. BOG[323] für das jüngere Klosterverwalteramt Heilsbronn. Ob unter den von F. GELDNER für die Zisterze Langheim (Ofr.) beschriebenen Handlohnsverpflichtungen auch Sterbhandlohn begriffen ist, wird nicht klar erkennbar[324]; nach Lage der Dinge möchte man annehmen, daß – wie bei Ebrach – keine solche Verpflichtung bestand[325].

In überwiegender Mehrheit betrug die Besitzwechselabgabe im Klostergebiet bei allen eingangs erwähnten Veränderungsfällen 5 %[326] des Gutswertes, ohne Anrechnung der fahrenden Habe, des Viehbestandes und des Samens auf den Feldern. – Weit geringer in der Anzahl waren Handlohnsforderungen von $6^2/3$ %. Hierunter fielen vor allem die Klostergüter im Amte Katzwang. Bis zum Jahre 1665 hatte man auch hier nur 5 % des Gutswertes berechnet. Die durch den 30jährigen Krieg stark verwüsteten Güter zwangen die Herrschaft zu billigem Verkauf, was zur Folge hatte, daß auch der von der Kaufsumme abhängige Handlohnsbetrag entsprechend sank. So erhöhte das Kloster 1665 die Handlohnsabgabe von 5 % auf $6^2/3$ % und behielt diesen Modus bis zur Auflösung bei[327]. – Nur vereinzelt werden Handlohnsforderungen in Höhe von 10 % erwähnt[328].

Nach den allgemeinen Handlohnsverordnungen des Klosters sollte der Gutswert durch eine Kommission – zu gleichen Teilen aus Vertretern der Herrschaft und des Übernehmers zusammengesetzt – bestimmt werden; der Betrag, der sich aus den einzelnen Schätzungen der Kommissionsteilnehmer als Durchschnitt ergab, galt als Berechnungsbasis zur Festlegung der Handlohnssumme. Daß von seiten der Pflichtigen immer wieder versucht wurde, den Handlohn nicht in rechtmäßiger Höhe zu reichen, geht u. a. aus den zahlreichen Strafsatzungen hervor, deren Aufnahme in die dörflichen

[322] Vgl. A. HEIDACHER, a. a. O., S. 75.

[323] I. BOG, Die bäuerliche Wirtschaft im Zeitalter des 30jährigen Krieges, Schriften d. Inst. f. fränk. Landesforschung, Hist. Reihe 4 (1952), S. 40.

[324] F. GELDNER, Das älteste Urbar, a. a. O., S. 51* und S. 59*.

[325] Zum Vorkommen dieser Art von Laudemialabgabe siehe F. LÜTGE, Untersuchungen über die Laudemialabgabe i. d. bayer. Agrarverfassung d. 17. u. 18. Jhs., in: Jbb. f. Nationalökonomie u. Stat. 153 (Jena 1941), S. 522 ff.; S. 527 f.; derselbe, Die Bayerische Grundherrschaft, a. a. O., S. 137 ff.; vom gleichen Verfasser auch auf gelegentliches Vorkommen in Mitteldeutschland (Die mitteldeutsche Grundherrschaft, a. a. O., S. 177) verwiesen. – Zum Laudemium im Raum des nordwestdeutschen Meierrechtes siehe W. WITTICH, Die Grundherrschaft in Nordwestdeutschland, a. a. O., S. 64 f.

[326] Vgl. StA Würzburg, Stdbch. nr. 499 f 4'/5; nr. 501 f 38 und 41; StA Bamberg, Rep. 223/2 nr. 7686 f 103' und 131; nr. 7736 (zu Obersteinach); StA Nürnberg, Rep. RA Iphofen, nr. 830.

[327] StA Nürnberg, Rep. RA Schwabach nr. 2816 f 49'; auch nr. 394.

[328] Hier handelte es sich vorwiegend um später vom Kloster angekaufte Güter, die bereits in diesem hohen Prozentsatz vom vorhergehenden Besitzer verhandlohnt worden waren. Ebrach behielt in solchen Fällen den bisher üblichen Nexus bei. (Vgl. u. a. Abb. Ebr. 139; auch StA Bamberg, Stdbch. nr. 7775, Nota zu Burgebrach.)

Gerichtsordnungen die Herrschaft aus diesen Gründen veranlaßte. Mit Verlust des Lehens sollte derjenige bestraft werden, der ein klösterliches Lehenstück ohne Wissen des amtierenden Schulzen verkaufte und den Verkaufskontrakt nicht in seinem Beisein abschloß[329]. Wie aus anderen Strafbestimmungen hervorgeht, scheint man bei Verkäufen häufig nach internen Abmachungen zwischen Käufer und Verkäufer den Wert der fahrenden Habe und des Saatgutes der Kaufsumme zugeschlagen zu haben[330].

Bei Gütertausch wurde bis 1712 lediglich die Wertdifferenz der beiden Tauschobjekte verhandlohnt. In der Folgezeit unterlag auch bei Tausch die gesamte Kaufsumme, jedoch wiederum unter Abzug des Saatgutes, der Verhandlohnung.

Anläßlich einer i. J. 1598 im Amte Katzwang vorgenommenen Veränderung in der Berechnung des Handlohns bei Ableben eines Ehegatten und Übernahme des Gutes durch den überlebenden Teil[331], legte das Kloster detailliert die für das gesamte Klostergebiet verbindlichen Bestimmungen bei Erb- und Übernahmefällen dar:

Starb ein Lehenmann, so war bei der Wiederverheiratung der Witwe für den zweiten Ehemann der halbe Handlohn zu entrichten; starb hierauf die Frau, so mußte vom Mann, wenn er Lehenträger der Güter bleiben wollte, die restliche Hälfte des Handlohns gereicht werden. – Starb der Lehenmann und die Frau blieb, ohne sich wieder zu verheiraten, im Besitz der Güter, so wurde von ihr kein Handlohn gefordert; ebensowenig, wie der erste Ehemann beim Tode seiner Frau Handlohn zu zahlen hatte. – War nur ein einziger Erbe vorhanden, so hatte dieser bei Ableben seiner Eltern den ganzen Handlohn zu entrichten. Übernahm ein solcher Alleinerbe das Gut bei Lebzeiten der Eltern durch Kauf, so war nur sein Heiratsgut handlohnsfrei. – Übernahm eines von mehreren Kindern das elterliche Gut bei Lebzeiten der Eltern durch Kauf, so war wie in obigem Fall wiederum das Heiratsgut handlohnsfrei; wurde das Gut erst nach Ableben eines Elternteiles oder beider übernommen, so blieb auch das dem Übernehmer zustehende väterliche, mütterliche bzw. elterliche Erbteil unverhandlohnt. – Ein an Kindes Statt Angenommener mußte, so er nach Ableben der Adoptiveltern deren Güter übernahm, den ganzen Handlohn – wiederum das Heiratsgut abgezogen – bezahlen. Der Handlohnspflicht unterlag im übrigen auch ein Gut, das an Schuldes Statt angenommen wurde[332].

Hier 2 Beispiele zur Handlohnsberechnung:

a) 1798 kaufte P. Weichselfelder in Mönchsondheim um 945 fl von seiner Mutter 1 Wohnhaus, Scheuern nebst Grundstücken, Vieh und landwirtschaftliche Geräte, ferner deren Anteil an einem Hof um 550 fl, welchen er allerdings erst nach dem Tode der Mutter übernehmen sollte. Von der gesamten Kaufsumme (1495 fl) blieben 260 fl (fahrende Habe) und 71 fl 25 1/3 Kr (Heiratsgut) handlohnsfrei; es war demnach noch eine Summe von 1163 fl 34 2/3 Kr mit 5 % zu verhandlohnen. Der Handlohn betrug – wie auch die amtliche Abrechnung ausweist – 58 fl 2 Bz. 2 1/2 Kr (wovon 30 fl 39 Kr sofort, 27 fl 30 Kr [Handlohn für den Hofanteil] erst nach dem Tode der Mutter bezahlt werden mußten[333]).

b) Im gleichen Jahr übernahm in Mönchsondheim Michel Stahl von seinem Vater käuflich 1 Haus (um 400 fl) und einen Hof (1000 fl), dazu um 380 fl Feldstücke und landwirtschaftliche Geräte; von der gesamten Kaufsumme (1780 fl) wurden hier 809 fl + 180 fl (fahrende Habe,

[329] StA Würzburg, Ger. Wzbg. r/m 5/249, Gerichtsordnung Mühlhausen, ao. 1611.

[330] Vgl. den Art. «Von Verkauf und Verwechslung der Güter» in der Gerichtsordnung von Mönchsondheim (StA Bamberg, Rep. D 8 nr. 280, 17. Jh.).

[331] Bis 1598 zahlte hier der Übernehmer, gleichgültig ob es sich dabei um die Witwe oder den Witwer handelte, nach Abzug ihres bzw. seines Erbteiles den ganzen Handlohn.

[332] Vgl. StA Nürnberg, Rep. RA Schwabach nr. 2816 f 50 ff.; dazu Rep. RA Schwabach nr. 2413, S. XIII a und b.

[333] StA Nürnberg, Rep. RA Iphofen nr. 830, zu Mönchsondheim.

Heiratsgut) abgezogen und für die Restsumme von 791 fl der Handlohn nach der 5 %-Berechnung mit 39 fl 8 Bz. 2¹/₂ Kr festgesetzt[334].

Abschließend seien noch zwei Formen von Handlohnsverpflichtungen – der *Reu-* und *Handroß*handlohn – genannt, für die die ebrachischen Verordnungen lediglich bekanntgeben, unter welchen Voraussetzungen die Herrschaft auf Reichnisse dieser Art Anspruch habe, ohne jedoch nähere Aussagen über die Höhe der Abgabe bzw. über den Berechnungsmodus zu machen[335]. Reuhandlohn erhielt die Herrschaft, wenn ein Gut verkauft, dem Verkäufer aber nach kurzer Zeit vom Käufer wieder zurückgegeben wurde; Handroßhandlohn wurde gefordert, wenn der Übernehmer eines Gutes dieses nicht selbst bewohnte, es gewissermaßen nur als Handroß mitführte. Der Roßhandlohn war demnach eine Art von Gebühr für die Erlaubnis, neben dem eigentlichen Gut noch ein zweites besitzen bzw. das neu übernommene mit dem Hauptgut vereinigen zu dürfen; für die Herrschaft war er eine gewisse Entschädigung für die verminderten Handlohnsfälle, die dieser Zusammenschluß zweier oder mehrerer Güter in einer Hand nach sich zog.

Soweit die für das Klostergebiet allgemein zutreffenden Regelungen über Reichung des Handlohns. In Berücksichtigung besonderer Situationen von Einzelobjekten verstand sich das Kloster ab und zu auf einen sogenannten «bedingten» Handlohn; er wurde – häufiger in Form eines durch Vertrag bestimmten fixen Betrages als durch eine prozentual aus dem Gutswert errechneten Summe – nur bei jenen Besitzwechselfällen gereicht, die das Abkommen eigens als handlohnpflichtig bezeichnete[336].

Nicht an den Grundherrn fiel das *Zuschreib*geld, das der Übernehmer als Gebühr[337] für die Berechnung des Handlohns und die Überschreibung des Gutes zu zahlen hatte, sondern kam dem ausführenden Beamten für seine Bemühungen zu.

d) der Zehnte

Zur Zeit der Klostergründung (1126/27) hatte der Zehnte im Untersuchungsgebiet seinen ursprünglichen Charakter einer rein kirchlichen Abgabe bereits weitgehend verloren; Ansprüche auf Zehntabgaben wurden wie Nutzungsrechte anderer Art zwischen geistlichen und weltlichen Herren verpfändet, getauscht, verkauft. Trotz dieser Tatsache liegt die Frage nahe, wie die Niederlassung eines Ordens, der sich u. a. zur Regel gemacht hatte, nur von der eigenen Hände Arbeit zu leben, eine Zehentherrschaft von so großem Ausmaß, wie sie Ebrach schon um 1500 besaß, zu erwerben imstande war.

[334] StA Nürnberg, Rep. RA Iphofen nr. 830.
[335] StA Nürnberg, Rep. RA Schwabach nr. 2816 f 51; leider fanden sich in den Quellen auch keine Schilderungen von Vorkommnissen in Zusammenhang mit Reu- und Roßhandlohn, aus denen die Höhe der Abgabe ersichtlich wäre.
[336] Vgl. u. a. das Abkommen zwischen Ebrach und dem würzburgischen Domkapitel von 1665 (in: Abb. Ebr. 175/76) wegen eines ebrachischen Hauses, das in einen Domherrenhof (genannt: Hof Großgrindlach) eingebaut worden war. Ein Betrag von einem doppelten Dukaten oder 4 Reichsthalern sollte als «ein bedingtes Handtlohn» bei jedem Besitzwechsel des Großgrindlacher Hofes an Ebrach entrichtet werden, ausgenommen dann, wenn der Hof durch letztwillige Verfügung des jeweiligen Inhabers an dessen Bruder oder an Kinder seiner Geschwister falle.
[337] Ihre Höhe wurde nicht prozentual nach Wert des zu verhandlohnenden Objektes berechnet; sie scheint sich vielmehr nach dem Schwierigkeitsgrad der mit der Überschreibung in Zusammenhang stehenden notwendigen Erhebungen und Berechnungen, also dem Ausmaß der amtlichen Mühewaltung, gerichtet zu haben. Das Zuschreibgeld betrug jedoch auch bei Gutswerten von über 1000 fl nie mehr als 1–2 fl.

Allgemein gesehen war der Weg, den das Kloster zur Erlangung dieser ausgedehnten Zehentherrschaft ging, in seiner Art ähnlich demjenigen, den es auch beim Ausbau seiner Gerichtsherrschaft einschlug: Den Bemühungen, die Klosterbesitzungen zuerst von den (Zehnt-)Rechten zu befreien, die andere daran hatten, folgten Bemühungen, diese Rechte für das Kloster selbst zu nutzen, um später darüber hinausgehend derartige Ansprüche auch über fremden Besitz auszudehnen. Um 1500 besaß das Kloster durch Schenkung, Kauf und Tausch annähernd alle auf seinen Besitzungen ruhenden Zehntgerechtsame, dazu erwähnenswerte Zehntgerechtigkeiten über Besitz anderer Grundherrn; die Käufe von Zehntrechten wurden noch bis gegen Ende der Klosterherrschaft fortgesetzt.

Keine Beantwortung in exakten Angaben erlaubt die Frage nach dem Einkommen der Herrschaft aus den ihr zustehenden Zehnten. Erschwerend fällt bei einer Berechnung ins Gewicht, daß

1. die Zehntpflicht sich zwar auf die überwiegende Zahl der bäuerlichen Bevölkerung, aber eben doch nicht auf alle Bauern erstreckte; daß
2. zumeist nur ein Teil der Besitzungen des einzelnen unter die Zehntpflicht fiel,
3. das Ausmaß der Zehntpflichtigkeit (großer-, kleiner-, Wein-, Obst- *und* Blutzehent bzw. nur der eine oder andere davon) von Fall zu Fall stark variierte, und
4. nur ein Teil, wenn auch der größere, frühzeitig in eine jährliche Geld- oder Naturalabgabe fixiert wurde; andere Zehentansprüche (vornehmlich den großen Zehent betreffend) wurden jährlich verpachtet, andere Zehentreichnisse (dies vor allem in bezug auf den Blutzehent) vom Kloster selbst gesammelt. Aber auch dieser oder jener Modus wurde nicht regelmäßig beibehalten, sondern je nach den Erfordernissen der Zeit zwischen den einzelnen Möglichkeiten gewechselt.

Da die Urbare nur generell den Anspruch der Herrschaft auf eine bestimmte Zehentgattung verzeichnen, die Zehentlisten andererseits nur die tatsächlich geleisteten Zehentlieferungen angeben, wurden zur Ermittlung für den Einzelfall die Steuerbücher herangezogen. Zur Frage, welche Besitzteile eines Gutes der Zehentpflicht unterlagen, geben sie insofern die genauesten Angaben, als Liegenschaften, die zehentpflichtig (oder/und gültpflichtig) waren, entsprechend geringer bei der Steuerberechnung veranschlagt wurden. «... Die Felder, Wiesen, Weinberge ... so Gült undt Zehent geben, sollen umb etwas geringeres als die zehentbaren gereicht werden ...»[338]. Diese Gepflogenheit, verschieden hohe Belastungen untereinander auszugleichen, ergänzt die von F. LÜTGE schon für Mitteldeutschland und Bayern mitgeteilte Beobachtung, «... daß nämlich die verschiedenen Belastungsarten in einem wechselseitigen Verhältnis stehen, derart, daß die eine Gattung um so geringer ist, je mehr die andere im Vordergrund steht»[339]. – Die oben angeschnittene Frage läßt sich generell nur dahingehend beantworten, daß die Einkünfte, die das Kloster auf Grund seiner Zehentgerechtsame verzeichnete, zu seinen bedeutendsten zählen; die hohen Einnahmeposten in den jährlichen Amtsrechnungen der späteren Jahrhunderte erklären den Aufwand an Mühe und Kosten, der dem Rechtsanspruch des Klosters auf Zehentreichnisse vorausging.

---

[338] StA Bamberg, Rep. 223/2 nr. 7646, Steuer-Revisions Protocoll, ao. 1679. – Geringer veranschlagt wurde bei der Steuerberechnung auch das Vieh fronpflichtiger Dörfer im Gegensatz zu jenem fronfreier Orte; darüber hinaus lagen die Steuersätze in Dörfern mit «ungemessener» Fron noch niedriger als in solchen, die «gemessene» Dienste leisteten (ebenda; entsprechende Vermerke jeweils in den einleitenden Berichten zu jedem Ort).

[339] F. LÜTGE, Die mitteldeutsche Grundherrschaft, a.a.O., S. 172 (dort vor allem in Hinsicht auf den Ausgleich von Fron- und Zinsbelastung); vgl. dazu den entsprechenden Passus in bezug auf die Verhältnisse im bayerischen Raum (F. LÜTGE, Die Bayerische Grundherrschaft, a.a.O., S. 156).

Das «Exordium parvum» Abt Stephans (1109–1134), die Gründungsgeschichte von Citeaux, führt neben anderen, vom Orden abzulehnenden Besitzobjekten, natürlich auch den Bezug von Zehnten auf, der der Ordensregel – nur von der eigenen Hände Arbeit zu leben – völlig widersprach. Dagegen billigte ein päpstliches Privileg dem Zisterzienserorden 1131 Zehntfreiheit für die in Eigenwirtschaft betriebenen Güter zu[340], eine Vergünstigung, die schon nach weniger als drei Jahrzehnten unter Hadrian IV. dahingehend eingeschränkt wurde, daß sie die Befreiung in Zukunft nurmehr auf die Decimae novales, die Neubruchzehnten, erstrecken sollte. Zwar erwirkte der Orden auf der Dritten allgemeinen Lateransynode 1179 die Wiederherstellung der alten Formel, d. h. die 1131 zugestandene Zehntfreiheit für alle im Eigenbetrieb stehenden Ländereien, stieß aber wegen dieses Zugeständnisses im Einzelfall auf solche Schwierigkeiten, daß bereits im Folgejahr die in Citeaux versammelten Äbte verfügten, daß «jeder, der vom heutigen Tage an Äcker oder Weinberge erwirbt, von welchen eine Kirche oder ein Kloster oder eine geistliche Person gewohnt war, Zehnten zu beziehen, diesen Zehnten ohne Widerspruch entrichte» oder mit dem bisherigen Empfänger eine andere friedliche Vereinbarung zu treffen habe[341]. 1215 wurde auf der IV. Lateransynode das Ordensstatut von 1180 auch zur kirchlichen Vorschrift erhoben; erweiternd fügte die Synode die Bestimmung hinzu, daß die «fernerhin zu erwerbenden zehntpflichtigen Güter verpachtet und von den Pächtern die Zehnten entrichtet» werden sollten[342].

Wie andere Zisterzen auf altbesiedeltem Boden, wo kaum ein Gut unbelastet von Zehnt- oder sonstigen Verpflichtungen erworben werden konnte, war auch Ebrach in der schwierigen Lage, sich mit den bisherigen Zehntinhabern auseinandersetzen zu müssen. Schon geraume Zeit bevor Generalkapitel (1180) und Laterankonzil (1215) die Ablösung vorgeschrieben hatten, war die Abtei bereits gezwungen, Zehntberechtigte abzufinden[343], da das Würzburger Hochstift die von Rom ursprünglich gewährte Befreiung vom Zehnten nicht als eine Aufhebung bestehender Zehntrechte ansah; 1202 erhielt das Kloster durch Bischof Konrad lediglich den Neubruchzehnten innerhalb des Würzburger Sprengels zugesprochen[344], obwohl es laut der von ihm vorgelegten Privilegien auch die Befreiung vom Altfeldzehnten nachweisen konnte. – Kein Klosterhof konnte sich sofort nach der Erwerbung jener Zehntfreiheit erfreuen, die die Päpste dem Orden zugesichert hatten. 1154 mußte Abt Adam den Archidiakon Eberhard für die Zehnten von Alitzheim, Mönchstockheim, Sulzheim und Waldschwind sowie den Pfarrer von Burgebrach für die Zehnten von Mönchherrnsdorf[345] abfinden; erst 1235 konnte das Kloster auch den Zehnten von Kaltenhausen erwerben[346]. Nur der Stiftsboden selbst dürfte von keinem älteren Zehntrecht belastet gewesen sein[347]. – Im Schutzbrief von 1238[348], den Ebrach vom Würzburger Bischof erhielt, wurde dem Kloster

[340] Vgl. E. HOFFMANN, Die Entwicklung der Wirtschaftsprinzipien, a.a.O., S. 715 ff.
[341] Ebenda, S. 718.
[342] Ebenda.
[343] Die Ablösung von Zehntrechten erfolgte nach Aussage der Ebracher Urkunden durch einmalige Abfindungssummen, Abtretung von Land, gelegentlich auch durch Zusage der Zahlung eines jährlichen Anerkennungszinses.
[344] Lib. Priv. 2 f 240 r; H. ZEISS, Reichsunmittelbarkeit, a.a.O., S. 21.
[345] Mon. Eberac. 57 f. – Übrigens wurde Mönchherrnsdorf noch nach der Ablösung von einem Archidiakon zur Leistung des Zehnten gezwungen (vgl. ebenda 49).
[346] RB 2, 241.
[347] H. ZEISS, Reichsunmittelbarkeit, a.a.O., S. 20.
[348] Hauptstaatsarchiv München, Fasc. Hochstift Bamberg, Ebracher Akten nr. 190; auch RB 2, 279.

jedoch zugesagt, daß bei Umwandlung von Grangien in Dörfer oder bei deren Verpachtung die vom Kloster inzwischen mühsam erworbenen Zehntfreiheiten fortbestehen sollten.

Wie andere Niederlassungen des Zisterzienserordens[349] ging auch Ebrach schon im 13. Jahrhundert vom Bemühen, sich lediglich von Zehntzahlungen zu befreien, dazu über, sich selbst Zehnteinkünfte zu sichern[350]. Da durch das Kloster auch viele Zehnten aus Laien- in geistliche Hände zurückerworben werden konnten[351], hatte Ebrach bei diesen Bestrebungen keinen Widerstand von seiten der Würzburger und Eichstädter Bischöfe zu befürchten. – Das erste Urbar (1340) zählt bereits eine ganze Reihe von Orten auf, deren Zehnten dem Kloster ausschließlich zustanden («decima est nostra»); in anderen Orten verfügte es wenigstens über Teilzehnte; auch Zehntverpachtungen werden angeführt. Nur in wenigen Fällen mußte das Kloster an andere Zehntinhaber entsprechende Abgaben leisten. Bis kurz vor seine Auflösung war das Kloster bemüht, Zehntrechte durch Kauf oder Schenkung zu erwerben und den Bereich seiner Zehnteinkünfte zweckmäßig zu arrondieren.

In der Erwerbung von Zehntgerechtigkeiten aus verschiedener Hand ist nicht zuletzt der Grund dafür zu suchen, daß die Gepflogenheiten, die Ausmaß und Sammlung des Zehnten betreffen, mehr als bei jeder anderen Abgabe, lokale Verschiedenheiten aufweisen. – Wo nicht laut spezieller Vereinbarungen zwischen Zehntherrn und -pflichtigen letztere gezwungen waren, den Zehent an einen vertraglich festgelegten Lieferungsort zu bringen[352], hatte der Herr den Zehent abholen zu lassen, – teils vom Feld, teils vom Hof des Pflichtigen, ab und zu auch nur von einer Sammelstelle im Dorf; die

[349] Vgl. u. a. die Zehnterwerbungen der Zisterze Heilsbronn (A. HEIDACHER, a. a. O., S. 77 ff.; Urkundenregesten d. Zisterzienserkl. Heilsbronn, 1. T., 1132–1321, bearb. v. G. SCHUHMANN u. G. HIRSCHMANN, Würzburg 1957), auch die der Zisterze Langheim (F. GELDNER, Besitz u. wirtschaftliche Entwicklung a. a. O., S. 25 ff.); siehe ferner H. STRENGER, Geschichte d. Zisterzienserklosters Marienfeld i. Westfalen (Diss. Münster), Gütersloh 1913, S. 23.

[350] 1203 erwarb das Kloster den Zehnten der Kirche zu Saudrach, 1206 den Zehnten zu Prappach (FRIES, Würzburger Chronik I, S. 297). – Abt Winrich gelang es, von Ramungus von Kammerstein, einem kaiserlichen Ministerialen, eine generelle Verzichtleistung auf alle zur Pfarrei Schwabach gehörenden Neubruch-Zehnten zu erhalten; um 40 ℔ Heller erwarb er auch die auf diesen Neugereuten ruhenden Ansprüche des Ritters Ulrich von Küdorf. – Mit der Schenkung der Pfarrei Burgebrach (1275) kamen auch alle zur genannten Pfarrei gehörenden Zehnten an Ebrach. – Aus einer Urkunde des Eichstädter Bischofs Remboto von 1290 geht ferner hervor, daß dessen Vorgänger dem Kloster alle zur Pfarrei Schwabach gehörenden Zehnten überlassen hatte; 1371 schenkte Burggraf Friedrich zu Nürnberg dem Kloster die Schwabacher Neugereut-Zehnten (Abb. Ebr. 83). – 1323 verzichtete Gundeloch v. Windeck für sich und seine Erben zugunsten Ebrachs auf seine Zehntrechte einschließlich der Neugereute im Dorfe Ampferbach (Staatsbibliothek München, cod. lat. nr. 6081 f 25); 1350 übereignete Ulrich Merlmeister zu Bamberg dem Kloster seinen Zehntanspruch über alle Neugereute in Förschdorf (StA Bamberg, Stdbch. nr. 7775, zu Förschdorf). – 1296 hatte Ebrach durch Kauf des Ortes Katzwang und Gütern in Kreut, Gaulnhofen, Limbach, Kleinschwarzelohe und Neuses vom Kloster Ellwangen auch den großen-, kleinen- und Blutzehent, soweit diese in die Pfarrei Katzwang gehörten, erworben (StA Nürnberg, Rep. RA Schwabach nr. 2816 f 29'). – Weitere Zehntkäufe und -schenkungen siehe ergänzend Abschnitt «Erwerb», S. 7 ff.

[351] Vgl. u. a. MB 45, 105 (1277); 38, 124 (1295); 39, 118. 447 (1319, 1331). – Mit ausdrücklicher Befürwortung Bischof Heinrichs von Würzburg erwarb Ebrach die Zehnten zu Birkenrod, Brutbach und Haßlach.

[352] Verträge dieses Inhalts siehe StA Würzburg, Stdbch. nr. 499 f 277, Weinzehentordnung; auch Abb. Ebr. 139.

[353] Vgl. die Dienstanweisung des Klosteramtmannes Nikolaus Reysmann im Zinsbuch des Amtes Nürnberg-Katzwang von 1494 (StA Nürnberg).

Entlohnung der Zehentknechte oblag dem Zehentherrn[353]. Um der mit dieser Holschuld verbundenen Belastung erheblicher Kosten und Schwierigkeiten auszuweichen, wählte das Kloster bevorzugt den Modus des jährlichen Verpachtens, des «Verlassens»[354], wie es die Quellen nennen. Der große Zehent[355] wurde hierbei jährlich, etwa um den 1. Juli, durch herrschaftliche Beamte auf dem Halm geschätzt, zur Versteigerung ausgeboten und für 1 Jahr verpachtet. Im Belieben des Zehntherrn stand es natürlich, die Entschädigung für Überlassung der Zehenteinkünfte vom Pächter in Geld oder naturaler Form zu fordern. Das Risiko war für den Pächter in jedem Fall durch die Bestimmung, daß bei unvorhergesehenen Schäden (Unwetter, soldatischen Durchzügen u. dgl.) durch eine Kommission – zu gleichen Teilen aus Vertretern der Herrschaft und des Pächters zusammengesetzt – eine neue und entsprechend niedrigere Pachtsumme (in Geld oder natura, je nachdem wie vorher vereinbart) bestimmt werden mußte, verhältnismäßig gering. – Der ursprüngliche Charakter des Zehnten als 10. Teil des Ertrages blieb bei seiner Verpachtung noch insofern annähernd gewahrt, als die Pachtsumme, wenn auch nur auf dem Wege der Schätzung, in einem gewissen prozentualen Verhältnis zum voraussichtlichen Ernteergebnis festgesetzt wurde. Üblich war neben der Form, den Pachtbetrag nach Schätzung auf dem Halm zu bestimmen, auch der Modus, als Pachtsumme den 10. Teil des Durchschnittsertrages dreier vorangegangener Ernten zu fordern. – Völlig verlorengegangen war der ehemalige Zehentcharakter dort, wo das Kloster es in Hinblick auf Kosten und Arbeitsaufwand vorzog, eine bestimmte Zehentgattung in jährlich fixe Geldbeträge[356] oder, dies jedoch selten, mengenmäßig fest umrissene Naturalabgaben umzuwandeln. Auf die Frage nach dem genauen Zeitpunkt solcher Art von Ablösungen geben die Quellen keine exakte Antwort; sie dürften, nach entsprechenden Einträgen in den Urbaren zu urteilen, überwiegend in der ersten Hälfte des 16. Jahrhunderts und kurz vorher erfolgt sein. – Als in jährlich beständige, feste Geldsummen umgewandelte Zehentgattungen erscheinen in den Abgabelisten – genannt in der Reihenfolge ihrer Häufigkeit – der Heu-[357], Rüben-,

[354] Zumindest, was den großen und kleinen Zehent anbetraf; den Blutzehent sammelte die Herrschaft in den meisten Fällen selbst. (Vgl. StA Nürnberg, Rep. RA Schwabach nr. 2816 f 31').

[355] Darunter fielen neben Korn, Weizen, Hafer und Gerste ab und zu noch Dinkel (StA Nürnberg, nr. 2816 f 29'), anfänglich auch der Tabak, der jedoch später zum kleinen Zehent geschlagen wurde. (Siehe den Bericht über die ins Amt Katzwang gehörenden Ebracher Zehenten, ca. 2. Hälfte 16. Jh., Zusätze bis 1682, früher StA Bamberg, jetzt StA Nürnberg, zur Zeit der Bearbeitung noch ohne Nummer.) – Zum kleinen Zehent zählten alle übrigen Feldfrüchte (Kraut, Rüben, Erbsen, Linsen, Flachs, Hanf, Wicken, Heidel, Hirse u. a.).

[356] Welcher Nachteil sich für die Herrschaft mit der Umwandlung einer Naturalabgabe in eine in ihrer Höhe begrenzte Geldabgabe verband, wurde schon in anderem Zusammenhang besprochen; vgl. S. 49 f.

[357] Er ist mit ganz geringen Ausnahmen im ganzen Klostergebiet abgelöst; zur Veranschaulichung der Höhe des Ablösungsbetrages sei hier ein Beispiel eingefügt: 10 (von 11) Höfe und 1 Mühle des Ortes Breitbach zahlten bei einem durchschnittlichen Wiesenbesitz von 9 M einen Betrag, der zwischen 2 ℔ 10 Pfg. und 2 ℔ 20 Pfg. wechselt. Der 11. Hof, der im Gegensatz zu den anderen völlig frei von weiteren Abgaben war, zahlte bei etwa gleichem Wiesenbesitz einen Heuzehentbetrag von 1 fl 2 ℔ 10 Pfg. jährlich. (Siehe auch hier wieder den Ausgleich der Belastungen!) Bei ungefähr gleichem Wiesenumfang (9–10 M) zahlten die Güter in Obersteinach nur 15 Pfg., einige 1 ℔ (StA Bamberg nr. 7736, 7735 und 7683).

[358] Manchmal wurden 2–3 Zehentgattungen auch durch einen einzigen zusammenfassenden Betrag abgelöst; z. B. «für Rüben- und Krautzehend . . .», «für Rüben-, Kraut- und Lämmerzehend». Schon der Bericht über die ins Amt Katzwang gehörenden Ebracher Zehnten, ca. 2. Hälfte d. 16. Jhs., bezeichnet die dafür eingesetzten Beträge als «von altersher jährlich beständig» (StA Nürnberg, ohne nr.).

Kraut-, Obst-, Lämmer-, Hühner-, Kühe- und Kälberzehent[358]. Soweit das Kloster den
großen Zehent verpachtete, bot es ihn fast ausnahmslos gegen naturale Entschädigung
an; nicht immer mußte dabei vom Beständner von jeder Getreideart eine entsprechende
Menge geliefert werden. Häufig forderte das Kloster als Pacht für alle zum großen
Zehent gehörenden Getreidesorten nur ein gewisses Quantum Korn[359], ab und zu die
Hälfte in Korn, die Hälfte in Hafer[360]. Dagegen wurde der kleine- und lebendige (auch
Haus- oder Blut-) Zehent, soweit letzterer überhaupt verpachtet wurde, meistens um
Geld «verlassen», ebenso der seit der zweiten Hälfte des 16. Jahrhunderts aufkom-
mende Tabakzehent[361]. Für den Zehentpflichtigen selbst blieb es mehr oder weniger
ohne Belang, ob er seinen Zehnten an den Herrn oder an den Beständner entrichtete.
Beim Wein- und Blutzehent zog es das Kloster in überwiegendem Maße vor, den
Zehent selbst zu sammeln; wobei ersterer fast durchwegs in naturaler Form gefordert
wurde, letzterer z. T. in natura, z. T. in Geld[362].

Bei aller verwirrenden Fülle lokaler Unterschiede in den Verfügungen über Abgabe
des Blutzehenten bestanden hinsichtlich des für den Pflichtigen entscheidenden Punktes,
die Menge der Abgabe, keine wesentlichen Unterschiede. Stellvertretend für die Ze-
hentpraxis im Klostergebiet sei im folgenden das eine oder andere Beispiel näher beschrieben:

Im allgemeinen fiel der Erstling einer Kuh[363] sowie der erste Wurf eines Schweines oder
Schafes noch nicht unter die Zehntpflicht; auch nicht tragende Kühe waren abgabefrei. Von
jedem weiteren Wurf Schweine und jeder Brut Geflügel wurde, wenn der Wurf bzw. die Brut
mehr als 5 Stück betrug, eines als Zehentabgabe verlangt[364]. Für den Gänsezehent hatten die
Pflichtigen des Ortes Tugendorf bei 7 bis 16 Gänsen eine, von 17 bis 26 Stück zwei usw. abzugeben[365]; die Zehentleute von Grettstadt reichten von jeweils 7 Gänsen eine[366]. – Lämmer
wurden jährlich am Gründonnerstag im Orte Abersfeld nach folgendem eigenartigen Modus
ausgezehntet: Von 8, 9 oder 10 Lämmern gebührte dem Kloster 1 Lamm, wobei dem Besitzer
von 8 Lämmern 2 Kreuzer, dem von 9 Lämmern 1 Kreuzer, dem von 10 jedoch nichts wieder
zurückgegeben wurde; wer weniger als 8 oder mehr als 10 (bis 18) Lämmer hatte, zahlte für
jedes Stück, das er weniger als 8 bzw. mehr als 10 besaß je 1 Kreuzer; von 18 Lämmern nahm
das Kloster 2 Stück, gab wiederum 2 Kreuzer zurück usf.[367]. Für Schafe und Geißen wurden
z. T. Eier gegeben[368]; auch Käse als Zehentabgabe für Großvieh war ab und zu üblich.

[359] Vgl. StA Nürnberg, Rep. RA Schwabach nr. 2816 f 29'.
[360] Vgl. StA Würzburg, Stdbch. nr. 497 f 81.
[361] StA Nürnberg, Rep. RA Schwabach nr. 2816 f 29'; ferner der Bericht der ins Amt Katzwang gehörenden Ebracher Zehnten (StA Nürnberg, ohne nr.); auch nr. 475 (Besichtigung, Ermäßigung und Verleihung des Getreide- und Tabakzehenten . . . 1803/1804) und die nn. 476
bis 480. – Der Tabakzehent wurde, ob anfangs zum großen, später (seit Anfang des 18. Jhs.
etwa) zum kleinen Zehent gerechnet, immer separiert «verlassen». – Der Tabakanbau um
Schwabach – heute noch von Bedeutung – spielte bereits seit der 2. Hälfte des 16. Jhs. eine
erwähnenswerte Rolle.
[362] Hierbei war der Betrag nicht wie beim in Geld umgewandelten und fixierten Zehent
summarisch ohne Rücksicht auf das Wirtschaftsergebnis festgelegt. Jedes zehntpflichtige Objekt
mußte gesondert nach bestimmten Hebesätzen bezahlt werden; die Anzahl der zehntpflichtigen
Objekte lag durch die zuständige Zehentordnung fest; vgl. StA Nürnberg, Rep. RA Iphofen,
nr. 419–421; 426; 433; StA Würzburg, Rep. Standbuch, Tom. I, R 35, nr. 470.
[363] Für alle weiteren Kälber wurde der Zehent in Geld gegeben; siehe S. 68.
[364] StA Nürnberg, Rep. RA Schwabach nr. 2816 f 29'.
[365] StA Würzburg, Stdbch. nr. 499 f 277.
[366] Ebenda f 113; auch Abb. Ebr. 139.
[367] StA Würzburg, Stdbch. nr. 497 f 81: Extract aus dem Urbarbuch de ao. 1551; nach
gleichem System erfolgte hier auch die Auszehntung der Gänse, a.a.O., f 81'.
[368] Für 1 Schaf 2 Eier, für 1 Geiß 3 Eier (StA Würzburg, Stdbch. nr. 499 f 113).

Wo die Pflichtigen laut Vereinbarung ihren Blutzehenttribut statt in natura in Geld leisteten, taten sie dies mit Geldbeträgen in nachstehender Höhe: von einer Kuh (durchschnittlich 8 Pf, ab und zu auch nur 1–2 Pf); von einem Wurf Schweine (14–18 Pf); von einer Brut Geflügel (6–9 Pf); von einem Kalb (1–3 Pf); von einem Füllen (1–3 Pf)[369].

Das Zehenthuhn, das der Pflichtige zum Zeichen der Anerkennung seiner Zehentherrschaft zu reichen hatte, wurde bevorzugt in Geld gefordert (3–5 Pf). – Zehentansprüche wurden von der Herrschaft hin und wieder an Amtleute abgetreten, die auf diesem Wege für besondere Dienstleistungen entlohnt wurden[370]. Streitfälle zwischen verschiedenen Zehentherren bzw. zwischen Zehentherren und -pflichtigen wurden vor dem Landgericht ausgetragen.

e) *die Nachsteuer*

In seiner Funktion als Vogteiherr war Ebrach zur Erhebung der Nachsteuer[371] berechtigt. Verließ ein Gerichtsuntertan den Gerichtsbezirk oder fielen auf dem Erbwege bzw. durch Verheiratung Vermögenswerte in andere Gerichtsbereiche, so war dem Gerichtsherrn ein gewisser Prozentsatz des außer Landes gehenden Vermögens, im Sinne einer Entschädigung für den dadurch erlittenen wirtschaftlichen Schaden, zu entrichten. Die Höhe der Nachsteuer betrug bei Auszug aus dem ebrachischen Vogteibereich 10 fl von 100, wenn der Untertan unter das Hochstift Bamberg, die Markgrafschaft Ansbach, die Reichsstadt Schweinfurt oder unter die Reichsdörfer Gochsheim und Sennfeld zog[372]. Es gab jedoch verschiedentlich Sonderregelungen mit benachbarten Herrschaften, auf Grund derer im gegenseitigen Interesse diese Abgabe verringert oder überhaupt erlassen wurde. Ein 1658 mit der Reichsstadt Nürnberg geschlossener Rezeß gewährte bei Wechsel außerhalb geschlossener Städte und Märkte gegenseitigen nachsteuerfreien Abzug; bei Auszug aus Städten und Märkten waren nur jene Vermögenswerte, auf denen der große Handlohn lag, nachsteuerfrei; von Gütern, die mit «kleinem Handlohn»[373] empfangen wurden, erhob man 10 % des Wertes[374]. Auch mit dem Hochstift Würzburg, der Niederlassung des Deutschen Ordens in Nürnberg und dem Spitalamt in Schwabach hatte sich das Kloster auf nachsteuerfreien Abzug geeinigt. Zogen ebrachische Gerichtsuntertanen unter die Herrschaft des Dompropsteiamtes Fürth, so wurde laut Rescript von 1723 von Ebrach nur jeder 15. Gulden des Vermögens einbehalten[375]. Mit dem Fürstentum Schwarzenberg, der Grafschaft Castell, der Grafschaft Limpurg-Speckfeld und der Huttenisch-Ansbachischen Herrschaft war

---

[369] Bericht der ins Amt Katzwang gehörenden Ebracher Zehnten (StA Nürnberg, ohne nr.); auch StA Würzburg, Stdbch. nr. 497 f 81'; nr. 499 f 113. – Zum Teil hing die Höhe des Betrages davon ab, ob der Pflichtige das Tier aufziehen oder als Jungtier verkaufen wollte. In Gremsdorf (b. Nürnberg) zahlte der Pflichtige für ein Zehentlamm 28 Pf, wenn es zur Aufzucht bestimmt war; bei Verkauf als Jungtier hatte er den 10. Pf der Verkaufssumme zu erlegen (StA Nürnberg, Rep. RA Schwabach nr. 346, zu Gremsdorf).

[370] StA Nürnberg, Rep. RA Iphofen nr. 830, ao. 1798/1799.

[371] In anderen Gebieten Deutschlands auch als Abzugsgeld, Abzug, Nachschoß, Abschoß (vgl. F. LÜTGE, Die mitteldeutsche Grundherrschaft, a.a.O., S. 190 f.), in Bayern u. a. als «Census emigrationis» bekannt (vgl. derselbe, Die Bayerische Grundherrschaft, a.a.O., S. 154).

[372] Vgl. StA Würzburg, Stdbch. nr. 499 f 110 und 276/276'; ferner StA Bamberg, Rep. D 7 nr. 6, 16.–18. Jh., f 414 f.

[373] «... ungefehrlich mit einem Viertel Weins oder soviel gelts dafür empfangen werden ...».

[374] StA Nürnberg, Rep. 1b Päpstl. und Fürstl. Privilegien, nr. 717, 15./25. Mai 1658.

[375] StA Nürnberg, Rep. RA Schwabach nr. 2816 f 24'.

die Nachsteuer auf 5 % des Vermögens festgesetzt worden[376]. Nachsteuerfreiheit gewährte ein 1719 mit der Nürnberger Familie von Rieter geschlossener Vertrag[377]. Soweit nicht, wie in den vorgenannten Verträgen mit adeligen Familien Sonderregelungen getroffen waren, wurde im allgemeinen bei Abzug in adeliges Gerichtsgebiet sowie in allen anderen Fällen, für die keine Sonderbestimmungen vorlagen, 10 % des abziehenden Vermögens als Nachsteuer berechnet[378]. – Bei Abzug in markgräflich-ansbachisches Gebiet wurde von Ebrach neben der Nachsteuer in Höhe von 10 % noch ein «Zählgeld» erhoben, vermutlich eine Art von Berechnungsgebühr, die zusätzlich etwa 1,5 % des abziehenden Vermögens der Gerichtsherrschaft sicherte.

B. *Die Dienste*

Dem Abschnitt «Dienste» im Rahmen der vorliegenden Arbeit einen relativ breiten Raum vorzubehalten, schien aus mehreren Gründen gerechtfertigt. Es sprach in Zusammenhang mit der Erwägung, daß eine Antwort auf die Frage nach der Höhe der bäuerlichen Lasten ohne eine ins einzelne gehende Untersuchung der Dienstpflicht unzulänglich bleiben muß, vor allem folgende Feststellung dafür: Im lokalhistorischen Schrifttum Frankens findet die oben erwähnte Frage, soweit sie aus Art und Umfang der bäuerlichen *Abgaben* zu beantworten ist, eine Berücksichtigung, wie sie der Bedeutung dieser Form der Belastung durchaus zukommt; soweit die Frage durch Überprüfung und Darstellung von Art und Umfang der *Dienste* zu beantworten wäre, verwundert einerseits die Kürze, andererseits die Methode, aus der heraus die Antwort resultiert. Die Gefahr der Entstellung durch Vereinfachung ist in Verbindung mit dem Fragenkomplex um die Frondienste, zu welchen fast jede Aussage nur örtlich oder personell gebundene Gültigkeit hat, besonders groß; hier mag betont der Grundsatz Geltung haben, daß sich erst aus der Summe vieler Einzelheiten ein Bild rekonstruieren läßt, von dem wahrscheinlich ist, daß es den Tatsachen annähernd entspricht.

Bei allen Diensten, von denen im folgenden die Rede ist, handelt es sich um Verpflichtungen, die dem Kloster in seiner Eigenschaft als Grund- und als Gerichtsherr zustanden[379]. Welche von diesen Dienstleistungen grundherrlichen, welche davon gerichtsherrlichen Ursprungs sind, ist ab und zu nur noch aus dem Charakter der Dienstart erkennbar[380]. Da die Abtei schon seit etwa 1280 über die Mehrzahl ihrer Grundholden auch die niedere Gerichtsbarkeit besaß (vgl. Kap. «Grundherrschaft und Gerichtsherr-

---

[376] StA Nürnberg, Rep. RA Iphofen, nr. 830, Mainstockheimer Hauptrechnung, 1798/1799.
[377] StA Nürnberg, Rep. RA Schwabach nr. 2816 f 24'.
[378] StA Würzburg, Stdbch. nr. 499 f 110.
[379] Die *kommunalen* Fronden sind dem Kap. «Grundherrschaft und Gemeinde» zugeordnet (S. 109 f.) – Die ehemals dem Markgrafen von Brandenburg-Ansbach in seiner Funktion als *Landesherr* zustehenden regelmäßigen Dienste Ebracher Klosterbauern (Weinfuhren) sind bereits seit dem 16. Jh. in ein Geldreichnis abgelöst, das von der Abtei aus den Vogteigeldeinnahmen für die Pflichtigen bezahlt wurde (vgl. S. 97 Anm. 508).
[380] Wo die Dienstart als eine Verpflichtung gerichtsherrlicher Natur erkennbar ist, zeigt sich im übrigen die gleiche Erscheinung, wie sie schon in Zusammenhang mit den grund- bzw. gerichtsherrlichen Abgaben (vgl. S. 53 ff.) beobachtet wurde: die Verpflichtungen dem Gerichtsherrn gegenüber sind in allen Fällen geringer als die dem Grundherrn zu leistenden Verbindlichkeiten. (Gegenteilige Beobachtungen werden für Südwestdeutschland mitgeteilt; vgl. Th. Knapp, Die Grundherrschaft im südwestlichen Deutschland, a. a. O., S. 70.)

schaft», S. 83 ff.), hatte sich zum Zeitpunkt, als eine schriftliche Fixierung der dem Kloster zu leistenden Dienste erfolgte, das Wissen um das rechtliche Herkommen bereits stark verwischt; nur noch der Anspruch an sich – ohne Hinweis darauf, ob ihn das Kloster als Grundherr oder als Gerichtsherr erhob – wurde festgehalten. In den wenigen Fällen, in denen das Kloster je gezwungen war, sein Recht auf einen geforderten Dienst unter Beweis zu stellen, berief es sich auf das für den Pflichtigen zuständige Fronregister, in dem wohl Form und Umfang des Anspruches mehr oder weniger genau verzeichnet war, in dem aber niemals nach der rechtlichen Grundlage, auf der die Forderung basierte, unterschieden wurde. Da Grund- und Gerichtsherrschaft in Personalunion bestand, war eine solche Unterscheidung weder für den Dienstempfänger noch für den -pflichtigen von besonderem Interesse. So tritt auch in dem ohnehin nicht umfangreichen Aktenmaterial, das sich auf Fronstreitigkeiten bezieht, die Frage nach einer solchen rechtlichen Differenzierung nie in Erscheinung. Von praktischem Wert für beide Partner war der Nachweis, daß der eine die fragliche Verpflichtung fordern durfte, der andere zu ihrer Ableistung verpflichtet war. Zumeist genügte dafür die durch Zeugenaussagen alter Dorfbewohner erhärtete Erklärung des Klosteramtmannes, daß es «so von alters herkommen» sei bzw., wenn nötig, das Vorlegen des allgemeinen Pflichtverzeichnisses.

Die das Untersuchungsgebiet betreffenden mittelalterlichen Quellen gewähren keinen näheren Einblick in die Dienstpflichtsverhältnisse; ganz allgemein gehaltene Vermerke in den Urbaren und Lehenverträgen weisen lediglich die Fronpflicht als solche nach, ohne in spezifizierter Form Angaben über Art und Umfang der Verpflichtung zu machen. Pflichtverzeichnisse, wie sie uns von der zweiten Hälfte des 16. Jahrhunderts an in größerer Anzahl erhalten sind, fehlen völlig[381]. Erst ab der Mitte des 15. Jahrhunderts wird in einigen Lehenverträgen neben der Höhe der Abgaben auch der Fronpflicht des Übernehmers in ausführlicher Weise Erwähnung getan. Hierbei handelt es sich, wie gesagt, um Einzelfälle; im allgemeinen finden sich bis zur Mitte des 16. Jahrhunderts, ob im Urbar oder im Vertrag, nur zur Abgabe-, nicht aber zur Dienstpflicht – derer sich das Kloster jeweils nur in Form eines entsprechenden Vermerkes versicherte – detaillierte Aussagen. Trotzdem darf angenommen werden, daß Art und Ausmaß der Dienstleistungen im Zeitraum, für den das Quellenmaterial keine genaue Kenntnis vermittelt, nicht wesentlich von dem Bild, wie es sich für die späteren Jahrhunderte ergibt, abgewichen sein dürfte. Diese Annahme wird zumindest dadurch nahegelegt, daß in den ersten Fronspezifikationen bei Nennung der meisten Dienste ausdrücklich auf das alte Herkommen der beschriebenen Verpflichtung Bezug genommen wird. Auf Grund der oben dargelegten Quellenlage mußte dieser Abschnitt der Untersuchung zwar vornehmlich aus Pflichtregistern erarbeitet werden, deren Niederschrift erst innerhalb der zwischen 1560 und 1680 liegenden Zeitspanne erfolgte; da jedoch die frühesten dieser Verzeichnisse neben den allgemeinen Hinweisen auf das «alte Herkommen» auch auf ein – leider nicht mehr auffindbares – Bursariatbuch von 1487 rückverweisen, dem sie allem Anscheine nach abschriftlich entnommen sind, darf wohl ihr Aussagewert demjenigen einer Quelle des 15. Jahrhunderts gleichgesetzt werden[382].

[381] Auch für die Ebracher Filiale Langheim fehlen Fronspezifikationen für die frühe Zeit; genaue Aufzeichnungen setzen auch hier erst mit dem 16. Jh. ein. Vgl. F. GELDNER, Besitz und wirtschaftliche Entwicklung, a. a. O., S. 59.

[382] Hinzugezogen wurden Verträge, Amtsrechnungen, vor allem aber urbariale Quellen, da sich verschiedene Fragen nur durch die kombinierte Verwertung der genannten Quellengruppen beantworten ließen.

Die Frondienste im Grundherrschaftsbereich Ebrach wurden – anders als z. B. im Nachbarraum des markgräflichen Klosterverwalteramtes Heilsbronn[383] – bis zur Auflösung der Abtei (1803) überwiegend als *Realleistung* beibehalten[384]. Von den vereinzelten Fällen, in denen an die Stelle eines Realdienstes ein fixes jährliches Geldreichnis trat, wird später noch zu sprechen sein. Häufiger war dagegen der Modus üblich, den Dienst nach Wunsch des Pflichtigen entweder in Form der realen Leistung *oder* in Form einer Geldgabe entgegenzunehmen. Die bis zur Säkularisation regelmäßig in Erscheinung tretenden Ausgabeposten für Fronvergütungen in den jährlichen Amtsabrechnungen sowie entsprechende Vermerke in den Amtsakten weisen nach, daß die Mehrzahl der Dienste bis zu diesem Zeitpunkt auch wirklich eingefordert bzw. vom Pflichtigen abgeleistet wurde.

Auf die Tatsache, daß die Frondienste im Ebracher Raum kaum je zu Unstimmigkeiten zwischen Herrschaft und Untertanen Anlaß gaben, ist bereits eingangs hingewiesen worden. Dies mag sich sowohl daraus erklären lassen, daß der Umfang der Dienstpflicht – wie später im einzelnen aufzuzeigen sein wird – in keinem Fall bedrückende Ausmaße einnahm, als auch dadurch, daß sich der überwiegende Teil der Dienste mit einer *Vergütung* (vgl. Tabelle S. 73 ff.) verband. Vielleicht ist der Grund dafür nicht zuletzt auch darin zu suchen, daß die Dienste vom Pflichtigen doch als *das* empfunden wurden, was sie ihrem Charakter nach tatsächlich waren: als ein Teil seiner Gegenleistung für die Überlassung eines Lehens durch den Grundherrn, soweit es sich dabei um grundherrliche Fronden handelte, – als Gegenleistung für den Genuß des Rechtsschutzes, der ihm durch den Gerichtsherrn zukam, soweit es Fronden gerichtsherrlicher Natur betraf. «Die Fronden sind also keinerlei Zeichen oder Beweis für eine persönliche mindere Rechtsstellung oder gar Unfreiheit. Sie sind in der Hauptsache Reallasten, die in mannigfachster Form auf den Bauern oder vielmehr ihren Höfen, Äckern und Häusern ruhen»[385].

Die zwischen Grundherrn und Lehenübernehmern geschlossenen Verträge stellen außer Zweifel, daß Dienst- (und Abgabe-) pflicht als Komponenten eines auf Leistung und Gegenleistung beruhenden Wechselverhältnisses zu werten sind.

Als Beispiele für derartige Übereinkommen seien hier drei solcher Verträge herausgegriffen:
a) 1458 überließ das Kloster aus seinem Eigengut lehenweise einen Güterkomplex, bestehend aus einer Hofstatt zu Katzwang (das Fischhaus genannt), einem Stadel, einigen Äckern und Wiesen, ferner dem Fischrecht im Rednitzfluß zwischen Penzendorf und Reichelsdorf, 5 kleinen Seen (Altwasser der Rednitz) und einer Fischgrube um 40 «gute» Gulden, verbunden mit der Forderung einer jährlichen Erbzinszahlung von 10 fl Rh., Handlohn nach dem im Mönchsgau üblichen Modus, dazu 6 Tage *Dienst* mit Fischen, jeden à 30 Pfennige; weiters mußte sich der Übernehmer verpflichten, «die Fisch, so er nach Nürnberg führet zu verkaufen», (zuerst) dem klösterlichen Schaffer anzubieten, und für die Bewässerung einiger nahe gelegener Wiesen Sorge zu tragen[386].
b) 1469 übernahm die Gemeinde zu Mönchstockheim einige Klosterwiesen zu Lehen gegen die Verpflichtung, jährlich 8 Klafter Holz vom Ebracher Klosterwald zum Amtshof nach Sulzheim zu führen, «wan sie wollen, doch daß es vor dem Winter geschehe»[387].
c) 1572 verpflichtete sich der Übernehmer eines Erbzinslehens – umfassend eine Hofstatt mit Scheuer und Garten, 33 M Feld, 9½ M Wiese, 2 M Wald zu Ampferbach – dem Kloster

---

[383] Vgl. I. Bog, Die bäuerliche Wirtschaft, a.a.O., S. 35.

[384] Die ursprünglich auf den Grangien abgeleisteten Dienste wurden nach deren Auflösung in der Hauptsache als Hilfe bei der Bewirtschaftung jener klösterlichen Liegenschaften benötigt, mit denen die inzwischen errichteten Amtshöfe ausgestattet waren.

[385] F. Lütge, Die mitteldeutsche Grundherrschaft, a.a.O., S. 114.

[386] Vgl. StA Nürnberg, Rep. RA Schwabach, nr. 2816 f 60.

[387] Vgl. Abb. Ebr. 138.

gegenüber neben Abgaben zu folgenden Diensten: 2 Korngültfuhren zum Amtshof Burgwind-heim, 4 Tage Handfron in der Heuernte, Botengänge (so oft man ihrer bedürfe), Gespann-dienste (ungemessen; bei Bauten im Amtshof). – Bei Ableistung aller genannten Dienste wurde dem Übernehmer Verköstigung zugesichert, im Fall der Korngült- und Baudienstfuhren auch die Fütterung für die Zugtiere[388].

Wie sich aus den Quellen gleichfalls eindeutig ergibt, war die Dienstpflicht im Ebra-cher Gebiet an die verliehene Besitzeinheit, *nicht* an die *Person* gebunden[389].

Hierzu seien wiederum einige Belege angeführt:

Im Ort Füttersee war jeder Leheninhaber zu 2 Frontagen im Heuen (oder 4 Tagen im Grummet) verpflichtet. Wie das Urbar von 1620[390] aussagt, summierte sich beim Lehenträger Lorenz Schmaltz, da er 2 Güter zu Lehen innehatte, die Fronpflicht auf 4 Tage (im Heuen) bzw. 8 Tage (im Grummet); desgleichen bei Claus Scheffer, der sowohl eine Hube als ein Gut zu Lehen besaß[391]. In Ziegelsambach fronte Paulus Glatz «2 Tag von seinem Linckenhof und 2 Tag von seiner Sölde»[392]. – Wurde eine Gutseinheit geteilt, so fiel auch die darauf ruhende Fronpflicht geteilt den Übernehmern zu: In Obersteinach hatte jeder Hubeninhaber 2 Tage für das Kloster zu ackern oder für diese beiden Arbeitstage 1 ₰ zu reichen. Wie sich ebenfalls aus dem Urbar von 1620[393] ergibt, war nach Halbierung einer Hube der Inhaber des halben Teiles auch nur noch zur Hälfte des vormals auf der ganzen Hube lastenden Dienstes verpflichtet, im genannten Fall also zu 1 Tag Ackerdienst oder Reichung von nur 15 Pfennigen.

Bei den Arbeiten, die im Rahmen der Fronpflicht auszuführen waren, handelte es sich, von wenigen Ausnahmen abgesehen, um die allgemein üblichen Verrichtungen, die sich bei der Bewirtschaftung eines größeren bäuerlichen Betriebes ergeben:

Fuhr- und Handdienste während der Acker-, Heu-, Schnitt- und Grummetzeit;
Arbeiten im herrschaftlichen Wald; Holztransporte; Jagddienste (im Rahmen des niederen Waidwerks);
Dungaufladen und -führen;
Reinigung der zum herrschaftlichen Hof gehörigen Gewässer (Bäche, Fischteiche, Gräben);
Botengänge;
Fuhr- und Handdienste bei Bauarbeiten an herrschaftlichen Gebäuden; Instand-haltung der Wege und Straßen.

Zu diesen Diensten traten im Weinbaugebiet um Würzburg noch Weinbergarbeiten, in einigen Klosterämtern der Dienst des Fischens und Krebsens[394] sowie verschiedent-lich Wachdienste in den zuständigen Amtshöfen[395].

---

[388] Vgl. StA Bamberg, Rep. 223/2 nr. 7681 f 51/51'. – Wie diese Übereinkommen – ein-deutig zwischen *Grund*herrn und -untertanen geschlossen – beinhaltet die überwiegende Anzahl derartiger Verträge sowohl gemessene als auch ungemessene Verpflichtungen. Das widerspricht, zumindest in Hinblick auf das Untersuchungsgebiet, der von FRHRN. V. CRAILSHEIM in bezug auf eine bayer. Herrschaft ausgesprochenen Vermutung, gemessene Dienste könnten aus der Grundherrschaft, ungemessene aus der Gerichtsherrschaft hervorgegangen sein. (Siehe hierzu Näheres bei F. LÜTGE, Die Bayerische Grundherrschaft, a. a. O., S. 116).

[389] So auch im bayerischen Raum (F. LÜTGE, ebenda); im allgemeinen auch für Mittel-deutschland zutreffend, wo die Dienstverpflichtungen allerdings verschiedentlich auch auf «den Gemeinden als solchen» ruhten. (Derselbe, Die mitteldeutsche Grundherrschaft, a.a.O., S. 124 ff.).

[390] StA Bamberg, Rep. 223/2 nr. 7735, ao. 1620 mit Nachträgen bis Ende des 18. Jhs., zu Ort Füttersee.

[391] Ebenda.

[392] StA Bamberg, Rep. 223/2 nr. 7775, zu Ziegelsambach.

[393] StA Bamberg, Rep. 223/2 nr. 7735, zu Obersteinach.

[394] StA Bamberg, Rep. 223/2 nr. 7765, zu Herrnsdorf, und Rep. D 8 nr. 170, zu Herlheim.

[395] Ebenda.

Aus den Bezeichnungen, mit denen das Fronverzeichnis die Pflichtigen benennt (wie: «die Untertanen», «jeder BauersErb», «alle so bauerei haben»; manchmal auch nur kurz «alle», «sie» usw.), ist nicht immer klar erkennbar, in welchem Verhältnis sich die im Register genannten Dienste auf die dörflichen Bewohner verteilten, – wer von ihnen nun tatsächlich von diesem oder jenem Dienst betroffen wurde. Das zu entscheiden ist, wenn eine Erklärung durch das Register fehlt, nur dann möglich, wenn zeitlich dem Fronverzeichnis entsprechende Urbare und Zinsbücher für jede Besitzeinheit die darauf lastende Dienstpflicht eigens aufführen. Für das im Kerngebiet liegende Klosteramt Ebrach ließ sich eine solche Kontrolle durchführen. Dabei ergab sich, daß unter den im Fronverzeichnis als «Untertanen» bezeichneten Pflichtigen die Lehenträger schlechthin zu verstehen sind, gleichgültig, ob es sich dabei um Inhaber von Höfen, Halbhöfen, Sölden oder Häusern mit einigen gebundenen Zugehörungen handelte. Dienstpflichtige, die das Verzeichnis «BauersErb» nennt, sind nach Ausweis durch das Urbar Inhaber von ganzen Höfen. Nur in zwei Fällen (in den Orten Koppenwind und Mittelsteinach) werden auch Hausgenossen, also bloße Einlieger, als fronpflichtig erwähnt; ihre Fronpflicht erlosch, sobald sie nicht mehr im Dorfe ansässig waren. Ihre Dienstpflicht ist demnach gleich derjenigen von Inhabern selbständiger Anwesen als eine Reallast und nicht eine an die Person gebundene Verpflichtung zu werten.

Nicht ohne gewisse Schwierigkeiten ist aus nachstehenden Gründen die Frage zu beantworten, *wieviele* Tage im Jahr der Dienstpflichtige von der Herrschaft durchschnittlich beansprucht werden konnte:

1. Die Anzahl der Dienstobliegenheiten war in jedem Klosterort verschieden groß;
2. nicht jeder Fronpflichtige wurde von allen, für den jeweiligen Ort genannten Verpflichtungen betroffen;
3. der Umfang der (zeitlich oder real) bemessenen Dienste war von Ort zu Ort wechselnd;
4. neben zeitlich bemessenen Diensten standen in jedem Ort real bemessene und ungemessene, deren zeitlicher Umfang nur geschätzt werden kann[396].

Name d. Ortes	Umkreis d. Pflichtigen	Dienstart u. -umfang	Entschädigung
Breitbach	Alle Leheninhaber	je 4 Tage Handfron in der Heu- oder Schnittzeit	—
	Alle Leheninhaber	Mühlbach reinigen	ja
	Alle Leheninhaber	Instandhaltung des Weges von Breitbach z. Kloster (ca. 5 km)	ja
	13 Höfe (Durchschnittsgröße ca. 35 M Acker, 10 M Wiese)	Heu und Grummet d. Klosterschafwiese wenden und einführen	ja
	„	Kalksteinfuhren	ja
	1 Wirtshaus	lediglich 1 Fronfuhre Heu	—

[396] Im Interesse der Veranschaulichung wurde deshalb nach kombinierter Verwertung verschiedener Quellengruppen eine Aufgliederung in Form der beigefügten Tabelle versucht.

Name d. Ortes	Umkreis d. Pflichtigen	Dienstart u. -umfang	Entschädigung
Buch	Alle Leheninhaber	je 6 Tage Handfron (Heu- oder Schnittzeit)	—
	Alle Leheninhaber	Mühlbach reinigen	ja
	5 Höfe (je ca. 20 M Acker, 8 M Wiese, 1 M Wald)	je 1 Tag ackern	ja
Ebersbrunn	Alle Leheninhaber	je 2 Tage ackern	—
	(insgesamt 4 Höfe; je ca. 17 M Acker, 7 M Wiese, 4 M Wald)	je 4 Tage i. d. Heu- oder Grummeternte (Gespann- oder Handdienst)	—
	"	Heu u. Grummet d. Klosterwiese wenden und einführen	—
	"	Brennholzfuhren in den Amtshof Mainstockheim	ja
Füttersee	Alle Leheninhaber	je 2 Tage i. d. Heu- oder Grummeternte (Gespann- oder Handdienst)	—
	6 Höfe (je ca. 24 M Acker, 11 M Wiese, 2 M Wald)	Brennholzfuhren in den Amtshof Mainstockheim	ja
Groß-birkach	Alle Leheninhaber	je 6 Tage i. d. Heu- oder Grummeternte (Gespann- oder Handdienst)	ja
	7 Höfe (je ca. 22 M Acker, 10 M Wiese, 1 M Wald)	je 2 Heufuhren von Winkel nach Hof	ja
	"	Brennholzfuhren in den Amtshof Mainstockheim	ja
Groß-gressingen	Alle Leheninhaber	je 7 Tage i. d. Heu- oder Schnittzeit (Hand- oder Gespanndienst)	—
	Alle Leheninhaber	Mühlbach reinigen	ja
	12 Höfe (je ca. 10 M Acker, 3 M Wiese)	je 2 Tage ackern	—
	"	Holzfuhren (4 Klafter pro Hof)	ja
Klein-birkach	Alle Leheninhaber	je 4 Tage i. d. Heu- oder Grummeternte (Handdienst)	ja
	wer Anspann hat	Brennholzfuhren in den Amtshof Mainstockheim	ja

Name d. Ortes	Umkreis d. Pflichtigen	Dienstart u. -umfang	Entschädigung
Klein-gressingen	Alle Leheninhaber	je 6 Tage i. d. Heu- oder Schnittzeit (Hand- oder Gespanndienst)	—
	Alle Leheninhaber	Mühlbach reinigen	—
	5 Höfe (je ca. 12 M Acker, 4 M Wiese)	je 2 Tage ackern	—
Koppen-wind	Alle Leheninhaber und Hausgenossen	je 6 Tage i. d. Ernte (Hand- oder Gespanndienst)	ja
	Alle Leheninhaber	Botengänge	ja
	Alle Leheninhaber	Dungaufladen	ja
	Alle Leheninhaber	Brennholzschlagen	ja
	Alle Leheninhaber	Heu- und Grummetarbeit	ja
	Alle Leheninhaber	Mühlbach reinigen	—
	Hausgenossen	zusätzlich 3 Tage Handfron i. d. Ernte	ja
Mittel-steinach	9 Höfe (je ca. 16 M Acker, 6 M Wiese, 11 M Holz)	je 2 Tage ackern	—
	„	Holzfuhren (4 Klafter pro Hof)	ja
	5 Sölden	Holzfuhren (2 Klafter pro Sölde)	ja
	Hausgenossen	je 4 Tage Handfron i. d. Heu- oder Grummetzeit	—
Neudorf	Alle Leheninhaber	je 4 Tage i. d. Heu- oder Schnittzeit (Hand- oder Gespanndienst) Mühlbach reinigen	— —
Ober-steinach	Alle Leheninhaber	je 4 Tage i. d. Heu- oder Grummetzeit (Hand- oder Gespanndienst)	—
	3 Höfe (je ca. 26 M Acker, 6 M Wiese, 14 M Holz)	je 2 Tage ackern	—
	„	Holzfuhren (4 Klafter pro Hof)	—
	3 Halbhöfe	je 1 Tag ackern	—
	„	Holzfuhren (2 Klafter pro Halbhof)	—
Schmerb	Alle Leheninhaber	je 4 Tage i. d. Heu- oder Grummetzeit	ja
	Alle Leheninhaber	Mühl- und Schorbach reinigen	ja

Name d. Ortes	Umkreis d. Pflichtigen	Dienstart u. -umfang	Entschädigung
Siegendorf	Alle Leheninhaber	je 2 Tage Handfron i. d. Heu- oder Schnittzeit	—
	Alle Leheninhaber	Mühlbach reinigen	—
	Alle Leheninhaber	Instandhaltung des Weges von Breitbach z. Kloster (ca. 5 km)	—
	26 Güter (je ca. 15 M Acker, 4 M Wiese)	Kalksteinfuhren	ja
Untersteinach	Alle Leheninhaber	je 4 Tage Handfron	—
	Alle Leheninhaber	Klosterwiese i. d. Heu- und Grummetzeit heuen, wenden und nach Klosterhof Weiler einführen	ja
	Alle Leheninhaber	Jagddienste	—
	7 Höfe (je ca. 19 M Acker, 7 M Wiese, 8 M Holz)	Holzfuhren (4 Klafter pro Hof)	ja
	9 Sölden	Holzfuhren (2 Klafter pro Sölde)	ja
Wustviel	Alle Leheninhaber	je 4 Tage im Heuen oder 8 Tage im Grummet	—
	Alle Leheninhaber	Hand- und Gespanndienste unbekannter Art, ungemessen	—
	Alle Leheninhaber	Mühlbach reinigen	—

Die Beantwortung der Frage nach der eigentlichen Frondauer verlangt notwendigerweise zuerst eine Antwort auf die Frage nach der Art der *Bemessung. Zeitlich* bemessen sind im Untersuchungsgebiet lediglich Acker- und Erntedienste. Was das Ausmaß der zeitlich bemessenen Dienste während der Heu-, Schnitt- oder Grummetzeit anbetrifft, so bewegt sich dieses in einer Spanne von 2 Tagen Minimum und 7 Tagen Maximum. Für die Mehrzahl der Ebracher Orte beträgt die zeitlich fixierte Dienstzeit 4 Tage. Nach Tagen bemessen sind, wie gesagt, neben diesen Erntearbeiten nur noch in einigen Orten zweitägige und eintägige Ackerdienste, erstere ausschließlich für ganze —, letztere für Halbhöfe verbindlich. — In den Rahmen der bemessenen Dienste gehören neben den zeitlich aber auch die *real* fixierten Verpflichtungen. Hier ist die Arbeit durch Angaben über den Umfang der verlangten Leistung fest umrissen, damit auf indirektem Wege gleichfalls zeitlich fixiert: eine ganz bestimmte Wiese ist abzuheuen, ein bestimmtes Feld zu ackern, eine bestimmte Anzahl von Fuhren ist zu leisten usw. Für den gesamten Mönchsgau gilt die Feststellung, daß der überwiegende Teil aller Dienste in die Gruppe der real bemessenen zu zählen ist. Es sind ihr nämlich auch Dienste zuzurechnen, die, ohne Kenntnis der näheren Bestimmungen,

eine ungemessene Verpflichtung zu sein scheinen. Dies trifft z. T. für die Reinigungs-
arbeiten an den zum Kloster gehörigen Gewässern sowie die Arbeiten zur Instandhaltung der Wege und Straßen zu. Wo nicht schon das Pflichtverzeichnis die reale Bemessung dazu angibt, finden sich in jedem Fall quantitative Angaben (welche Weg-
strecke auszubessern, welches Stück des Baches zu reinigen ist, Anzahl der Holz- oder
Heufuhren u. ä.) im Urbar.

Vor allem war es aber von jeher die «*ungemessene*» Fron, aus der man verschiedentlich glaubte, auf eine rechtlose Lage der bäuerlichen Bevölkerung schließen zu
können. Allein die Bezeichnung «ungemessen» legt natürlich den Schluß auf ein Aus-
geliefertsein des Pflichtigen an die Willkür der Herrschaft nahe; mehr noch, wenn ungemessene Fronen von schriftlichen Zusätzen wie «so lang man will», «nach Belieben
des Beamten», «so oft man irer begeret» u. ä. unterstrichen werden. Einer solchen
Schlußfolgerung widerspricht allein schon die Tatsache, daß auch die ungemessene Verpflichtung wie die gemessene auf einer ausdrücklichen Abmachung zwischen Herrschaft
und Pflichtigen beruhen mußte, und im Rahmen des «Ungemessenen» nur Leistungen
von einer Art verlangt werden konnten, wie sie vertraglich oder durch altes Herkommen festlagen[397]. «Daß dadurch aller quantitativen ‹Ungemessenheit› zum Trotz eine
sehr genaue q u a l i t a t i v e Bemessung gegeben ist, liegt auf der Hand . . . Der
Charakter der Ungemessenheit ist also nicht in q u a l i t a t i v e r , sondern lediglich in
q u a n t i t a t i v e r Beziehung zu suchen»[398]. Und daß auch die «Ungemessenheit» der
Quantität nicht einer schrankenlosen Willkür der Herrschaft gleichzusetzen ist, wird
im folgenden anhand der im Ebracher Gebiet vorkommenden ungemessenen Dienste
nachzuweisen sein.

Als «ungemessen» treten im Klostergebiet nachstehende Dienste in Erscheinung,
deren Aufzählung in der Reihenfolge der Häufigkeit ihres Vorkommens erfolgt:

Baudienste (Hand- und Gespanndienste),
Botendienste,
Dienste in der Heu- und Grummeternte (Hand- und Gespanndienste),
Brennholz-, Stein-, Strohfuhren,
Fischen und Krebsen,
Jagddienste,
Dungaufladen und -führen.

Von einer Ausnahme abgesehen[399], ist dabei in allen Fällen die Dienst*art* im Pflichtverzeichnis angegeben, qualitativ also keinesfalls «ungemessen». Ja, teilweise wird
der Rahmen, innerhalb dessen sich die zeitlich ungemessene Leistung zu vollziehen hat,
so genau fixiert, daß es zweifelhaft bleibt, ob man hierbei noch von einer ungemessenen oder bereits von einer real bemessenen zu sprechen hat; so z. B., wenn durch die
Hofinhaber von 4 Orten[400] (insgesamt etwa 20 Pflichtige) das für den Amtshof in
Mainstockheim «notwendige» Brennholz heranzufahren ist, oder 11 Mönchstockheimer Bauern zur Klosterschäferei in der Nähe des Ortes «Heu und Stroh, soviel man
braucht allezeit»[401] transportieren müssen, und bei anderen solchen, sich selbst aus den
Zusätzen «soviel man braucht», «soviel notwendig» heraus begrenzenden Leistungen.

---

[397] Siehe hierzu den weiter unten (S. 82 f.) beschriebenen Vorfall, der deutlich macht, wie
energisch und erfolgreich sich die Bauern jeder, dem Herkommen widersprechenden Zumutung
im Rahmen des «Ungemessenen» entgegensetzten.
[398] F. LÜTGE, Die mitteldeutsche Grundherrschaft, a.a.O., S. 120.
[399] Hand- und Gespanndienste im Orte Wustviel; vgl. Tabelle S. 76.
[400] Vgl. die Orte Ebersbrunn, Füttersee, Groß- und Kleinbirkach, Tabelle S. 74.
[401] StA Bamberg, Rep. D 8 nr. 281.

77

In gewissem Sinne gilt das auch für das Fischen und Krebsen «so oft als ein Beamter begeret»[402], – eine Dienstleistung, die jahreszeitlich gebunden, und – wo es sich um das Abfischen von Teichen handelt – auch umfangmäßig begrenzt ist. Eine quantitative Beschränkung verbindet sich auch mit der Verpflichtung der Breitbacher und Siegendörfer Bauern[403] (insgesamt etwa 20 Pflichtige), alle in der Klosterbrennerei Ebrach gebrannten Kalksteine nach Breitbach zu führen, wobei das Dienstausmaß von der Leistungsfähigkeit der Brennerei bestimmt wäre.

Zwei Dienste, die unter die ungemessenen fallen, sind für fast alle Fronpflichtigen verbindlich: Boten- und Baudienste. Was das Botengehen anbetrifft, so ist die Wahrscheinlichkeit, daß hier die «Ungemessenheit» von der Herrschaft über das Maß des Notwendigen hinaus ausgenutzt wurde, doch recht gering. Größere Gefahr für den Pflichtigen barg der ungemessene Dienstmodus der Baufron in sich. Diesem Gefahrenmoment wurde insofern begegnet, als vertraglich genau festlag, zu welchen Bauten bzw. Ausbesserungsarbeiten die Baufroner herangezogen werden durften. Für die Baufronpflichtigen im klösterlichen Kerngebiet waren es Bauarbeiten an den Klostergebäuden in Ebrach; für die Pflichtigen der übrigen Ämter bezog sich der Dienst auf Bauarbeiten im zuständigen Amtshof oder – je nach Vereinbarung – auf Bauarbeiten an einem klösterlichen Wirtschaftsbetrieb, einer Schäferei u. a. Betont sei, daß Bauarbeiten an der großen Abteikirche nicht mit Baudienstpflichtigen durchgeführt wurden[404]. – Fast in jedem Ort kamen sowohl gemessene als auch ungemessene Dienste vor. Wo ein Dorf ausschließlich ungemessen fronte, leistete es allein Boten-, Bau- und in vereinzelten Fällen Jagddienste[405], – Arbeiten also, die nur gelegentlich zur Ableistung anfielen. Das Kloster scheint sich wenigstens diese Dienste vorbehalten zu haben, wenn es für die Pflichtigen – aus Gründen der Entfernung zu einem Klosterhof z. B. – keine Verwendung im Rahmen der ausgesprochen bäuerlichen Arbeiten hatte.

Es sei nun noch einmal auf die eingangs gestellte, für den Pflichtigen sicher die entscheidendste, Frage zurückgekommen, wieviele Frontage im Jahr etwa auf den einzelnen entfielen. Da die Ebracher Orte hinsichtlich der Dienste-Anzahl pro Dorf und der Art der Verbindlichkeiten untereinander keine ins Gewicht fallenden Varianten aufweisen, darf das Ergebnis aus der Überprüfung einiger Dörfer als ein Durchschnittsresultat für das gesamte Untersuchungsgebiet gelten.

Die Orte a) Ebersbrunn, b) Großgressingen und c) Siegendorf wurden mit Hinblick auf die Frage nach Anzahl der Frontage pro Jahr einer näheren Kontrolle unterzogen[406]:

Zu Ebersbrunn: Der klösterliche Besitz umfaßte hier nur 4 ganze Höfe, auf die sich die im folgenden genannten 4 Verpflichtungen in gleicher Weise beziehen:

zeitlich bemessener Dienst: 2 Tage Ackerdienst
                                                 4 Tage i. d. Heu-
                                                 oder Grummeternte

[402] StA Bamberg, Rep. 223/2 nr. 7765, Fronbuch Herrnsdorf, ao. 1625.
[403] Tabelle S. 73, 76; siehe ferner den Hinweis (S. 63 Anm. 338) darauf, daß das Vieh fronpflichtiger Bauern mit ungemessenen Diensten niedriger als solcher mit gemessenen zur Steuer taxiert wurde. (Ausgleich der Belastungen!)
[404] Die Durchsicht der Bauakten, Rechnungen, Pflichtregister und ähnlicher Quellen erbrachte nichts, was eine solche Vermutung rechtfertigen würde.
[405] StA Bamberg, Rep. D 7 nr. 6: die Orte Dieppach, Schrappach, Ampferbach, Mandorf.
[406] Vgl. Tabelle S. 74, 76.

real bemessener Dienst:
Heu und Grummet einer Klosterwiese wenden und zur nahe gelegenen Schäferei führen; da sich daran 4 Höfe beteiligen, wird die zur Erledigung nötige Zeit mit . . . .   5 Tagen
pro Hof vermutlich nicht zu niedrig angesetzt sein;

ungemessener Dienst:
Brennholzfuhren in den Amtshof Mainstockheim. An der Beförderung des «notwendigen» Brennholzes sind neben Ebersbrunn noch etwa 20 Spannpflichtige aus 3 anderen Orten beteiligt. Der Einzelne dürfte daher kaum mehr als . . . .   2 Tage
beansprucht worden sein.

Aus 2 exakten und 2 geschätzten Zahlen ergibt sich pro Pflichtigen eine Frondauer von *13 Tagen* jährlich.

Zu Großgressingen:
Hier entfallen auf jeden Leheninhaber . . . .   7 Tage
in der Heu- oder Getreideernte (Hand- oder Spanndienste, je nachdem, ob Anspann vorhanden oder nicht);

Alle Leheninhaber haben einen Teil des Mühlbaches zu reinigen. Da der Ort ca. 40 Pflichtige zählt, dürfte dieser Dienst den Einzelnen nicht mehr als . . . .   1 Tag
gekostet haben;

für jeden der 12 Hofinhaber des Ortes kommt hinzu an
Ackerdienst . . . .   2 Tage

sowie Holzfuhren zum Kloster[407] (4 Klafter pro Hof) . . . .   2 Tage (geschätzt).

Hieraus würde sich jährlich ungefähr für jeden Hofinhaber *12 Tage*, für die übrigen Fronpflichtigen *8 Tage* ergeben.

Zu Siegendorf:
Hier hatte jeder Leheninhaber (insgesamt 32) in der Heu- oder Getreideernte, oder im Weinberg (Handfron) abzuleisten . . .   2 Tage

ferner einen Teil des Mühlbaches zu reinigen . . . .   1 Tag (geschätzt)

sowie ca. 5 km Weges instandzuhalten (gemeinsam mit den Leheninhabern von Breitbach) . . . .   2 Tage (geschätzt)

Zusätzlich waren die 26 Güter des Ortes zu Kalksteinfuhren verpflichtet, u. zw. zur Beförderung aller Kalksteine, die im Kloster gebrannt wurden; am gleichen Dienst nahmen noch 13 Höfe des Ortes Breitbach teil. Angesichts der hohen Anzahl an Beteiligten dürften auf den Einzelnen nicht mehr entfallen sein als . . . .   6–8 Tage (geschätzt)

Daraus ergibt sich für die 6 Sölden des Ortes eine jährliche Frondauer von ungefähr *5 Tagen*, für die 26 Güter etwa *11–13 Tage*.

Die jährliche Frondauer kleinerer Besitzeinheiten (Halb-, Viertelhöfe, Güter, Sölden, Häuser mit gebundenen Liegenschaften) bewegte sich – wie die besprochenen Beispiele, dazu Vergleiche mit den Verpflichtungen anderer Orte als Resultat erbrachten – in einer zeitlichen Spanne von 6–12 Tagen. Ganze Höfe oblagen im allgemeinen höheren Dienstverpflichtungen; hier bewegte sich die Spanne zwischen 8 und 16 Tagen; verglichen mit Angaben über den zeitlichen Umfang, wie sie z. B. W. LORENZ für das

---

[407] Entfernung Großgressingen–Kloster Ebrach etwa 3½ km.

nahe Coburg gelegene Zisterzienserinnenkloster Sonnefeld[408] ermittelt hat, also eine Frondauer relativ geringen Ausmaßes[409].

Erleichternd trat für den Pflichtigen noch verschiedentlich die Möglichkeit hinzu, zwischen tatsächlicher Ableistung und einer Geldgabe wählen zu können; so z. B. in bezug auf die zeitlich bemessenen Acker- und Heuerntedienste, die pro Arbeitstag (Ackerdienst) mit einem Betrag von durchschnittlich 15 Pfennigen abgegolten werden konnten[410]. Bei den Heuerntediensten war die Möglichkeit des Wählens noch um ein anderes Moment erweitert: Der Pflichtige konnte sich für die Arbeit während der Heu- oder für die in der Grummetzeit entscheiden; entschied er sich für letztere, so war allerdings die doppelte Anzahl an Tagen abzuleisten. Kam er seiner Fronpflicht in monetärer Form nach, so waren für jeden Arbeitstag 8 Pfennige zu entrichten[411]. – Bis etwa 1620 hatten auch die 7 Hofinhaber von Großbirkach, die jeder 2 Heuführen vom klösterlichen Wirtschaftshof Winkel zur Schäferei nach Hof zu tun schuldig waren, die Wahl zwischen Dienst- und Geldleistung (pro Fuhre 1 ₰ 12 Pf). Um den genannten Zeitpunkt kam das Kloster mit den Pflichtigen überein, künftig auf den Dienst zugunsten der jährlichen Geldgabe zu verzichten[412]. – Darüber hinaus berichten die Quellen nur noch in einem Fall von der Ablösung eines Dienstes bzw. von seiner Umwandlung in eine jährlich fixe Geldsumme. Es handelte sich dabei um Botengänge im Klosteramt Mainstockheim. Nach Mutmaßung des Amtmannes[413] scheinen sie um 1750 in eine beständige Geldabgabe von einigen Pfennigen umgewandelt worden zu sein.

Die Mehrzahl aller klösterlichen Fronden verband sich mit einer *Vergütung* für den Pflichtigen (vgl. Tabelle S. 73 ff.). Nur in einigen Fällen kann davon die Rede sein, daß es sich bei dieser Vergütung um eine Entlohnung handelte, die dem Wert der geleisteten Arbeit voll entsprach. Im allgemeinen bestand sie, wie dies auch bei benachbarten Herrschaften üblich war[414], in einer kleinen Geldgabe und/oder der Tagesverkösti-

---

[408] Im Orte Ebersdorf z. B. fronte nach Aussage von W. Lorenz im Jahre 1514 jede sonnefeldische Sölde – neben anderen kleineren Diensten – 51 Tage im Heuen, Schneiden und Haferrechen; jedes Gut – gleichfalls neben anderen Diensten – 36 Tage mit dem Pflug. Ähnlich hohe Zahlen gibt der Verfasser auch für andere Klosterorte bekannt; vgl. W. Lorenz, Campus Solis, a.a.O., S. 165 ff.; dazu auch G. Franz, Beschwerden der Hintersassen des Klosters Sonnefeld am Vorabend des Bauernkrieges, in: Zs. d. Ver. f. Thür. Gesch. u. Altertumskde. NF 31 (1934), S. 46 ff.

[409] Hierbei mag noch betont werden, daß dort, wo die Dauer nur geschätzt werden konnte, eher eine zu hohe als zu niedrige Anzahl an Arbeitstagen angenommen wurde. Die um 1–2 Tage zu hoch geschätzte Arbeitstagsanzahl könnte ausgleichend für die nicht jährlich anfallenden Hilfsarbeiten bei Bauten in Rechnung gestellt werden.

[410] Zu welchem Zeitpunkt die Herrschaft Geld- oder Realleistung zur Wahl stellte, läßt sich nicht genau feststellen. Die ersten Vermerke hierzu finden sich im Urbar von 1557. – Zeitlich entsprechende Angaben zu Umwandlungen von Real- in Geldleistungen bei F. Lütge, Die mitteldeutsche Grundherrschaft, a.a.O., S. 114 f.; derselbe, Die Bayerische Grundherrschaft, a.a.O., S. 120.

[411] Die Höhe des Betrages (8 Pf pro Tag) wurde bis 1803 unverändert beibehalten. Zum Vergleich: Der Tagelöhner-Lohn dieser Zeit beträgt etwa 28 Pf. Näheres hierzu bei M. J. Elsas, a.a.O., S. 737 ff.

[412] StA Bamberg, Stdbch. nr. 7735, zu Großbirkach.

[413] Vgl. dessen Vorbemerkung zur Hauptrechnung von 1798/1799; StA Nürnberg, Rep. RA Iphofen nr. 830.

[414] So z. B. im benachbarten markgräflichen Bereich; vgl. I. Bog, Die bäuerliche Wirtschaft, a.a.O., S. 35 f.

gung, ab und zu auch in irgendeiner kleinen Naturalgabe, die mit dem geleisteten Dienst in Zusammenhang stand (bei Fischereidiensten Fische, bei Weinbergarbeit Stöcke für den bäuerlichen Weinberg u. ä.). Da über Natur und Herkommen der Fronpflicht immer wieder hinweggesehen wird, d. h. über die Gegebenheit, daß sie (neben den Abgaben) «eine Bezahlung – ein Teil des Kaufpreises – für die Überlassung von Höfen oder einzelnen Ackerstücken seitens eines Grundherrn an die persönlich freien Bauern»[415] ist, interpretiert man verschiedentlich die verhältnismäßig geringe Höhe der Vergütungen im Sinne einer «nicht dem Arbeitswert entsprechenden Entlohnung». Es handelte sich bei den Präbenden ja nicht um eine Bezahlung, sondern um eine zusätzliche Leistung des Herrn, zu der er sich über seine eigentliche Leistung (die Überlassung des Lehens) hinaus seinem Dienstpflichtigen gegenüber verstand. Ohne Zweifel stellten die gewährten Entschädigungen für den Fronenden eine gewisse Erleichterung dar; sie scheinen ihm außerdem eine schätzenswerte Möglichkeit zu einem, wenn auch kleinen Nebenverdienst gewesen zu sein. Wie anders ließen sich sonst die wiederholten und fast absurd anmutenden Vermerke in den Amtsakten erklären, darüber, daß der oder jener Bauer klage, vom Amtshof wieder nicht zur Fron beordert worden zu sein; wobei der Klagende oft noch darauf hinwies, daß dieser oder jener Pflichtige schon mehrmals zum Frondienst herangezogen worden sei. Aus diesen Klagen, wofür eine Erklärung nur in der entgangenen Vergütung gesucht werden kann, läßt sich andererseits der Schluß ziehen, daß der Grundherr nicht zur Reichung der Entschädigung verpflichtet war, wenn der Dienst nicht tatsächlich abgeleistet worden war. Die Art der Klagen legt außerdem die Vermutung nahe, daß der Pflichtige keinen Anspruch darauf erheben konnte, zur Fron – an deren Ableistung er interessiert war, wenn ihm eine damit verbundene Vergütung einen Nebenverdienst sicherte – auch wirklich herangezogen zu werden[416].

Eine bestimmte Dienstart war nicht in jedem Dorf mit der gleichen Vergütung verbunden. Ja, es konnte in einem Ort ein Dienst vergütet werden, der im nächsten Ort ohne Entschädigung geleistet werden mußte[417]. Nur innerhalb eines Dorfes war für die Fronenden, die gleichen Dienst verrichteten, auch die Vergütung dieselbe. – Die am häufigsten in Erscheinung tretende Form der Entschädigung ist die der Tagesverköstigung; sie wurde z. T. in so reichlichem Maße gewährt, daß sie den Tagesbedarf weit überstieg. Die Fronverzeichnisse und Amtsrechnungen nennen als Verköstigungsarten Brot, Käse, Suppen, Gemüse, seltener Fleischspeisen; verschiedentlich wird zusammenfassend nur von «reichlich Essen und Trinken» gesprochen. An Getränken wurde fast immer Bier, bei Weinbergarbeiten hin und wieder auch Wein gegeben. Bei Spanndiensten erhielt der Fronende fast immer die Fütterung für seine Zugtiere. – Wo es im Belieben des Pflichtigen stand, einen Dienst tatsächlich abzuleisten oder statt dessen Geld zu geben, entfielen die sich mit dem Dienst verbindenden Präbenden, wenn der Fronpflicht in Form von Geld nachgekommen wurde. Verschiedentlich hatte der Fronende auch die Möglichkeit, zwischen der Tagesverköstigung und einer Geldvergütung zu wählen. So waren die Koppenwinder Leheninhaber dem Kloster in der Schnittzeit zu 6 Frontagen verpflichtet, während der sie zwar die Kost, aber sonst kei-

[415] F. LÜTGE, Die mitteldeutsche Grundherrschaft, a.a.O., S. 159.

[416] Günstiger lagen hier z. B. die Bestimmungen für den Fronpflichtigen im Bereich der mitteldeutschen Grundherrschaft. Dort, wo Dienstpflichtigen ein Anspruch auf Präbenden zustand, «hatte der Dienstherr die Pflicht, sie zu dem betreffenden Dienste heranzuziehen (ausgenommen, wenn es sich um bloße Beköstigung handelte) und ihnen so Gelegenheit zu geben, sich die Frongebühren zu verdienen». (F. LÜTGE, Die mitteldeutsche Grundherrschaft, a.a.O., S. 160, und die Ausführungen bis S. 164 sowie die dort angegebene Literatur.)

[417] Vgl. dazu Tabelle S. 73 ff.

nen Lohn erhielten; reichten nun diese 6 Tage für die Erntearbeit im Amtshof nicht aus, so waren die Koppenwinder wohl zur Weiterarbeit verpflichtet, bekamen aber für jeden zusätzlichen Arbeitstag nach Wunsch entweder die Tageskost und 10 alte Pfennige, bei Verzicht auf die Verköstigung 28 Pfennige[418]. Neben oder statt der Tagesverköstigung waren ab und zu auch andere kleinere Naturalgaben üblich. So erhielten die Herlheimer sowie die Mönchstockheimer Froner, wenn sie ihrer Pflicht, für das Kloster zu fischen, nachgekommen waren, neben «10 bis 12 schilling für einen trunk» auch 2 große Setzlinge. Hier waren übrigens in Dienst und Entlohnung auch die Frauen der Fronpflichtigen inbegriffen, die «die fisch zu tragen (zum Amtshof in Mainstockheim) schuldig» waren[419].

Einer Natural-Dienstvergütung, der ihrem Wert nach eine entscheidende Bedeutung zukommt, ist die Gewährung von bestimmten Mengen an Brenn- und/oder Bauholz aus den herrschaftlichen Wäldern. Über die tatsächliche Menge des Brennholzes geben die Quellen keine Auskunft; zusammenfassend geben sie nur bekannt, daß den Fronpflichtigen des Amtes «nach notdurft Brennholz» zu geben sei[420]. Die Menge scheint aber so reichlich bemessen gewesen zu sein, daß sich das Kloster wiederholt gezwungen sah, den Pflichtigen den Verkauf dieses Holzes zu verbieten[421]; an Bauholz erhielt der fronpflichtige Bauer im allgemeinen «ein Schleiß Tannen», Söldner eine halbe[422]. – Reine Barentschädigungen verbanden sich nur mit wenigen Diensten[423]. Häufiger waren Vergütungen, die sich aus einer kleinen Geld- *und* einer kleinen Naturalgabe zusammensetzten: 6 Pfennige pro Meile für einen Botengang und bei Rückkehr ein Stück Brot, – Tagesverköstigung und 10 alte Pfennige bei Mäherdiensten, – Tageskost und 10 alte Pfennige (oder 6 neue und 1 alten) für Dungaufladen, – 10 bis 12 Schillinge und 2 Fische für Fischereidienste[424].

Mit welcher Aufmerksamkeit von seiten der Dienstpflichtigen die Grenzen ihrer Verpflichtung beobachtet wurden bzw. welchen Protest ihrerseits schon der Versuch einer Übertretung durch die Klosterbeamten zur Folge hatte, wird durch einen Vorfall von 1708 im Orte Mainbernheim so illustrativ zum Ausdruck gebracht, daß er zur Abrundung des Bildes über die im Untersuchungsgebiet herrschenden Fronverhältnisse auszugsweise wiedergegeben sei:

Spannfroner des genannten Ortes waren je 3 Korngültfuhren nach Kitzingen zum Markt zu tun schuldig. Nirgendwo war allerdings schriftlich die genaue Stückzahl der Säcke fixiert, die jede Fuhre zu umfassen hatte. Anscheinend war es aber nach Herkommen gebräuchlich geworden, je Fuhre 12 Säcke zu transportieren. Auf dieses «alte Herkommen» wurde man erst aufmerksam, als bei einem solchen Getreidetransport einem Spannpflichtigen vom Amtmann befohlen wurde, einen 13. Sack zuzuladen, was der Pflichtige unter Hinweis auf die bisher übliche Stückzahl und mit dem Bemerken, daß dann wohl auch künftighin 13 Säcke geladen werden müßten, ablehnte. Der Vorfall wurde dem klösterlichen Lehengericht unterbreitet, das nach Zeugenaussagen alter Dienstpflichtiger dem Pflichtigen recht gab und für die Zukunft die Stückzahl 12 schriftlich festlegte. – Da es bei der Weigerung des Dienstpflichtigen zwischen ihm

[418] StA Bamberg, Stdbch. nr. 7656, zu Koppenwind. – Die Vergütung entsprach in diesem Fall also der Höhe eines Taglöhner-Lohnes.

[419] StA Bamberg, Rep. D 8 nr. 170 und nr. 281.

[420] StA Bamberg, Rep. 223/2 nr. 7656, nr. 7765; Rep. D 8 nr. 170, nr. 281; StA Nürnberg, Rep. RA Schwabach nr. 2816 f 29 f.

[421] Ebenda.

[422] Ebenda. – 1 «Schleiß» = 3 m³.

[423] Für das Schlagen von Brennholz 12 Pfennige pro Klafter; für Mäherdienste in der Heu- und Grummeternte 24 Pf pro Tag.

[424] Vgl. StA Bamberg, Rep. D 8 nr. 170 und 281.

und dem Amtmann zu Tätlichkeiten gekommen war, die anderen Spannpflichtigen später vor dem Lehengericht bezeugten, daß ihr bäuerlicher Standesgenosse der Angegriffene gewesen sei, wurde der Amtmann noch zu einer beträchtlichen Geldstrafe – teils der Herrschaft, teils dem Angegriffenen zu leisten – verurteilt[425].

Für Vernachlässigung der Fronpflicht fand sich in den Quellen nur einmal eine schriftlich fixierte Strafbestimmung: War ein Bauer in Wolfsambach mit seinen Fuhrdiensten fronsäumig, wurde er zunächst vom zuständigen Amtmann ermahnt; blieb diese Aufforderung ohne Ergebnis, durften alle Fronpflichtigen des Ortes auf Kosten des Säumigen gemeinsam 4 Schillinge verzechen. Taten sie dies nicht, so verfielen sie der gleichen Strafe; die Herrschaft forderte von den Säumigen für sich selbst keine Entschädigung[426]. – Hatte sich der Lehenmann bei Übernahme des Lehens neben der Lieferung von Abgaben auch zum Frondienst verpflichtet, so blieb bei Nichteinhaltung dieser vertraglich festgelegten Verpflichtungen dem Lehenherrn ja die Möglichkeit offen, ihm das Lehen wieder zu entziehen. Die höchste Strafe für Verweigerung der Dienstpflicht, der Entzug des Lehens, ergab sich somit schon aus dem Lehenvertrag.

Anlaß zu Klagen von seiten der Herrschaft gaben weniger Vorkommnisse von Dienstverweigerung als vielmehr die Tatsache, daß der Dienst nur in recht nachlässiger Weise abgeleistet oder vom Pflichtigen keine vollwertige Arbeitskraft als Stellvertreter entsandt wurde. Soweit sich die herrschaftliche Stellungnahme zu solchen Vorfällen verfolgen läßt, beschränkte sie sich auf bloße Ermahnungen, die sich mit keiner Strafandrohung bei Rückfälligkeit verbanden.

Die Fronverhältnisse im Untersuchungsgebiet sind also keinesfalls als bedrückend anzusprechen: Die durchschnittliche Frondauer – 8 bis 16 Tage für den Hofinhaber, 6 bis 12 Tage für den Halbhof- und Kleingutbesitzer – liegt im allgemeinen unter den in anderen Gebieten (vgl. S. 80) gestellten Forderungen. In nahezu allen Fällen sind die Fronden der Ebracher Pflichtigen aus zeitlich und real (qualitativ) begrenzten Forderungen zusammengesetzt – eine Kombination, die nach den Untersuchungen von F. LÜTGE[427] als die «den Interessen der Bauern» entgegenkommendste Form bezeichnet werden kann. Mehrfach hat der Fronpflichtige, niemals aber der Empfangsberechtigte die Möglichkeit der Wahl zwischen der Ableistung der Verpflichtung als Realdienst und einem Geldreichnis (vgl. S. 80). Hinzu kommt als positiver Faktor, daß sich der überwiegende Teil der Verpflichtungen mit einer Präbende seitens des Berechtigten verbindet (vgl. Tabelle S. 73 ff.).

IV. Grundherrschaft und Gerichtsherrschaft

Grundherrschaft und Gerichtsherrschaft sind in Franken auf Grund einer jahrhundertelangen Entwicklung bezüglich ihrer Auswirkungen so eng verflochten, daß eine Beurteilung – wird dabei nur eine der beiden Herrschaftsformen berücksichtigt – den tatsächlichen Gegebenheiten nicht gerecht werden wird. Bereits im Vorangegangenen mußte mehrmals darauf verwiesen werden, daß (spätestens seit dem 15. Jahrhundert)

---

[425] StA Würzburg, Rep. Cist. Klöster, Admin. 852/186 28.
[426] StA Bamberg, Rep. D 7 nr. 6, zu Wolfsambach.
[427] F. LÜTGE, Die Bayerische Grundherrschaft, a.a.O., S. 119.

nur noch nach Einzelprüfung ausgesagt werden kann, ob die Einflußnahme des Herrn in diesem oder jenem Fall oder seine Berechtigung auf die Entgegennahme von Leistungen dieser oder jener Art auf seiner Funktion als Grundherr oder seiner Eigenschaft als Gerichtsherr basiere. (Siehe die entsprechenden Hinweise auf den Seiten 50, 69 f.). «Die G e s a m t belastung wird nach und nach der entscheidende Gesichtspunkt, sowohl in den Augen der Herren wie aber auch der Bauern, und der eigentliche Rechtsgrund für die dereinstige Entstehung tritt zurück»[428]. – Ein Irrtum wäre dabei die Annahme, der Vorteil einer Vereinigung mehrerer «Rechtsstoffkreise» (Grund-, Gerichts-, Zehntherrschaft u. a.) in *einer* Hand habe angesichts der daraus resultierenden Erhöhung an Prestige und Einkommen allein bei der Herrschaft gelegen. Es wird im folgenden wiederholt der Beweis erbracht werden können, daß aus einer derartigen Summierung von Herrschaftskomplexen auch dem Untertanen Vorteile von nicht zu unterschätzender Tragweite erwuchsen. Von der mehrfach beobachteten Tendenz, verschieden hohe Belastungen des Untertanen auszugleichen (vgl. die Seiten 63, 66, 78), wurde bereits gesprochen; es bedarf keiner besonderen Erklärung, daß sich ein solches Angleichen dort ohne Schwierigkeiten vollziehen ließ, wo sich die Empfangsberechtigung auf Leistungen unterschiedlicher Rechtsnatur allein auf *eine* Herrschaft konzentrierte. Welche drückende Belastung die Leistungsverpflichtungen an verschiedene Herren für den Betroffenen darstellten, bringen die Klagen der Bauern im «Mehr-Herren-Dienst» in beredter Sprache zum Ausdruck[429]. Ebrachs Bemühungen um den Erwerb von Gerichtsbarkeitsrechten, die primär ohne Zweifel im Interesse des Klosters selbst, in seinem Streben um Immunität, Exemption und Reichsunmittelbarkeit verfolgt wurden, brachten als Sekundärresultate den Klosteruntertanen eine Reihe von Befreiungen und Erleichterungen, die nicht zuletzt eine eingehendere Darstellung der Entwicklung auf dem Sektor der Gerichtsbarkeit gerechtfertigt erscheinen ließen. Zu allem aber trat die Überlegung, daß jede Beurteilung der sozialen Stellung eines Menschen auch eine Antwort auf die Frage, welchen Rechtsschutz er genießt, verlangt.

1. Die *hochgerichtlichen* Verhältnisse

Erst die Ebracher Urkunden des ausgehenden 13. Jahrhunderts enthalten Angaben über die Gerichtsverhältnisse des Klosters. Jedoch ist dieser Mangel an älterer Überlieferung nur für die Kenntnis über Erwerb und frühe Entwicklung der klösterlichen Niedergerichtsbarkeit von größerem Interesse; aus späteren Verträgen ist der Beweis zu führen, daß die Hoch-, Blut- oder Centgerichtsbarkeit[430] über den ebrachischen Besitz – die Grangien eingeschlossen – bis 1340[431] in Händen des Würzburger Bischofs lag. Wo immer das Kloster bis zu diesem Zeitpunkt vom Hochstift Würzburg Gerichts-

---

[428] F. LÜTGE, Die mitteldeutsche Grundherrschaft, a.a.O., S. 103; dort (S. 102/103) auch eingehend auf die enge Verflechtung der sich aus diesen beiden Rechtsverhältnissen ergebenden Auswirkungen in bezug auf den mitteldeutschen Raum verwiesen.

[429] Vgl. u. a. F. GELDNER, Das älteste Urbar, a.a.O., S. 56*.

[430] «Cent» (vom lat. Centena = Hundertschaft abgeleitet) wird in Franken als Ausdruck für die ursprünglich durch die Hundertschaftsgerichte ausgeübte Hochgerichtsbarkeit, daneben auch als Bezeichnung einer hochgerichtlichen Gebietsfläche gebraucht.

[431] MB 40, 354 ff.; ausgenommen hiervon war der erst Ende des 13. Jhs. erworbene Besitz im Schwabacher Raum, der zum kaiserlichen Landgericht Nürnberg, später zum brandenburgischen Centgericht Schwabach gehörte.

barkeitsrechte erwarb, blieb die Cent ausdrücklich dem Hochstift vorbehalten[432]. Auch als Ludwig der Bayer 1324 dem Kloster für seine Colonen Befreiung vom Landgericht zusagte, blieben die todwürdigen Fälle wiederum ausgenommen[433]; weder ein Angehöriger der «familia» (des Klostergesindes) noch ein Colone sollte künftig vor ein fremdes Gericht gezogen werden dürfen, außer bei Rechtsverweigerung oder den vier Kapitalverbrechen: furtum, homicidium, vulnera sanguine fluentia, stuprum (also: Diebstahl, Mord, «fließende Wunden», Notzucht[434]). Nur noch viermal jährlich sollten – so sagte das Privileg – Kapitalverbrechen vor das zuständige Gericht gebracht werden, wobei die Zahl derjenigen, die die Anklagen stellvertretend vorzubringen hatten, auf zwei vom Klosterbeamten (officiatus), nicht vom Richter bestimmte Colonen aus jedem Dorf beschränkt wurde. Angesichts der Tatsache, daß es in anderen fränkischen Herrschaftsbereichen zu dieser Zeit noch üblich war, ganze Gemeinden vor Gericht zu laden, wäre die Beschränkung auf zwei Stellvertreter – wenn das Privileg von 1324 seinem Wortlaute nach volle Geltung erlangt hätte – eine bedeutende Erleichterung gewesen. 1337 erreichte Ebrach eine ähnliche Zusage vom Nürnberger Landgericht für seine Hintersassen im Schwabacher Raum[435]. Nicht mehr die ganze Gemeinde, sondern nur namentlich Aufgeforderte brauchten künftig vor dem Landgericht zu erscheinen; jedoch beweist dieser Separatvertrag, daß das kgl. Privileg von 1324 auch im Nürnberger Raum wirkungslos geblieben war.

Ein erfolgreicherer Schritt auf dem Wege zu gerichtlicher Exemption als es das letztgenannte Privileg für die Abtei bedeutet hatte, gelang Ebrach in einem 1340 zwischen ihm und dem Hochstift Würzburg geschlossenen Vertrag. Neben einer Reihe anderer Rechte[436] trat der Würzburger Bischof darin das Centrecht über die Ebracher Hintersassen und über alle bis zum Vertragsjahr erworbenen Klostergüter um 3000 ℔ Heller, unter dem Vorbehalt des Wiederkaufs, an Ebrach ab. Die erkaufte Centgerichtsbarkeit beschränkte sich jedoch nur auf die niederen Centfälle[437]; für die todwürdigen

---

[432] Vgl. u. a. die Erwerbung der Gerichtsbarkeit zu Herlheim: RB 3, 469 (1275); MB 37, 547 (1282).

[433] BOEHMER reg. 518. – Da Ebrach 1340 die gleichen Rechte dem Würzburger Bischof abkaufte, scheint diese Zusage mehr von theoretischer Natur als von praktischer Bedeutung gewesen zu sein. H. HIRSCH (Die hohe Gerichtsbarkeit im dt. MA, ²1958) hält für möglich, daß diese Urkunde ohne spezielle Anpassung an die Ebracher Verhältnisse nach Vorbild der in der Kanzlei Ludwigs d. Bayern gebräuchlichen landesherrlichen Exemptionsurkunden geschaffen wurde.

[434] Den genannten Kapitalverbrechen ist mit Sicherheit auch das Verbrechen der schweren Brandstiftung zuzurechnen, das in allen einschlägigen Quellen des fränkischen Raums neben Mord, schwerem Diebstahl und Notzucht zu den sogenannten 4 hohen Rügen gezählt wird. (Vgl. J. A. v. SCHULTES, Historische Schriften u. Sammlungen ungedruckter Urkunden zur Erläuterung der deutschen Geschichte u. Geographie d. mittleren Zeitalters I, Hildburghausen 1798, S. 94, 99 [ao. 1329; 1354]; auch RB 6, 392 [1331]).

[435] H. ZEISS, Reichsunmittelbarkeit, a.a.O., S. 44.

[436] Der Verzicht des Hochstifts bezog sich u. a. auf Steuern, Bannwein, Abgaben verschiedener Art, Jägeratzung, einige Dienste und Gerichtsbußen, – Lasten, die aller Wahrscheinlichkeit nach nur auf jenem Ebracher Besitz lagen, der erst seit 1281 erworben worden war; in diesem Jahr hatte das Kloster den bisher erworbenen Besitz von hochstiftischen Nutzungsrechten freigekauft. – Vermutlich ins 13. Jh. geht auch die Verpflichtung des Klosters zurück, dem Hochstift zu eigenen u. zu Reichskriegen vier «Reiswagen» zu stellen; sie wird 1340 als «herkömmlich» erwähnt. (Vgl. MB 40, 361; H. ZEISS, Reichsunmittelbarkeit, a. a. O., S. 18.)

[437] Centfälle also, die – trotzdem sie nicht durch Tod oder Verstümmelung geahndet wurden – bisher zur Kompetenz des Hoch- und Blutgerichts gehört hatten. – Zu den «niederen Centfällen» zählten u. a. Raufhändel, die Verletzungen leichteren Grades zur Folge hatten,

85

Verbrechen blieben die Würzburger Centen, die zwar nachdrücklich angewiesen wurden, ohne Schädigung der Abtei und der Güter der Schuldigen[438] zu verfahren, weiterhin kompetent. Für das Schöffenamt an bischöflichen Centen – eine Tätigkeit, die wegen der damit verbundenen Arbeitsunterbrechung von Grundherrn und -untertanen gleichermaßen als störend empfunden wurde – sprach der Vertrag für die Ebracher Hintersassen Befreiung aus. Das klösterliche Centgericht sollte einem oder zwei Fratres oder Konversen zur Ausübung übertragen werden, deren Belehnung dem Bischof vorbehalten war, und die in seinem Namen zu richten hatten[439]. Alle dem Kloster 1340 zugesicherten Centrechte sollten auch bei Umwandlung von Grangien in Dörfer und umgekehrt ihre Geltung behalten; aller künftig zu erwerbende Klosterbesitz wurde jedoch ausdrücklich davon ausgeschlossen[440].

Durch den Vertrag wurde die Abhängigkeit der Abtei vom Würzburger Hochstift stark gemindert; obwohl die nominelle Gerichtshoheit des Hochstifts anerkannt blieb, bedeutete die Ausweitung der ebrachischen Gerichtskompetenz auf die niederen Centfälle neben dem materiellen Gewinn erhöhter Einnahmen an Gerichtsgeldern[441] eine nicht zu unterschätzende ideelle Festigung der herrschaftlichen Stellung Ebrachs. Uneingeschränkt blieb jedoch Würzburg Träger der hohen Centgerichtsbarkeit und behielt damit – nachdem es sich den Großteil seiner Nutzungsrechte von Ebrach hatte abkaufen lassen – zumindest *ein* wichtiges Hoheitsrecht über die Klosterhintersassen in Händen. – 1352 bestätigte Karl IV. den 1340 zwischen Würzburg und Ebrach geschlossenen Kaufvertrag und gewährte gleichzeitig der Abtei als erstem Zisterzienserkloster die Ausübung der hohen Gerichtsbarkeit innerhalb der Klostermauern. «Selbst wenn der Abt nicht in der Lage war, peinliche Strafen vollstrecken zu lassen, so stand ihm doch das Urteil auch über todeswürdige Verbrecher zu. Er konnte sie zur Hinrichtung einem benachbarten Hochgericht ausliefern, wenn nicht nach dem Brauch der Zeit eine Sühne möglich war und der Schuldige gegen Bußzahlung freigegeben

nach dem Sprachgebrauch der Zeit also nur «Haut und Haar», nicht «Hals und Hand» betrafen (letztgenannte fielen unter die «fließenden Wunden» und damit unter die Kapitalverbrechen), ferner Verwundungen, die in Notwehr zugefügt worden waren, aber auch schwerwiegende Verleumdungen und Beleidigungen; zu den niederen Centfällen rechneten darüber hinaus Diebstähle, bei welchen das entwendete Gut unter dem Wert von 15 fl rh. lag; ferner Entwendung von Gut naher Verwandter (Diebstähle zwischen Eheleuten, Entwendung von elterlichem Gut) oder Diebstahl von Lebensmitteln in Zeiten von Hungersnot (unerlaubtes Fischen u. Krebsen z. B.). Vgl. dazu H. H. HOFMANN, Neustadt-Windsheim (Hist. Atlas v. Bayern, Teil Franken, Reihe 1, Heft 2, München 1953), S. 39/40 (§ 27 des Heilsbronner Recesses).

[438] Die Güter der Delinquenten fielen an das Kloster zurück.

[439] Damit unterstand es vorerst noch Würzburger Gerichtshoheit; in den erweiterten Vertrag von 1381 (MB 46, 384 ff.) wurde dieser Hoheitsanspruch nicht mehr übernommen.

[440] Bei späteren Differenzen wurde immer wieder auf diesen Vertragspunkt verwiesen. 1561 konnte das Hochstift der Abtei nachweisen, daß sie 41 nicht freigekaufte Dörfer in Würzburger Gerichtssprengeln besitze. (Vgl. Causa Ebracensis, Fasz. 3, 53 f.).

[441] H. ZEISS vertritt sogar die Ansicht, daß sich das Interesse der Abtei weniger auf eine gerichtliche Exemption als auf den Bezug der Strafgelder gerichtet habe (vgl. ZEISS, Reichsunmittelbarkeit, a.a.O., S. 46 f.). Als Beispiel führt er eine Urkunde von 1341 (MB 40, 376) an, in der der Würzburger Bischof dem Kloster zusagte, daß bei Klosterleuten von Grettstadt die von der würzburgischen Cent Karlsberg auferlegten Strafgelder vom Klosterpfleger eingenommen werden sollten. Anscheinend wurden hier trotz des vorangegangenen Vertrages die niederen Centfälle weiter vor dem bischöflichen Centgericht verhandelt; die Bußgelder jedoch beanspruchte das Kloster.

wurde»[442]. Für todwürdige Verbrechen, die von Ordensangehörigen begangen wurden, war dem Abt das Strafausmaß durch Bestimmungen des Generalkapitels vorgeschrieben. – Mit der Verleihung der engeren Immunität, die um die Abtei einen, wenn auch kleinen reichsunmittelbaren Bereich schuf, war Ebrach eine Möglichkeit gegeben, in Verbindung mit dem Reichsschutz eines Tages zur reichsunmittelbaren Abtei aufzusteigen – ein Plan, der während des 16. Jahrhunderts, als Ebrach neben anderen Vorrechten auch die engere Immunität innerhalb der Klostermauern wieder verlor, endgültig zunichte wurde.

1363 dehnte ein kaiserliches Privileg[443] die Immunität auf die eigenwirtschaftlich betriebenen Höfe, die Grangien, aus und sagte dem Kloster darüber hinaus das Recht eines eigenen Gerichtsstandes vor dem Kaiser zu. Um trotz dieser Zusage tatsächlich in den Genuß der erweiterten Immunität zu kommen, mußte Ebrach seine Grangien in einem späteren Vertrag mit dem Bischof von Würzburg (1381)[444] erst von den würzburgischen Centgerichten freikaufen, «woraus hervorgeht, daß Ebrach (auch dieses) kaiserliche Privileg nicht zu voller Geltung zu bringen vermochte»[445]. Desgleichen mußte ein kaiserliches Privileg von 1370, das der Abtei die Gerichtsfreiheit der Grangien auch für den Fall zusagte, daß diese nicht mehr durch Ordensangehörige, sondern durch Bauern bewirtschaftet werden würden[446], im erwähnten Vertrag von 1381 eigens von Würzburg käuflich erworben werden.

Eine weitere Ausdehnung seines Gerichtsbereiches gelang Ebrach i. J. 1373, als es durch einen Kaufvertrag mit den Herren v. Windeck Centfreiheit für alle Klosterhintersassen und -güter, mit Einschluß aller künftigen Erwerbungen, im Centgebiet Burgebrach erreichte[447]. Das Kloster wurde zudem ermächtigt, mit Delinquenten, die auf Grund eines todwürdigen Verbrechens dem Centgericht verfallen wären, nach eigenem Ermessen Sühneverträge zu schließen und sie nach Bußzahlung freizulassen. Die Tendenz, gerichtsherrliche Befugnisse weitgehend finanziell zu nutzen, ist hier kaum mehr zu übersehen[448]. Nur wer mit dem Tod bestraft werden sollte, war auch fernerhin – dem Grundsatz «ecclesia non sitit sanguinem» folgend – zum Vollzug der Hinrichtung der Cent zu übergeben. – Die Berechtigung des klösterlichen Sühneverfahrens konnte Ebrach wenige Jahre später auf alle seine Untertanen und Güter innerhalb würzburgischer Centbereiche ausdehnen. Ungünstige finanzielle Verhältnisse

[442] H. ZEISS, Reichsunmittelbarkeit, a.a.O., S. 50; 51 ff. – Inwieweit die kgl. Verleihung der «engeren Immunität» eine Einschränkung der Gerichtshoheit des Würzburger Bischofs darstellte, ob er vorher die Hochgerichtsbarkeit zumindestens über die im engeren Klosterbereich wohnenden Laien beansprucht hatte, ist archivalisch nicht faßbar. Der Verkauf von 1340 erwähnt kein würzburgisches Centrecht über Ebrach selbst, während er auf den Loskauf der Grangien ausführlich eingeht (vgl. MB 40, 354 ff.). – Zum Vergleich siehe die Darstellung der vom Viktor-Stift Xanten behaupteten Blutgerichtsbarkeit bei F. WEIBELS, Die Großgrundherrschaft Xanten im Mittelalter, Krefeld 1959, S. 50.

[443] BOEHMER-FICKER, Reg. Imp. 5 (1198–1373).

[444] MB 46, 391.

[445] H. ZEISS, Reichsunmittelbarkeit, a.a.O., S. 52.

[446] BOEHMER-HUBER 4882.

[447] Lib. Priv. 1, f 9; H. KNAPP, Die Zenten des Hochstifts Würzburg, Bd. I₂, 1907, S. 1327 f. Die Herren v. Windeck dürften die Cent Burgebrach als Würzburger Erblehen besessen haben, da der Vertrag, der vorerst unkündbar für zehn Jahre geschlossen wurde, vom Bischof von Würzburg als Lehensherrn bestätigt werden mußte. – Welche Bedeutung die «Centfreiheit» im einzelnen für die Hintersassen hatte, wird auf S. 89 f. ausführlich beschrieben.

[448] Siehe dazu die von H. HIRSCH vertretene Auffassung, das Interesse der Zisterzienser an der Vogtei habe sich bevorzugt auf deren wirtschaftliche Konsequenzen bezogen. (H. HIRSCH, Die Klosterimmunität seit dem Investiturstreit, Wien 1913, S. 142 ff.)

zwangen 1381 das Hochstift Würzburg, die 1340 der Abtei unter Vorbehalt der Wiedereinlösung verkauften Rechte nun endgültig um die Summe von 8000 fl zu überlassen[449]. Die meisten der Vertragspunkte von 1340 wurden ohne Änderung übernommen; im Rahmen der Gerichtsbarkeit jedoch erreichte das Kloster durch Zusatzbestimmungen die Grenze dessen, was «ohne Ausübung des Blutgerichts»[450] noch möglich war. Auf die Genehmigung des Sühneverfahrens nach Art der mit der Cent Burgebrach (1373) getroffenen Vereinbarung wurde bereits oben hingewiesen. Die Aburteilung todeswürdiger Verbrechen Ebracher Hintersassen sollte dem Würzburger Bischof nur dann vorbehalten sein, wenn die Tat auf würzburgischem Gerichtsboden geschehen und die Klage von den Geschädigten vor würzburgische Centen gebracht werden würde[451]. Die Würzburger Centen sollten ferner auf Wunsch des Klosters zur Mithilfe bei Verfolgung und Ergreifung eines Täters und zu dessen Hinrichtung verpflichtet sein, wenn Ebrach die Kapitalstrafe einem Sühneverfahren vorzog. Der Vertragspunkt von 1340, nach dem die Ebracher Richter der bischöflichen Belehnung bedurften, fiel in diesem Abkommen weg. Wieder galt der Kaufvertrag von 1381 nur für den Besitzstand im Jahre des Abschlusses[452]. Da es Ebrach eigenartigerweise unterließ, das bischöfliche Centrecht über alle späteren Erwerbungen abzulösen und somit Klosterbesitz bedeutenden Ausmaßes während des 15. und beginnenden 16. Jahrhunderts centrechtlich würzburgischen Gerichten unterworfen blieb, ergab sich für Würzburg in Verbindung mit der Forderung nach verschärfter Handhabung der Strafgerichtsbarkeit durch die peinliche Halsgerichtsordnung Karls V. vom Jahre 1532 die Möglichkeit, die volle Hochgerichtsbarkeit – auch über den freigekauften Besitz – wieder an sich zu ziehen.

Mit dem Gerichtskauf von 1381 hatte Ebrach das größte Maß an Machtbefugnissen auf dem Gebiet der Hochgerichtsbarkeit erreicht. Einige Erwerbungen in der Folgezeit weiteten seinen Kompetenzbereich nur noch in räumlicher Hinsicht aus. So erhielt die Abtei 1398 auf Grund eines kgl. Privilegs das «Hochgericht»[453] über Burgwindheim, vermutlich mit einem Kompetenzumfang, wie sie ihn 1373 für die Cent Burgebrach, 1381 durch den Kaufvertrag mit Würzburg für den Bereich aller würzburgischen Centen zugesprochen erhalten hatte[454].

Würzburg, das sich während des 15. Jahrhunderts von vorangegangenen Fehdezeiten erholt hatte und nun verstärkt auf die uneingeschränkte Anerkennung seiner landesherrlichen Stellung drängte, erreichte nach langen, von beiden Seiten erbittert geführten Auseinandersetzungen 1557 mit Ebrach einen Vergleich, in dem der Abtei alle wesentlichen hochgerichtlichen Zugeständnisse aus den Verträgen des 14. Jahrhunderts wiederum abgesprochen wurden. 1561 vervollkommnete ein kaiserlicher Schiedsspruch, auf Grund dessen das Kloster künftighin auch auf die finanziell einträglichen Sühneverfahren verzichten mußte, den Sieg des Würzburger Hochstifts. Da Ebrach durch die Bestimmungen von 1557 und 1561 auch der engeren Immunität

---

[449] MB 46, 384 ff.; Lib. Pietanc. f 96, 102; Staatsbibliothek München, cod. lat. nr. 6081 f 10/10'.

[450] H. Zeiss, Reichsunmittelbarkeit, a.a.O., S. 58.

[451] MB 46, 388.

[452] Zu dieser Zeit besaß die Abtei 23 Dörfer und Weiler völlig, 16 teilweise (MB 46, 391); 1561 dagegen hatte es Besitz in 41 weiteren Ortschaften (Causa Ebrac. Fasz. 3, 53 f.).

[453] RB 11, 133.

[454] 1514 wurde hier durch den Klosterrichter ein Totschlag auf dem Wege des Sühneverfahrens geahndet (StA Bamberg, Rep. 17 nr. 125); die Befugnisse erstreckten sich demnach auch auf die todwürdigen Fälle, soweit diese durch Bußzahlung gesühnt werden konnten.

innerhalb der Klostermauern verlustig ging, war es endgültig in die Stellung eines landständigen Klosters zurückverwiesen.

Wenn trotz der Rezesse von 1557 und 1561 in späteren Quellen immer wieder betont wird, daß ebrachische Untertanen «der Cent befreyt seyn», so könnte dies irrtümlich dahingehend interpretiert werden, die genannten Verträge hätten – wie mehrere königliche und kaiserliche Bestimmungen vorher – nicht volle Wirkungskraft erlangt. Unklarheit darüber, was de facto unter den «Centbefreiungen» nach den Vergleichen von 1557 und 1561 noch zu verstehen sei, scheint – wie aus den häufigen Centstreitigkeiten zwischen Ebrach und Würzburg zu schließen ist – bereits zur damaligen Zeit bestanden zu haben; fälschliche Formulierungen und Deutungen finden sich daher des öfteren auch im lokalen Schrifttum. Die Wiedergabe einer Quellenstelle, in der der Klosteramtmann E. Montag, der spätere letzte Abt des Klosters, eine prägnante Erklärung ebrachischer Centfreiheiten gibt[455], möge aus diesem Grunde gerechtfertigt sein. Entscheidend war nach Meinung des rechtskundigen Amtmannes der Grundsatz, daß nicht alle cent*rügbaren* Untertanen auch cent*pflichtig* seien:

«Der merkliche Unterschied bestehet nach Lehre bewährtester Rechtsgelehrter sowohl als täglich vor Augen seiender Observanz in Franken darinnen, daß *erstere* zwar vor centherrlichem Gericht in dafür ergebenden Fällen zu Recht und Urteil zu stehen haben, übrigens aber weder dahin mit Centpflichten verwandt, noch Centfolge, Centwache, Centbesuch mit gewehrter Hand, Centkosten, Centhaber oder Commoranz zu Centgebäuden zu leisten schuldig seynd; dahingehend *letztere* zu diesen allen, außer besonders für sich habender Ausnahme in ein und anderem verbunden geachtet werden. Dieser wesentliche Abstand hat auf die Ebrachischen Untertanen seine vollkommene Anwendung, gestalten dieselben an Hochfürstl. Würzb. Centgerichte niemals einige Centpflicht /: außer einzelnen wenigen hier und da besonders hergebrachten Schöpfen oder bestimmten Ortschaften :/ abgeleget, niemals Centgerichte mit gewehrter Hand besuchet, oder /: ausgeschieden gemeine von Hochfürstl. Regierung zu Würzburg ausgeschriebene Landstreife :/ eines Centgrafen Aufgebot Folge geleistet oder die Verurteilung ausgeführet oder zu Centgebäuden Centkosten beigeordnet haben. Von Centschultheißen weiß man im Ebrachischen ebenso wenig als von Centpflicht ganzer Gemeinden . . .»

«Centrügbarkeit» – für ebrachische Untertanen dank der jahrhundertelangen Bemühungen des Klosters um Exemption und Immunität die gemeinhin übliche Rechtsform – hieß demnach nicht mehr als dies: bei jedem in den Kompetenzbereich der Cent gehörenden Vorfall (hauptsächlich also Verstöße gegen die vier hohen Rügen) war der «Centrügbare» als Täter oder Kläger dem Centgericht unterworfen; alle der eigentlichen «Centpflicht» anhangenden Auflagen, wie Centfolge zur Ergreifung eines Täters bei Aufforderung durch den Centgrafen, bewaffnete Teilnahme bei jedem Zusammentreten des Centgerichts, Leistungen in Form von Abgaben und Diensten (Reichung von Centhafer oder Centgeld; Baudienste an den Centgebäuden; Teilnahme bei der Durchführung von Exekutionen), waren in die Centrügbarkeit nicht mit eingeschlossen. Wo in Ausnahmefällen ebrachische Untertanen zu Leistungen verpflichtet waren, die eigentlich in den Bereich der «Centpflicht» gehörten, basierten diese auf altem Herkommen und speziellen Übereinkommen. So hatten die Ebracher zu Schallfeld «eine Zeitlangher die Cent zu Gerolzhofen . . . mit gewehrter Hand besuchet», ein Brauch, der als «exceptio a regula» in den Vertrag von 1561 aufgenommen wurde und seither rechtskräftig war[456]. Zu den Ausnahmen gehörte ferner in einigen Orten die Stellung von

---

[455] Zu dieser präzisen Definition sah sich der Amtmann anläßlich eines Centstreites mit der Würzburger Cent Oberschwarzach (1781) genötigt; vgl. dazu TH. HAAS, Ein Rechtsstreit des Kl. Ebrach mit der würzburgischen Zent Oberschwarzach vom J. 1781, in: Erlanger Bausteine zur fränkischen Heimatforschung, 2. Jg., 5./6. Heft, Erlangen 1955, S. 171 ff.

[456] Vgl. TH. HAAS, Ein Rechtsstreit, a.a.O., S. 173.

Centschöffen. Sie wurden in fast allen Fällen von der Klosterherrschaft für diese Verpflichtung entlohnt; selten oblag die Entschädigung der Schöffen der Gemeinde oder jenen Centuntertanen, die die Schöffen beim Centgericht vertraten, und nur ab und zu erhielten sie für ihre Tätigkeit keinerlei Vergütung[457].

Zieht man in Betracht, welche materielle und zeitliche Belastung die «Centpflicht» für den Untertanen darstellte, so wird die Heftigkeit erklärlich, mit der das Kloster Würzburg gegenüber die «Centrügbarkeit» seiner Untertanen verfocht, sei es in Gestalt vieler schriftlicher Fehden von Kanzlei zu Kanzlei, sei es in Form von Prozessen vor Reichshofrat und Reichskammergericht in Wien. Neben dem ideellen Faktor, Relikte ehemals weit umfassenderer Vorrechte zu bewahren, dürfte bei diesen Auseinandersetzungen für Ebrach auch das wirtschaftliche Moment eine Rolle gespielt haben; der aus der Ableistung der Centpflichten resultierende Arbeitsausfall traf über den Pflichtigen hinaus belastend auch den Grundherrn. Zur Centfolge waren die Ebracher nur dann verpflichtet, wenn das Kloster selbst sie zur Ergreifung eines Verbrechers aufbot, der nach Festnahme an einem eigens für die Übergabe bestimmten Platz außerhalb des Ortes den würzburgischen Centknechten überantwortet wurde; nur im Falle einer von der landesherrlichen Regierung in Würzburg befohlenen allgemeinen Landstreife war der würzburgische Centgraf zum Aufbieten ebrachischer Hintersassen berechtigt. Unkosten, die sich in Zusammenhang mit der Verfolgung, Ergreifung und Verwahrung des Malefikanten ergaben, gingen zu Lasten des Centherrn[458].

Kurz bevor die Entscheidungen über die Centkompetenzen zwischen dem Hochstift Würzburg und Ebrach gefallen waren, hatte sich das Kloster (1553) bereits mit dem fürstlichen Hause Brandenburg-Ansbach für sein im Nürnberg-Schwabacher Raum gelegenes Amt Katzwang dahingehend verglichen, daß alle «großen Frevel»[459] endgültig in den Bereich der markgräflichen Fraisch[460] gehören und durch das zuständige Centgericht in Schwabach abgeurteilt werden sollten[461]. – Das brandenburgische – wie später auch das würzburgische – Centrecht über ebrachischen Besitz bestand jedoch bis zur Auflösung des Klosters immer nur in Form der *limitierten* Cent; Ebrach besaß das Recht, den Täter auf klostereigenem Boden selbst zu verfolgen, festzunehmen und ihn

---

[457] In Grettstadt z. B. bekleidete der ebrachische Schulze gleichzeitig das Amt eines Centschöffen bei der zuständigen Cent Gochsheim und erhielt allein für seine Schöffentätigkeit von Ebrach jährlich 3 Malter Korn; neben ihm fungierte noch ein weiterer ebrachischer Untertan als Schöffe, dem die Klosterherrschaft dafür 3/4 Tgw. Wiese und 9 Acker Feld abgabefrei überließ (StA Würzburg, Stdbch. nr. 499, ao. 1673, f 107'). – Auch das Dorf Kleingressingen war zur Stellung eines Schöffen (an die Würzburger Cent Oberschwarzach) verpflichtet; nur wer auf einem sog. «centbaren» Gut saß (es gab derer nur 4 im Ort), konnte zum Schöffen gewählt werden. Als Entlohnung erhielt dieser von den drei anderen Inhabern centbarer Güter je 3 Orth (StA Bamberg, Rep. 223/2 nr. 7686 f 104', ao. 1789).

[458] Wurde der Täter nach 3tägiger Verwahrung von den würzburgischen Centknechten nicht abgeholt, konnte ihn das Kloster wieder auf freien Fuß setzen; Ebrach war jedenfalls nicht verpflichtet, ihn an den Gerichtsort bringen zu lassen; vgl. u. a. StA Bamberg, Stdbch. nr. 7775, zu Burgwindheim.

[459] Hierzu wurden fortan neben den 4 hohen Rügen auch Lähmung oder Verlust von Körpergliedern und Schädigung bzw. Verlust der Augen gerechnet; StA Nürnberg, Rep. 151 nr. 372, ao. 1553.

[460] Ein in Franken, neben der Bezeichnung Cent, häufig verwendeter Begriff für Hochgerichtsbarkeit.

[461] Laut Vertrag durften die ebrachischen Untertanen nicht zur Leistung des «Henkergeldes», einem Beitrag zur Deckung der Fraischprozeß-Unkosten, herangezogen werden; vgl. StA Nürnberg, Rep. RA Schwabach nr. 2816 f 20.

entweder an einem Platz außerhalb des Ortes, auf jeden Fall aber «außer ettern», den brandenburgischen bzw. würzburgischen Centknechten auszuliefern[462].

Strittig blieb trotz des Vertrages mit Brandenburg die Frage, wem das Recht zur Aburteilung der Fornikations(Unzuchts-)fälle zustehe, dem Kloster in seiner Eigenschaft als Vogteiherrn oder Brandenburg-Ansbach als dem Centherrn. Entgegen der Ansicht Ebrachs, das seinen vermeintlichen Anspruch unter Hinweis darauf zu behaupten versuchte, daß «die Fornicationes in Franken und anderer Orthen zur Vogteilichkeit»[463] zu zählen seien, bezeichnete Brandenburg einen derartigen Rechtsfall als «ein crimen publicum»[464], das naturgemäß zum Kompetenzbereich der Cent gehöre. Obwohl der Vertrag von 1553 diese Frage im Sinne des Centherrn entschieden hatte, zog Ebrach seine Vogteiuntertanen in Fornikationsfällen vor sein Vogteigericht, führte die Untersuchung und bestimmte das Strafmaß. Da das Kloster jedoch dem Vertrag von 1553 gemäß verpflichtet war, diese Straffälle an das Fraischgericht zu überweisen (und dieser Verpflichtung nach dem eigenen Strafvollzug auch jeweils entsprach), ergab sich für den Delinquenten aus dem Kompetenzstreit der beiden Gerichtsherrn die absurde Rechtslage, daß er nun durch das brandenburgische Fraischgericht «criminaliter» gestraft wurde, nachdem er durch seinen Vogteiherrn bereits «vogthetica»[465] gestraft worden war. Dem i. J. 1725 von seiten Ebrachs gemachten Vorschlag, diese doppelte Bestrafung «ad excitandum maiorem horrorem» rechtlich zu manifestieren, wurde zwar von Ansbach widersprochen; da jedoch beide Gerichtsherrn auf ihrem Rechtsanspruch beharrten, verfiel der Täter weiterhin einem zweifachen Gerichtsverfahren und einer doppelten Bestrafung.

Wenn man von dieser merkwürdigen Rechtspraxis in letztgenanntem Fall absieht, hatte das Kloster durch seine unentwegten Bemühungen um Erlangung der Hochgerichtsbarkeit für seine Hintersassen eine, im Vergleich mit Grundhörigen anderer fränkischer Herrschaften, denkbar günstige Situation geschaffen. Die großen Rezesse des 16. Jahrhunderts hatten zwar der Abtei den – aus ihrer Perspektive gesehen – wesentlichsten Teil des Erreichten aberkannt; den Klosteruntertanen aber waren uneingeschränkt jene Befreiungen finanzieller und dinglicher Art verblieben, die ihnen als Teilresultat der klösterlichen Bestrebungen nach Immunität zugefallen waren. Die mit letzteren in engem Zusammenhang stehenden Bemühungen des Klosters, anfänglich um Befreiung von fremden, später um Erwerb von Vogteirechten zur eigenen Nutzung brachten den Hintersassen eine ähnlich positive Entwicklung im Rahmen der Zivil- sowie der niederen und mittleren Strafgerichtsbarkeit.

2. Vogtei und Ruggericht

Vogtei wie Eigenkirchenwesen wurden von den Zisterziensern im Sinne der streng asketischen Richtung, die der Orden in den ersten Jahrhunderten seines Bestehens einschlug, abgelehnt. Weder in den Satzungen der Charta Charitatis noch in den Beschlüssen des Generalkapitels wird daher der Vogtei, die sich auf Grund der ursprünglichen Gesamtauffassung des Ordens ja von selbst ausschloß, Erwähnung getan; auch in päpstlichen Privilegien wird Vogtfreiheit nur für wenige Klöster der Zisterzienser

---

[462] StA Nürnberg, Rep. RA Schwabach nr. 2816 f 18'; auch StA Würzburg, Stdbch. nr. 499 f 2.
[463] StA Nürnberg, Rep. RA Schwabach nr. 2816 f 19'.
[464] Ebenda.
[465] Ebenda.

ausdrücklich genannt[466]. So lange die Zisterzienserniederlassungen über keine weltlichen Eigenleute verfügten, für die ein adeliger Vogt in Sachen der Hochgerichtsbarkeit
hätte bestellt werden müssen, konnten sie sich dem Zugriff weltlicher Gewalt entziehen.
Es genügte die Wahl von «Schirmern» (defensores, tutores), die, ohne eine Gegenleistung zu fordern, den Schutz des Klosters übernahmen. Erst mit Zunahme des Besitzes wuchs auch die Schutzbedürftigkeit und als Folge davon die Abhängigkeit von
einer weltlichen Gewalt. – Daß letzten Endes der ursprüngliche Vorsatz, sich den
Lasten der Vogtei zu entziehen, von der Mehrzahl der Klöster eingeschränkt oder
gänzlich aufgegeben werden mußte, lag vielfach daran, daß sich die Stifterfamilien in
dieser Form Einfluß auf ihre Gründungen zu sichern wußten. Mehrere Zisterzen mußten notgedrungen die Vogtei des Bischofs anerkennen, der die Gründung begünstigt
hatte[467]. Wenn die Zisterzienserklöster auch noch später, als kaum mehr ein grundsätzlicher Unterschied zwischen ihren Niederlassungen und denen anderer Orden bestand, an dem Bemühen festhielten, sich «Schirmern» statt «Vögten» zu beugen, so
war dies kaum von praktischer Bedeutung. «Wie der ‹advocatus› hatte auch der ‹patro-
nus› oder ‹defensor› das Bestreben, die klösterlichen Besitzungen seiner Gerichtshoheit, später seiner Landeshoheit zu unterwerfen[468].» – In der schon erwähnten Urkunde, die Bischof Embricho von Würzburg am Weihetag der Klosterkirche (7. Okt.
1134) ausstellte[469], wurde Ebrach zwar nachdrücklich dem Schutz der Nachfolge-
bischöfe empfohlen; es findet sich darin aber keinerlei Anhaltspunkt, von dem aus
auf einen bischöflichen Obereigentumsanspruch oder auf das Bestehen einer bischöflichen Vogtei geschlossen werden könnte. – Vogteifreiheit war Ebrach durch kein
Privileg ausdrücklich verliehen worden; trotzdem leistete kein Ebracher Gut Vogtrecht – wie aus einer Erklärung Bischof Heinrichs IV. von Würzburg i. J. 1205 hervorgeht[470]. Unermüdlich war das Kloster in dem Bemühen, seine Gütererwerbungen
neben allen anderen darauf ruhenden Lasten auch von solchen, die der Vogtei anhin-
gen, zu befreien. H. Zeiss[471] zeigt ausführlich am Beispiel einer der ältesten ebrachischen Grangien, der Grangie (Kalten-)Hausen, welche langwierigen Verhandlungen
geführt, wieviel Geld und Mühe aufgebracht werden mußten, um das Gut schließlich
als «arrondiert und lastenfrei» bezeichnen zu können. Trotzdem nicht weniger als
vier darauf ruhende Vogtrechte von der Abtei erworben worden waren, lastete darauf
nach mehr als hundertjährigem Bestehen noch immer ein letztes Vogtrecht. Bis 1273[472]
hatte das Kloster an die Herren von (Burg-)Windheim vom Hof Mönchherrnsdorf
jährlich 1 Rind und 2 Schafe zu leisten, eine Abgabe, die mit großer Wahrscheinlichkeit
als Gegenleistung für den Schutz des genannten Hofes anzusehen ist. Zeiss führt den

---

[466] Vgl. hierzu und zum folgenden: H. Hirsch, Studien über die Vogtei-Urkunden süddeutsch-österreichischer Zisterzienserklöster, in: Archiv. Zeitschrift, 3. Folge, 4. Bd.; derselbe,
Die Klosterimmunität seit dem Investiturstreit, Wien 1913; auch H. Wiswe, a.a.O., S. 59 ff. –
In besonderer Berücksichtigung der Ebracher Verhältnisse H. Zeiss, Reichsunmittelbarkeit,
a.a.O., S. 27 ff.
[467] Vgl. H. Hirsch, Klosterimmunität, a.a.O., S. 103: Bischöfe von Speyer setzten die
Schirmvögte für das Zisterzienserkloster Maulbronn ein; A. Waas, Vogtei und Bede in der
dt. Kaiserzeit, Berlin 1919, S. 33 ff.: Ausdehnung der bischöflichen Vogteipolitik auf Zisterzienserklöster.
[468] H. Zeiss, Reichsunmittelbarkeit, a.a.O., S. 5.
[469] Mon. Eberac. 52 f.; Lib. Pietanc. f 36.
[470] Eugen Montag, Frage: Ob der Abtei Ebrach in Franken das Prädikat Reichsunmittelbar rechtmäßig gebühre? (1786), S. 249.
[471] H. Zeiss, Reichsunmittelbarkeit, a.a.O., S. 22 ff.
[472] RB 3, 413; 421.

glaubwürdigen Beweis, daß derartige Leistungen als Relikte älterer Vogtrechte anzusehen sind, trotzdem in keiner der einschlägigen Urkunden die Bezeichnung «Vogt» verwendet wird. 1137 waren Güter und Leute zu Alitzheim mit den Rechten des Vogtes («cum omni sua iusticia») in Klosterbesitz übergegangen[473]; 1140 befreite der Würzburger Bischof sowohl die Güter als auch die dazugehörigen Leute zu Mönchstockheim, die das Kloster vom würzburgischen Stift St. Burkhard erworben hatte, vom Vogtrecht[474]; die Befreiung geschieht «de servicio et de omni advocati iusticia». – Vermutlich wurde das Vogtrecht nun weiterhin vom Kloster selbst wahrgenommen, denn die eben vom Vogtrecht (1140) befreiten Eigenleute zu Mönchstockheim wurden verpflichtet, jährlich zu Lichtmeß 5 Denare an das Kloster zu entrichten[475]. Ein Beauftragter des Klosters – aller Wahrscheinlichkeit nach wie im Rahmen der grundherrlichen Verwaltung ein Konverse – dürfte die bisher vom Vogt ausgeübten niedergerichtlichen Aufgaben übernommen haben. – Die Grafen von Castell wurden anscheinend durch finanzielle Abfindung dazu bewogen, die Vogtfreiheit des Klosters anzuerkennen[476]. 1224 gab Graf Rupert V. v. Castell eine Erklärung ab, die deutlich die Forderungen des Klosters, Vogt- und Steuerfreiheit, zum Ausdruck bringen[477]. – Ein königlich-kaiserlicher Anspruch auf Vogtei über Ebracher Besitzungen bestand im 13. Jahrhundert lediglich über die beiden Klosterhöfe Schwabach (weil auf Reichsboden liegend) und Spießheim[477a].

Stand bis zur Mitte des 13. Jahrhunderts das Bestreben um Anerkennung der Vogteifreiheit bzw. um Befreiung der Klostergüter und -leute von fremden Vogtrechten im Vordergrund, so zielten die klösterlichen Bemühungen nunmehr deutlich auf den Erwerb von eigenen Vogtrechten[478] und den Ausbau der Niedergerichtsbarkeit[479]. Daß das grundherrliche Gericht über die Hintersassen schon lange vor dieser Zeit durch das Kloster ausgeübt wurde, unterliegt kaum einem Zweifel. – Trotz einer ganzen Reihe von Vogteikäufen und -schenkungen zwischen der Mitte des 13. und 14. Jahrhunderts – aus der im folgenden wenigstens die wichtigsten aufgeführt werden sollen – wird im Urbar von 1340 nur an drei Stellen auf ein ius advocaticium des Klosters hingewiesen: Neben der Aufzählung einiger Orte an der Weisach (Nebenfluß der Aisch), in denen der Magister von Nürnberg das iudicium et ius advocaticium ausübe[480], wird bei einem Hof in Burgwindheim[481] außer der Abgabe des Fastnacht- und Zehenthuhnes

[473] MB 45, 8–10.
[474] Lib. Pietanc. f 39.
[475] Ebenda.
[476] Vgl. auch die zahlreichen Güterveräußerungen an das Kloster (F. STEIN, Geschichte der Grafen v. Castell, Schweinfurt 1892, S. 189, 258 ff.), die auf ein gewisses Geldbedürfnis schließen lassen.
[477] Vgl. P. WITTMANN, Monumenta Castellana. Urkundenbuch z. Geschichte d. fränk. Dynastengeschlechtes d. Grafen u. Herren zu Castell (1057–1546), München 1890, S. 23 nr. 81.
[477a] 1310 (März 24) schenkt Heinrich VII. dem Kloster die Vogtei über den Klosterhof Spießheim (Ober- und Unterspießheim); Abschrift von 1407 im Lib. Priv. 1, f 103; gedruckt: H. ZEISS, Reichsunmittelbarkeit, a.a.O., S. 102.
[478] Etwa zur selben Zeit ist auch bezüglich der Zehnten eine ähnliche Beobachtung zu machen: Übergang vom Bestreben, sich lediglich von fremden Zehntansprüchen zu befreien, zum Bemühen, Zehnten zum eigenen Nutzen zu erwerben (vgl. S. 65).
[479] Um Wiederholungen zu vermeiden, sei hier summarisch auf den Abschnitt «Die hochgerichtlichen Verhältnisse» verwiesen, wo bereits verschiedentlich des Zusammenhanges wegen auf das Niedergericht Bezug genommen werden mußte.
[480] Mon. Eberac. 99.
[481] Ebenda 122.

auch «unum advocaticium» und bei 13 Höfen in Wolfsbach[482] die Reichung von 13 sum. avene Bambergensis mensure iure advocaticii genannt. Das Bestehen eines Niedergerichtes gibt die gleiche Quelle nur für Herlheim[483] und Katzwang[484] an. Burgwindheim, Rödelsee und Unterschwappach, die im 16. Jahrhundert klösterliche Dorfgerichte besaßen, werden eigenartigerweise 1340 nicht als Gerichtsorte bezeichnet, obwohl das Bestehen eines Niedergerichtes in Burgwindheim schon für das 13. Jahrhundert sicher nachzuweisen ist[485] und in den beiden letztgenannten Orten Niedergerichte auf Grund des umfassenden Klosterbesitzes mit großer Wahrscheinlichkeit bestanden haben dürften, so «daß man fast annehmen möchte, daß der Urbarschreiber das Gericht nur anzumerken vergessen habe»[486]. Unerwähnt bleibt 1340 auch das Niedergericht zu Füttersee, das 1317 aus den Händen der Grafen von Castell erworben worden war[487].

Wo das Kloster während des vorangegangenen Jahrhunderts Güter und Leute erworben hatte, hatte es getrachtet, gleichzeitig oder wenig später den Inhaber der Vogtei zum Verkauf oder zur Schenkung seiner diesbezüglichen Gerechtsame zu bewegen. 1247 (April 11) kaufte es von Hartung von Scherenberg mit Konsens des Würzburger Bischofs als Oberlehensherrn die Vogteigerechtigkeit zu Großgressingen[488]; 1278 (Okt. 6) erhielt es bei Eintritt Ludwigs von Windheim in den Orden mit seinen Besitzungen in Obersteinach auch die Vogteilichkeit darüber[489]; 1281 (Nov. 2) verzichteten für den gleichen Ort Ludwigs Onkel Sibert und dessen Sohn Gundeloch auf ihre Vogteigerechtsame[490]; noch im selben Jahr kam auch ein Teil der Vogtei in Mittelsteinach an das Kloster; im Folgejahr erwarb es mit dem hochstiftisch würzburgischen Besitz zu Herlheim gleichzeitig die Gerichtsbarkeit darüber[491]. 1299 überließ Albrecht v. Rindsmaul die von ihm bisher innegehabten Vogteigerechtsame über die von Ebrach gekauften, ehemals dem Kloster Ellwangen gehörigen Güter in der Hofmark zu Katzwang (Güter zu Katzwang, Wolkersdorf, Limbach, (G)Reuth, Gaulnhofen, Neuses) sowie über die dazugehörigen Wiesen, Äcker, Holzrinnen, Wasser und Weide, ferner über 2 Güter zu Limbach und Wolkersdorf, die Ulrich von Kipfenberg und seinen Geschwistern gehörten, dem Kloster Ebrach[492]; von mehreren Einzelkäufen, durch die das Kloster weitere Vogteigerechtigkeiten in Katzwang, Wolkersdorf und Reuth erwarb, berichtet ein Güterherkunftsverzeichnis von 1313[493]. Möglicherweise führte die «Summe dieser Vogteikäufe»[494] zur Errichtung des Klostergerichtes Katzwang, dessen Existenz schon für 1297 durch einen Nürnberger Landgerichtsspruch[495] belegt ist.

[482] Mon. Eberac. 128.
[483] Ebenda 89.
[484] Ebenda 92: «iudicium ad nos pertinet.»
[485] Schon 1275 wurde dem Kloster die Erwerbung des Dorfgerichtes Burgwindheim durch Bischof Berthold von Würzburg bestätigt (H. Zeiss, Reichsunmittelbarkeit, a.a.O., S. 24; auch RB 3, 469).
[486] E. v. Guttenberg, Quellen zur Besitz- u. Wirtschaftsgeschichte, a.a.O., S. 38.
[487] Wittmann, Mon. Cast. 120 nr. 280.
[488] StA Bamberg, Lib. Priv. f 45 lit. H; auch Rep. 223/2 nr. 7686 f 34'.
[489] Lib. Priv. f 157 lit. X et V.
[490] Ebenda; auch StA Bamberg, Stdbch. nr. 7736, zu Obersteinach.
[491] Vgl. S. 12; weitere Verträge zur ebrachischen Vogteilichkeit mit dem Bischof von Würzburg siehe Lib. Pal. Tom. 1, pars 2, p. 213.
[492] Staatsbibliothek München, cod. lat. nr. 6081 f 60 f.
[493] Mon. Eberac. 145 ff.; Erwerbungen des Bruders Cunrad von Culmenach.
[494] E. v. Guttenberg, Quellen zur Besitz- u. Wirtschaftsgeschichte, a.a.O., S. 38.
[495] Staatsbibliothek München, cod. lat. nr. 6081 f 30/30'; Landgerichtsspruch gleichen Inhalts v. 1299, ebenda f 59'/60.

Fortgesetzte Käufe, Schenkungen und Austausch lokaler und regionaler Vogtei-rechte führten zu dem Ergebnis, daß die Abtei bei Ausgang des Mittelalters die advocacia nahezu über den gesamten Mönchsgau an sich gezogen hatte. Daraus erklärt sich die umfassende Bündelung an Rechten, die Ebrach auch noch nach Einengung und Umwandlung der mittelalterlichen advocacia zu jenem Kompetenzbereich, der seit der Mitte des 16. Jahrhunderts als «Vogtei»[496] angesprochen wird, über seine und zum Teil auch über bevogtete fremde Grunduntertanen in Händen hielt:

1) die gesamte *Zivil*gerichtsbarkeit; alle Forderungen und Klagen ziviler und finanzieller Natur, die nicht das «publicum interesse, sondern der Unterthanen eigenen Nuzen und Schaden»[497] betrafen. Der Wert des in Frage kommenden Objektes war dabei ohne Belang; entscheidend war allein, daß das Streitobjekt nur auf dem Wege der Zivilklage gefordert werden konnte und zum Privatnutzen der vor Gericht erscheinenden Parteien zählte (Schulden, Streit um liegende und fahrende Habe);

2) die niedere und mittlere *Straf*gerichtsbarkeit mit den bisher vor das Blutgericht gehörenden Schänd- und Schlaghändel sowie teilweise auch solcher Vergehen, die «fließende Wunden» zur Folge hatten, – wenn in bezug auf letztere mit den zuständigen Fraischgerichten keine einengenden Sonderbestimmungen getroffen waren[498]. Mit der Rezeption des römischen Rechtes war die Entscheidung über Leben und Tod zwar als oberstes Recht dem Staate zuerkannt, der Kompetenzbereich des ehemaligen Blutbanns im allgemeinen jedoch auf die «4 hohen Rügen» beschränkt worden. Als Strafmittel waren dem Vogteiherrn neben Geldbußen auch Inhaftierung und die Bestrafung «mit Stock und Eisen sowie ähnlichen Mitteln» erlaubt[499].

3) In der Hand des Vogteiherrn lag ferner Bewilligung und Aberkennung des *Schenkrechts*, Vereinnahmung des *Umgeldes*, *Visitation* der Mühlen, Hammerwerke, Wasser- und Wehranlagen, das *Pfandrecht*, die Prüfung und Eichung von *Maß* und *Gewicht*, *Vermarkung* und Grenzsetzung sowie die Bestellung der Steinsetzer oder Siebner, die Abhörung der *Kirchenrechnung*, die *Feuerschau*[500], die Bewilligung zur Aufnahme von *Beständnern*, die Erlaubnis zur Ausübung eines *Handwerks* sowie alle Rechtssatzung, die allgemein unter dem Titel «*Gebot* und *Verbot*» zusammengefaßt wird, dazu das Recht des *Kirchweihschutzes* und die Ausrufung des *Friedgebotes*.

[496] Zum Wesen der Vogtei in Franken siehe vor allem Michel Hofmann, Die Außenbehörden des Hochstifts Bamberg u. d. Markgrafschaft Bayreuth, JffL 3 (1937), fortgesetzt in JffL 4 (1938); siehe dazu auch den Aufsatz des gleichen Verfassers «Cuius regio?» in: JffL 11/12 (1953), S. 345 ff.; vgl. ferner die Abhandlungen zur «Vogtei» in den Heften 1–7 der Reihe I des Hist. Atlas v. Bayern, Teil Franken, sowie die dort angegebene Spezialliteratur; dazu auch H. Knapp, Die Zenten des Hochstifts Würzburg 2. Das Alt-Würzburger Gerichtswesen und Strafrecht (1907).

[497] Siehe den detaillierten Bericht des Amtmannes Pius Link: StA Nürnberg, Rep. RA Schwabach, nr. 2816 f 21′ ff.

[498] Da die Grenze zwischen Fällen der mittleren Strafgerichtsbarkeit und den hohen Centfällen (Raufhändel mit Todesfolge z. B.) nicht immer exakt zu ziehen war, legten Vogtei- und Centherrn verschiedentlich in Sonderverträgen ihre Befugnisse fest, wobei Ebrach einige Male Teile der mit erheblichen Unkosten verbundenen Kriminalgerichtsbarkeit an die Cent abtrat; vgl. den Sondervertrag mit Brandenburg-Ansbach v. J. 1589 für den Ort Mainstockheim (StA Nürnberg, Rep. 133, Ansbacher Copialbücher nr. 77); siehe dazu auch den Hauptvertrag v. J. 1553 (StA Nürnberg, Rep. 151 nr. 372).

[499] Jede Verhaftung setzte sowohl einen amtlichen als auch einen richterlichen Befehl voraus; vgl. StA Nürnberg, Rep. RA Schwabach nr. 2816 f 21′ f.

[500] Sie wurde jährlich vom Richter in Beisein des Gerichtsknechtes vorgenommen; zwei- bis dreimal im Jahr schickte das Kloster eigens von ihm besoldete Kaminfeger, die die Schlöte in den Anwesen seiner Grunduntertanen zu säubern hatten.

4) In den Rahmen der Vogtei fiel ferner das Recht der *Vormundschafts*bestellung, Annahme und Aufbewahrung von Testamenten, Erbschaftsauseinandersetzungen, Ausstellung und Siegelung von Erbschaftsbelegen, von Geburts-, Schuld-, Lehen- und Kaufbriefen und anderer Dokumente. – Als Vogteiherr war das Kloster berechtigt, Mandate und Urkunden von der öffentlichen Kanzel verlesen und auf diesem Wege auch Güter feilbieten zu lassen. – Zog ein Untertan, dessen Güter wegen eigenen Verschuldens zwangsweise durch den Grundherrn verkauft worden waren, nicht freiwillig aus seinem Lehen, so war der Grund- als Vogteiherr berechtigt, ihn gewaltsam daraus zu entfernen und den neuen Lehenmann einzuführen.

5) Besondere Erwähnung verdient das Recht des Vogteiherrn, von (aus dem Gerichtsgebiet) Abziehenden *Nachsteuer* bzw. «Abschied» zu erheben, eine Finanzquelle, aus der dem Kloster angesichts seiner räumlich weit ausgreifenden Vogtei über eigene Hintersassen und bevogtete Untertanen fremder Grundherrschaften bedeutende Einnahmen zuflossen[501].

6) Nach den Beschlüssen des Augsburger Reichstages von 1500 stand den Vogteiherrn aber auch die Belegung der Untertanen mit den *Reichsauflagen* zu, was insofern einen gewissen Machtzuwachs darstellte, als sich daraus in der Folgezeit auf dem Wege über das passive Marsch- und Quartierrecht eine bedingte Wehrhoheit ableiten ließ.

7) Auch das *Homagium* oder die Erbpflicht-Leistung zählte zur Spezies der Vogteilichkeit[502]. Nur bei Regierungsantritt eines Abtes wurde eine persönliche Huldigung von seiten der Untertanen verlangt; sonst wurde die Erbpflicht von neuen Lehenleuten nach bezahltem Handlohn vor dem Amtmann oder einem anderen herrschaftlichen Stellvertreter, zumeist an einem Ruggerichtstag, geleistet[503].

Betrachtet man zusammenfassend die Vielzahl der unter den Begriff der «Vogtei» fallenden Rechtsansprüche, so ist zu verstehen, warum bereits im 17. Jahrhundert die Vogtei «fränkischer Prägung» als «Ansatzpunkt» für eine «landsfürstliche Obrigkeit» höher bewertet wurde als die Cent, deren Erwerbung ehemals als unbedingte Voraussetzung für die Ausbildung eines Territoriums galt. «Die spätmittelalterliche und frühneuzeitliche Weiterentwicklung und Bereicherung der Staatstätigkeit (in Richtung auf den Verwaltungs- und Polizeistaat gegenüber dem alten Rechtspflegestaat) vollzog sich ... auf dem vogteilichen Sektor und im Anschluß an die vogteiliche Organisation; es wurde – grob gesagt – mehr verwaltet als geköpft und gehenkt[504].» Dies widerspricht insofern nicht der von I. Bog verfochtenen These – «daß in Franken von Anfang an die Grundherrschaft der Kristallisationskern für alle Partikel der Staatlichkeit war»[505] –, als der Großteil vogteilicher Gerechtsame ja aus den grundherrlichen Rechten «über Mann und Boden» herausgewachsen war; nicht zufällig ist die Erscheinung, daß die überwiegende Anzahl fränkischer Grundherren auch die «Vogteilichkeit» über ihre Grundholden besaß[506].

Die jährlichen Leistungen, die das Kloster in seiner Eigenschaft als Vogteiherr von seinen Untertanen zu fordern berechtigt war, sind – wie eingangs schon gesagt – auf Grund der Tatsache, daß Gerichts- und Grundherrschaft im überwiegenden Teil des Klostergebietes seit früher Zeit personal vereinigt waren, für eine strenge Trennung

[501] Näheres dazu S. 68 f.

[502] StA Nürnberg, Rep. RA Schwabach nr. 2816 f 25.

[503] Ausführliche Beschreibung der Ebracher Erbpflicht-Leistung: StA Würzburg, Stdbch. nr. 501, ao. 1674, f 6–7'.

[504] Siehe die Studie von M. Hofmann «Cuius regio?», a.a.O., S. 354.

[505] I. Bog, Dorfgemeinde, a.a.O., S. 51, auch S. 80.

[506] Besonders eindringlich wird dies jeweils in der Statistik I (Ortschaften-Übersicht) der Hefte 1–7 des Hist. Atlas von Bayern, Teil Franken, vor Augen geführt.

der Rechtsgründe daher kaum Notwendigkeit bestand, nur ab und zu durch eine besondere, auf die Vogtei hinweisende Kennzeichnung (Vogteigeld, Vogthafer) oder nach Art der Abgabe bzw. des Dienstes (Rauchhühner; Baudienste zur Instandhaltung der Gerichtsgebäude) als gerichtsherrliche Forderungen erkennbar. Wo jedoch die Verpflichtungen zu differenzieren sind, ist die Aussage gerechtfertigt, daß es sich bei allen (jährlichen) Gefällen und Diensten an den Gerichtsherrn um relativ geringfügige Leistungen handelt. An Naturalabgaben wird nur vereinzelt die Reichung von 1–2 Rauchhühnern genannt. In den gleichfalls nicht sehr zahlreichen Fällen, in denen eine Verpflichtung ebrachischer Gerichtsuntertanen zur Leistung von Vogthafer bestand, erscheint selten Ebrach, häufiger das Hochstift Würzburg – ohne tatsächlich Vogteiherr zu sein – als Empfangsberechtigter; letzteres dürfte als Rest alter, nicht abgelöster würzburgischer Vogtrechte oder als Relikt eines anderen ehemaligen Würzburger Nutzungsrechtes, das lediglich unter dem Namen der Vogtei weiter beansprucht wurde, zu erklären sein[507]. Wo von klösterlichen Gerichtsuntertanen ein jährliches Vogteigeld verlangt wurde, handelte es sich um Beträge, die in ihrer Höhe zwischen 3 Kreuzern und 1 fl 16 Kreuzern, gestuft nach Größe des Besitzes, schwanken[508]; Beständner zahlten seit der 2. Hälfte des 17. Jahrhunderts Beträge zwischen 15 Kreuzern und 1 fl anstelle vormals in naturaler Form geforderter Verspruchshennen[509].

Räumlich entsprach der Kompetenzbereich eines klösterlichen Vogteiamtes annähernd einem grundherrlichen Verwaltungsamt[510]; da vom Streugutcharakter des Besitzes abhängig, besaß weder das Vogtei- noch das Verwaltungsamt feste Grenzen, deren Bildung im fränkischen Raum nur den Centämtern gelang. Wo das Kloster aus organisationstechnischen Gründen Änderungen bezüglich der Zugehörigkeit zu einem «Amt» vornahm, bezogen sich diese sowohl auf den grundherrlichen Verwaltungs- als auch auf den Gerichtssprengel. Der Gerichtssitz befand sich demnach fast immer im Amtshof, der gleichzeitig auch Sitz der grundherrlichen Verwaltung war[511]. Je nach Größe des Amtes vertrat entweder ein eigens für vogteiliche Belange vom Kloster eingesetzter weltlicher Beamter[512] oder ein Ordensangehöriger die klösterliche Gerichtsbarkeit[513]; in kleineren Verwaltungseinheiten war der Amtmann – regelmäßig ein

---

[507] Die Ebracher Grundholden zu Frankenwindheim z. B., für die die Quellen nachdrücklich aussagen, daß sie auch bezüglich der Vogtei dem Kloster zugehörten, hatten zusammen mit den würzburgischen Grunduntertanen «jährlich gen Gerolzhofen in die Vogtei (zu) liefern 7½ Mltr. Hafer, den *nenen* sie Voit oder Vogtshabern ,.» (StA Würzburg, Stdbch. nr. 499, ao. 1673, f 3').

[508] Vgl. StA Nürnberg, Rep. RA Schwabach nr. 395, Vogteigeldeinnahmen und -ausgaben des Klosteramtes Katzwang. Aus den jährlichen Einnahmen (durchschnittlich 130 fl) beglich Ebrach für seine Untertanen deren in Geld abgelöste, ehemalige Dienstverpflichtung an den Landesherrn, den Markgrafen von Brandenburg-Ansbach: 54 fl für abgelöste Schutz-Weinfuhren und 12 fl 30 Kr Schutzgeld an das markgräfliche Amt Schwabach.

[509] StA Nürnberg, Rep. RA Schwabach nr. 2816 f 47'.

[510] Siehe die Beschreibung in der Brevis Notitia (1739).

[511] Vgl. Abschnitt «Organisation» S. 18 ff.

[512] So für Burgwindheim (wohin auch die wenigen zum Amtshof Bamberg gehörigen Untertanen zuständig waren), Mainstockheim und Sulzheim (mit einigen Gerichtsholden, die grundherrlich zum Amtshof Schweinfurt und zum Klosterhof Elgersheim gehörten).

[513] Schwappach. – Vor Übertritt der Reichsstadt Nürnberg zum evangelischen Glauben waren auch im Amtshof Nürnberg, von wo aus das Amt Nürnberg-Katzwang-Schwabach verwaltet wurde, grundherrliche und vogteiliche Amtsgeschäfte von 1–2 Konventualen ausgeübt worden. Danach hatte das Kloster mit Rücksicht auf die Stadt einen weltlichen Amtmann mit beiden Aufgabenbereichen betraut. Der diesem Amtshof untergeordnete Hof in Schwabach war nur für grundherrliche Teilaufgaben zuständig und besaß keinen Gerichtssitz.

Ordensangehöriger – gleichzeitig mit vogteilichen und grundherrlichen Aufgaben betraut[514]. Da die kleinere Ordnungs- und Kriminalgerichtsbarkeit von den dörflichen Ruggerichten ausgeübt wurde, kamen im Rahmen der Strafgerichtsbarkeit nur Fälle, die die Kompetenz der örtlichen Niederrichter überschritten, vor den Amtmann. Dagegen konnten alle Angelegenheiten notarieller Art[515] nur in der zuständigen Amtskanzlei vorgenommen werden. – Berufungsgericht in zweiter Instanz war das klösterliche Obergericht in Ebrach[516], besetzt mit einem weltlichen Amtmann, dessen Funktion sich über vogteiliche Angelegenheiten hinaus auch auf grundherrliche erstreckte.

Die erste Rechtsinstanz für alle Dorfbewohner war – soweit es sich nicht um centbare Verbrechen handelte – das dörfliche *Ruggericht*. Seinem Charakter und seiner Kompetenz nach könnte es als eine Kombination «eines Gerichtes öffentlichen Rechtes mit einem Privatgericht»[517] bezeichnet werden, da neben Belangen im Rahmen des öffentlichen Rechtes verschiedentlich vor ihm auch «erblich gut» betreffende Vorkommnisse, also Fälle rein grundherrlicher Natur, verhandelt wurden[518]. Vorsitz, Zusammensetzung des Gerichtes, Kompetenzausmaß, Verfahrensweise, Termine, Strafhöhe, Empfangsberechtigung der Sporteln und Strafgelder waren durch die in Absprache zwischen Dorfherrschaft und Gemeinde geschaffenen Gerichtsordnungen genau festgelegt. Kleinere Orte hielten keine eigenen Ruggerichte ab, sondern waren einem größeren Ruggerichtsort angeschlossen[519]. Obwohl alle Männer gerichtsfähigen Alters auch dieser kleineren Orte zum regelmäßigen Besuch des zuständigen Ruggerichts verpflichtet waren, wählten sie jährlich aus ihrer Mitte einen Rugmeister, der für sie stellvertretend die ihm aus seinem Ort bekannt gewordenen Rugfälle bei der Gerichtsversammlung vorbrachte.

Den Vorsitz im Gericht – das jedes Jahr im Beisein herrschaftlicher Beamter neu besetzt werden mußte – führte je nach Größe des Gerichtsgebietes entweder ein von den Beisitzern[520] eigens erwählter und von der Herrschaft eidlich verpflichteter Richter oder lediglich der Schultheiß. Im Namen der Gerichtsherrschaft hegten Richter oder Schultheiß das Gericht und verkündeten das Urteil; die Urteilsfindung lag bei den Schöffen. – In Orten mit gemischter Dorfherrschaft wechselten sich die Schulzen der

[514] Würzburg.

[515] Mit Ausnahme der Einkindschaften für die Ebracher Besitzungen im Würzburger Raum, die vor das kaiserliche Landgericht Herzogtum Frankens in Würzburg gehörten (StA Würzburg, Stdbch. nr. 499 f 2; StA Bamberg, Rep. 223/2 nr. 7686 f 6,33′, 103′).

[516] Ihm unterstanden gleichzeitig in erster Instanz die Untertanen des gleichnamigen Amtes sowie die grundherrlich zum Amtshof Weyer gehörigen Klosterleute.

[517] F. SCHMITT, Ländliche Rechtsverhältnisse in Nordfranken nach Weistümern u. Dorfordnungen, Arch. d. Ver. f. Unterfranken u. Aschaffenburg, 69. Bd., 3. H., 1934, S. 173; zu Fragen des Dorfgerichtes in anderen Gebieten Deutschlands siehe vor allem K. S. BADER, Entstehung und Bedeutung der oberdeutschen Dorfgemeinde, Zs. f. württ. Landesgesch., I. Jg., 2. H., 1937, S. 265; S. 288 ff.; ferner K. H. QUIRIN, Herrschaft und Gemeinde nach mitteldeutschen Quellen d. 12. bis 18. Jhs. (Göttinger Bausteine zur Geschichtswissenschaft, H. 2, Göttingen 1952), vornehmlich S. 63 ff.

[518] Dies vor allem in Dörfern, die nur *einen* Grundherrn hatten und wo man der Vereinfachung wegen Fälle beider Rechtsbereiche vor dem Ruggericht zusammenfaßte.

[519] Verschiedentlich bezeichnen die Quellen Ruggerichtsversammlungen, an denen mehrere Orte teilnahmen, als «Hochgerichte»; die Bezeichnung darf nicht zu dem Schluß führen, daß die Kompetenz sich auf tatsächlich hoch-(blut- bzw. cent-) gerichtliche Belange erstreckte.

[520] Nicht in allen Orten ist die Anzahl der Gerichtsbeisitzer die gleiche; überwiegend werden 12 Beisitzer genannt.

einzelnen Herrschaften im Gerichtsvorsitz von Mal zu Mal ab[521]. – Im allgemeinen trat man drei- bis viermal jährlich zum Ruggericht zusammen[522]. Neben diesen «ordentlichen» Versammlungen konnte in Angelegenheiten, die keinen Verzug bis zum nächsten Zusammentreten duldeten, bei der Gerichtsherrschaft eine außerordentliche Gerichtstagung, ein sog. «Gastrecht», erbeten werden, für das der Antragsteller dem Gericht eine Gebühr (bis zu 1 fl) zu bezahlen hatte.

Jeder männliche Inwohner hatte vor dem Ruggericht zu erscheinen, «er sey gesessen oder Haußgenoß, undt alle gedingte Knecht». Witwen wurden entweder durch einen gerichtsfähigen Sohn oder durch den Knecht, der ihre Güter verwaltete, vertreten; Witwen, die ihre Güter selbst verwalteten, waren mit ihrem männlichen Gesinde zum Erscheinen verpflichtet. Auch Frauen durften ihre Ehemänner, für deren Fernbleiben ein entsprechender Grund vorlag, vor Gericht vertreten. Nur Verhinderung «durch Gottes gewalt, Herrn noth oder gepot» galt als Entschuldigung. Jeder war verpflichtet, sein Wissen von rugbaren Handlungen öffentlich vor der Gerichtsversammlung anzuzeigen und den Täter zu benennen.

In den Rahmen der ruggerichtlichen Strafbefugnis fielen Gotteslästerung, Schlag-, Wurf- und Stichhändel, Einbruch in die «4 Pfähle» eines anderen (wobei als Übertreten der 4 Pfähle bereits das Hineinschelten oder das Hineinwerfen von Gegenständen galt), Überfälle auf der Gasse, Büchsenschießen, Scheltworte und Verleumdung, Zechen nach dem Abendläuten, unerlaubtes Aufnehmen von Hausgenossen u. ä. – Feld- und Waldfrevel, Mißachtung allgemeiner Dorfvorschriften, Verstöße gegen die Feuerordnung z. B. gehörten zwar gleichfalls vor das Ruggericht, wurden aber in manchen Orten ihres vorwiegend intern dörflichen Charakters wegen bei Zusammenkunft der Gemeindeversammlung gerügt.

Es bedarf keiner besonderen Betonung, daß Centfälle nicht zu den Kompetenzen des Dorfgerichts zählten. Eine Ausnahme stellte hier nur der Ort Abtswind dar. Er wird in einer Dorfordnung von 1555 als «freies» Dorf bezeichnet, mit der Begründung, daß er in keine Cent oder Halsgericht gehöre. Seit «ungedechtlicher Zeit» hatte das Dorf das Recht, Diebe, die im Dorf oder in der Markung gestohlen hatten, aufzuhängen[523], – ein Recht, das dem Dorf in der genannten Ordnung von den Dorfherren (Ebrach, die Grafen v. Castell, die Fuchs v. Dornheim und die Herren v. Schaumberg zu Strößendorf) weiterhin zugestanden wurde. Möglicherweise ist dieses Sonderrecht als Relikt einer altfränkischen Centene aufzufassen[524]. Gegen jede denkbare Auswei-

[521] Vgl. u. a. ein i. J. 1405 zwischen Ebrach und dem Würzburger Domherrn Conrad Schenk von Erbach für Mühlhausen getroffenes Abkommen, nach dem fortan «. . . ein theil nach dem andern . . . ein Viertel Jahr um daß andere gericht halten oder richter sein» und die Bußgelder «under beede herrschafft getheilt» werden sollte (Abb. Ebr. 106). – Anders im Reichsdorf Gochsheim. Hier wechselte zwar jährlich die Besetzung des Dorfgerichtes in der Weise, daß jeweils ein Kollegium aus drei Reichs- und vier Ebracher Untertanen einem Kollegium aus vier Reichsuntertanen und drei Ebracher Lehensleuten folgte; den Vorsitz führte jedoch immer der Reichsschultheiß. Vgl. O. Schwarz, Die Untertanen des Kl. Ebrach in Gochsheim u. ihre Bedrückung im 15. Jh. (Beiträge z. bayer. Kirchengesch. XIII, 4. H., 1907), S. 195.

[522] Vgl. u. a. StA Würzburg nr. 499, f 274', ao. 1673; StA Bamberg, Rep. D 7 nr. 6, 16. bis 18. Jh., f 406 ff., f 426 ff.; Rep. D 8 nr. 2045, ao. 1555; StA Nürnberg, Rep. RA Schwabach nr. 400, ao. 1569. – Die Termine waren nicht in allen Ruggerichtsorten die gleichen; genannt werden häufig ein auf den Walpurgis-, Michaelis- und Dreikönigstag folgender Wochentag; verschiedentlich auch jeweils ein Wochentag nach dem «Quatember».

[523] StA Bamberg, Rep. D 8 nr. 2045; siehe ferner H. Knapp, Die Zenten des Hochstifts Würzburg I, a.a.O., S. 305 ff., 321 ff.

[524] Die Verf. folgt hier einer von H. H. Hofmann ausgesprochenen Annahme. (Siehe H.

tung dieser dörflichen Fraischbefugnis schützten sich die Dorfherren durch peinlich genaue Verzeichnung aller Fälle, die von diesem Vorrecht ausgeschlossen bleiben sollten. Das Recht beschränkte sich – wie oben schon gesagt – lediglich auf Diebstähle, die auf der «freien Gassen» und auf der Markung verübt worden waren. Diebstähle «inner Etters» fielen in den gerichtlichen Kompetenzbereich der zuständigen Herrschaft[525].

Wer (außerhalb seiner allgemeinen Rugpflicht) eine Klage zur Entscheidung vor das Gericht bringen wollte[526], hatte dies einige Tage vorher beim Richter anzumelden, der durch den Gerichtsknecht die Gegenpartei zum Erscheinen auffordern ließ. Zeugen sollten, wenn möglich, noch am gleichen Gerichtstag, spätestens beim nächsten Zusammentreten des Gerichts unter Eid vernommen werden. Wem die Gerichtsbräuche fremd waren, konnte sich zur Beratung einen «Lehrer» mitbringen, der notfalls für ihn das Gespräch vor Gericht führte.

Fast ausnahmslos handelte es sich bei den im Ruggericht verhängten Strafen um *Geld*bußen, deren Höhe von der Gerichtsordnung bestimmt wurde. Überwiegend fielen die Bußgelder zur Hälfte der Gemeinde[527], zur Hälfte der Herrschaft des Gerügten, innerhalb des Ruggerichtssprengels Katzwang zur Hälfte der Herrschaft, zur Hälfte dem Gerichte zu. Bei verschiedenen Vergehen stand es darüber hinaus noch bei der Herrschaft, den frevelhaften Untertanen nach eigenem Dafürhalten «an leib und guet» zu strafen[528]. Strafgelder für Aufnahme von Hausgenossen ohne Erlaubnis der Herrschaft, ferner für Vergehen, bei denen in den «inner Etter»-Bereich eingedrungen worden war, fielen naturgemäß an *die* Herrschaft, auf deren Boden das Vergehen geschehen war. Im allgemeinen wurde die Empfangsberechtigung des Strafgeldes – so es nicht Herrschaft und Gemeinde zu gleichen Teilen zukam – streng danach entschieden, ob sich die Tat auf herrschafts- oder gemeindezuständigem Boden abgespielt hatte. Gefängnisstrafen standen nur auf einer relativ geringen Anzahl von Vergehen[529].

Appellationen mußten innerhalb von 10 Tagen vom Appellierenden persönlich vor das Obergericht in Ebrach gebracht werden; erkannte dieses das Urteil erster Instanz als zurecht bestehend an, konnte der Appellierende wegen unrechtmäßiger Anfechtung des ersten Urteils vom Obergericht noch mit einer zusätzlichen Strafe belegt werden. – So exakt die Gerichtsordnungen Anzahl der jährlich abzuhaltenden Ruggerichte, Termine und Verfahrensweise auch vorschrieben –, in der Praxis setzte man sich nicht selten über alle diese Verordnungen hinweg. Immer wieder mußte von seiten der Gerichtsherrschaft unter Strafandrohung die Abhaltung der Ruggerichte befohlen[530] und die willkürliche Modifizierung der Verfahrensweise verboten werden[531].

H. HOFMANN, Freibauern, Freidörfer, Schutz u. Schirm im Fürstentum Ansbach. Studien zur Genesis der Staatlichkeit in Franken, in: Zs. f. bayer. Landesgesch., Bd. 23,2, 1960, S. 230.)
[525] StA Bamberg, Rep. D 8 nr. 2045.
[526] Jeder Kläger hatte dem Gericht in solchen Fällen eine kleinere Summe (jeweils nur einige Pfennige) zu erlegen; kleinere Beträge oder ein Viertel Wein erhielt das Gericht auch für notarielle Bemühungen (Abschriften aus dem Gerichtsbuch, Aufnahme von Vertragsabschlüssen u. ä.).
[527] Strafgelder, die der Gemeinde zukamen, sollten zur Besserung der Wege, Stege und Brücken, zur Beschaffung von Feuerlöschgeräten und ähnlichen, der ganzen Gemeinde zugute kommenden Dingen verwendet werden; vgl. StA Nürnberg, Rep. 251 nr. 124, Art. 16, ao. 1658.
[528] Zu solchen Freveln zählten u. a. Gotteslästerung und tätliches Ausschreiten gegen Amtspersonen.
[529] Nächtliche Ruhestörung, Hinderung von Amtspersonen bei Ausübung ihrer Amtspflicht z. B. wurden z. T. mit Geld-, z. T. mit Gefängnisstrafen belegt.
[530] Im Ort Abtswind mußten die 3 Dorfgerichtsherrn um 1580 feststellen, daß von den jährlich 4 angeordneten Ruggerichten «in zehen Jahren nit eines gehalten» worden war. Da

Von der Regel, daß ebrachische Grunduntertanen – von Verbrechen im Rahmen der 4 hohen Rügen abgesehen – allein vor Ebracher Gerichte gezogen werden durften, machten lediglich Klosterhintersassen, die gleichzeitig das Nürnberger Waldrecht – Laub- und Streunutzung im Nürnberger Reichswald umfassend – besaßen, eine gewisse Ausnahme[532]. Sie unterstanden, jedoch nur bei Verstößen gegen dieses Sonderrecht, dem Nürnberger Waldamt St. Lorenz. Außer einer jährlichen Abgabe an das genannte Amt, einer Laub- und Forstgebühr in Form von 1–2 Forsthennen, leisteten Inhaber des Waldrechtes, die «Waldgenossen», auch die sogenannte Herren-Schritt-Fron, bestehend aus Spanndiensten bei kaiserlichen Einzügen nach Nürnberg oder Durchzügen von Reichstruppen, und waren darüber hinaus zur Räumung der Landgräben und kleineren Instandhaltungsarbeiten im Reichswald verpflichtet.

V. Grundherrschaft und Gemeinde

Von allen sich im Dorf überlagernden Rechtstiteln berührten Grund- und Dorf- und Gemeindeherrschaft das tägliche Leben des Einzelnen am engsten.

Für eine «Dorf- und Gemeindherrschaft» – in den Gravamina des Jahres 1633 für Franken noch als «ein novum vocabulum»[533] bezeichnet – bestand erst Notwendigkeit, als im Zuge des großen Umschichtungsprozesses der Gerichtskompetenzen, Anfang des 16. Jahrhunderts, die Frevelgerichtsbarkeit aus dem Kompetenzbereich der (hochmittelalterlichen) Blutgerichtsbarkeit eliminiert worden war und seither unter die Zuständigkeit des Vogteigerichtes fiel. Da sich die vogteiliche Gerichtsbarkeit der Grundherrn jedoch nur auf ihre Lehen erstreckte, mußte nun – vor allem in Orten mit mehreren Grundherrn – für die auf «Dorf, Feld und Gassen», d. h. gemeineigenem, nicht grundherrlichem Boden vorkommenden Schänd- und Schmähhändel eine Rechtsinstanz geschaffen werden. Unter der Bezeichnung «Hirtenstab» oder «Hirtenrecht» hatten schon während des 15. Jahrhunderts der oder die stärksten Grundherrn des Dorfes über die von der bäuerlichen Gemeinde (= Realgemeinde aller Grundbesitzer) geübte Selbstverwaltung ihrer Liegenschaften, über ihr Fürsorgewesen und über die von ihr nahezu immer ausgeübte disziplinäre Gerichtsbarkeit Aufsicht geführt. Die aus dem Rechtsumbruch, Anfang des 16. Jahrhunderts, resultierende Zunahme ihrer vogteili-

man als Entschuldigung die durch die Ruggerichte verursachten Unkosten anführte, bestimmten die Herrschaften, daß künftig dem Schulzen, dem Schreiber und dem Gemeindeknecht je 5 Schillinge aus der Gemeindekasse zu bezahlen seien. Jedem der 3 Schulzen aber wurde seitens seiner Herrschaft eine Strafe von 10 fl angedroht, wenn dieser ein Ruggericht, bei dem er an der Reihe des «Stab haltens» gewesen wäre, nicht abgehalten habe (vgl. StA Bamberg, Rep. D 8 nr. 2045, II. Teil, ao. 1583).

[531] Statt ordentliche Ruggerichte abzuhalten, zogen es die Schulzen vor, jährlich einmal ihre «Amtsverwandten» im Schulzenhause zusammenkommen zu lassen, um hier Rugbares intern zu begleichen. Solche «Winkelrügen» drohten die Herrschaften künftig auch durch hohe Geldstrafen zu ahnden (ebenda).

[532] Vgl. StA Nürnberg, Rep. RA Schwabach nr. 2816 f 20/20'. – Siehe dazu auch K. Th. v. Eheberg, Die Reichswälder um Nürnberg bis zum Beginn der Neuzeit, Neujahrsbll. d. Ges. f. fränk. Gesch. IX, Würzburg 1914.

[533] Ludewig, J. P., Scriptores Rerum Bambergensis, Bamberg 1718, S. 1022.

chen Aufgaben, dazu der für die Bauern unglückliche Ausgang des Bauernkrieges, mehr noch aber der Dreißigjährige Krieg, der «weitgehend ja auch die alten noch volks-rechtlichen bäuerlichen Ordnungen durch vorübergehende Verödung und Überfrem-dung beseitigte»[534], weitete die Machtbefugnisse der im Dorf am reichsten begüterten Grundherrn in zunehmendem Maße auf den – «zu dieser Entwicklung schon im Mit-telalter angelegt(en)»[535] – Rechtskomplex der «Dorf- und Gemeindherrschaft» aus.

Aus dem zweiten Viertel des 16. Jahrhunderts datieren die ältesten Dorfordnungen des Untersuchungsgebietes. Sie alle – und es gibt derer eine große Anzahl – zeigen formal zwar durchwegs ein gewisses Bemühen um die Herstellung eines Ausgleichs zwischen herrschaftlichem Recht und den althergebrachten Gerechtsamen der Dorf-bewohnerschaft[536], machen aber im Endergebnis nach Zahl und Umfang der Zugeständ-nisse an die Herrschaft den verstärkten herrschaftlichen Zugriff auf den dörflichen Verband unverkennbar. In Händen der «Dorf- und Gemeindherrschaft», genauer auch als «Dorf-, Flur- und Gemeindherrschaft» bezeichnet, lag hiernach einerseits die vog-teiliche Strafgerichtsbarkeit und Rechtssatzung zu Dorf und Flur, andererseits aber auch die herrschaftliche Kontrolle der gemeindlichen Selbstverwaltung, des Gemeinde-vermögens, der wirtschaftlichen Ordnung, das Recht des «Hirtenstabes», d. h. das Recht der Bestätigung des Gemeindehirten, Ordnung bzw. Aufsicht der gemeindlichen Hut-rechte, ortspolizeiliche Befugnisse (Feuerverhütung, hygienische Maßnahmen), dazu alle Angelegenheiten, «die eines überörtlichen und somit herrschaftlichen Schieds be-durften»[537], soweit einzelne Gemeinden sich nicht gewisse Sonderrechte aus der Zeit größerer Selbständigkeit herübergerettet hatten. Wo von der Dorf- und Gemeindherr-schaft die auf sie übergegangenen Rechtsmittel mit Konsequenz genutzt wurden, konnte sie letzten Endes «fast pro superioritate territoriali» gehalten werden[538].

Der Einfluß der Herrschaft auf das Dorf war infolgedessen dort am nachdrücklich-sten möglich, wo sie alleiniger Dorfherr war. Hier lag andererseits für das Dorf die Gefahr nahe, daß sich der herrschaftliche Stellvertreter, der Schultheiß oder Schulze, zu einer Art «Dorfmonarch» entwickelte, der die Gemeindeführer in die Stellung reiner Vollzugsorgane herrschaftlichen Willens herabdrückte[539]; dies vor allem in Or-ten, die vom Sitz des Dorfherrn relativ weit abgelegen waren. Auf Grund der fort-gesetzten Bemühungen Ebrachs, deutlich vor allem in den ersten Jahrhunderten seines Bestehens, durch Tausch und Aufkäufe Orte, in denen es bereits Besitz hatte, entweder

[534] HANNS H. HOFMANN, Höchstadt-Herzogenaurach (Hist. Atlas v. Bayern, Teil Franken, Reihe 1, Heft 1, München 1951), S. 20 ff.; derselbe, Neustadt-Windsheim (Hist. Atlas v. Bay-ern, Teil Franken, Reihe 1, Heft 2, München 1953), S. 22 f.; siehe dazu auch MICHEL HOFMANN, Die Dorfverfassung im Obermaingebiet, JffL 6/7, 1941, S. 140.

[535] I. BOG, Dorfgemeinde, a.a.O., S. 67.

[536] So tragen sie des öfteren den einleitenden Vermerk, daß es sich bei der fraglichen Dorf-ordnung um das schriftliche Resultat von Aussagen unter Eid vernommener alter Dorfbewoh-ner über die bisher geltenden Rechte sowohl der im Dorf begüterten Herren als auch der Dorf-bewohner handle. – Zur Problematik siehe F. LÜTGE, Deutsche Sozial- und Wirtschaftsgeschichte, Enzykl. d. Rechts- und Staatswiss., 1952, S. 10 ff.

[537] H. H. HOFMANN, Freibauern, a.a.O., S. 218. – Siehe dazu auch die Ausführungen über «Zwing und Bann», «Gebot und Verbot» (= Dorfherrschaft) bei K. S. BADER, Entstehung u. Bedeutung der oberdeutschen Dorfgemeinde, a.a.O., S. 284 ff., und die dort angegebene Lite-ratur; ferner K. H. QUIRIN, Herrschaft und Gemeinde nach mitteldeutschen Quellen, a.a.O., S. 53 ff.

[538] J. S. STREBEL, Franconia illustrata; zit. nach H. H. HOFMANN, Freibauern, a.a.O., S. 219.

[539] Eine anschauliche Darstellung derartiger Verhältnisse bei H. G. RÜGER, Magister Tho-mas Junius von Suntheim. Pfarrherr, Gemeinde und Herrschaft z. Z. d. Gegenreformation in Franken, ungedr. phil. Diss., Erlangen 1954.

völlig zu purifizieren oder zumindest die Mehrheit der Güter zu gewinnen, erscheint die Abtei verhältnismäßig häufig als alleiniger Dorfherr[540]. – In Orten mit gemischter Dorfherrschaft dagegen wurde die Wirksamkeit einer herrschaftlichen Einflußnahme – gleichgültig, ob die Herrschaft abwechselnd (alternative)[541] oder gemeinsam (cumulative) ausgeübt wurde – durch die immer wieder aufflackernden Streithändel zwischen den einzelnen Dorfherren oft bis zur Wirkungslosigkeit abgeschwächt. Vielfach zog das Dorf, im Gegensatz zu einheitlich beherrschten Orten, aus solchen Kompetenzstreitigkeiten den Vorteil größerer Selbständigkeit – einer Selbständigkeit jedoch, die zumeist nur den begüterten Inwohnern zum Nutzen gereichte.

Entsprechend der rechtlichen Struktur des Dorfes lag die Dorfregierung zum einen Teil in Händen von Gemeindeorganen (Bürger-, Dorfs- oder Bauernmeister sowie der Gemeindeversammlung), zum anderen Teil in Händen der Schulzen als den Vertretern der Herrschaft. In Orten, in denen mehrere Grundherrn Besitz hatten, bestellte in den meisten Fällen jede Herrschaft für ihre Untertanen einen eigenen Schulzen. Die Tatsache, daß er – ein Mitglied der dörflichen Gemeinschaft – mit der Bestellung zum Schulzen nun als Aufsichts- und Exekutivorgan der Herrschaft fungierte, machte sein Amt zu einem denkbar schwierigen[542]. – Wurden die Schulzen von der Herrschaft für ihr Amt ausgewählt und bestimmt, so erfolgte die Bestellung der Bauern-, Bürger- oder Dorfmeister durch Wahl der Gemeindeversammlung. Aktives und passives Wahlrecht genossen ursprünglich nur die Vollbauern. Schon Mitte des 16. Jahrhunderts aber hatte sich die Anzahl der Kleingutbesitzer doch so weit erhöht, daß ihnen in vielen Orten die unmittelbare Teilnahme an der Gemeindeführung nicht weiter vorenthalten werden konnte und ab dieser Zeit neben dem einen oder den zwei Bürger- oder Dorfmeistern, gewählt aus der Reihe der Bauern, auch jeweils ein Köbler als Dorfmeister fungierte[543]. Auf jeden Fall aber kam nur derjenige, der im Dorf «mit immobilibus angeseßen» war, für das Amt eines Dorfmeisters in Frage. Die Wahl erfolgte durch Umfrage; wer die meisten Stimmen erhielt, galt als gewählt[544]. Keine besondere Wahl war in jenen Orten nötig, wo es üblich war, das Bürgermeisteramt in Art eines Reihendienstes «herum...gehen» zu lassen, so daß also jeder der «Mitgemeiner» früher oder später einmal diese Stelle einzunehmen hatte[545]. In Dörfern, in denen zwei oder drei Dorfherren annähernd die gleiche Anzahl an Grunduntertanen besaßen, wählte die Gemeindeversammlung aus jedem Grunduntertanenkreis einen Dorfmeister[546]. Hatten mehr als drei Grundherrn an der Dorfherrschaft teil, so wurde zwar nicht für jeden Untertanenkreis eigens ein Dorfmeister aufgestellt; jedoch durften die beiden amtierenden Dorfmeister niemals der gleichen Herrschaft angehören[547]. Gewöhnlich betrug die Amtszeit zwei Jahre, nach der entweder neue Dorfmeister gewählt wurden oder nur der ältere, schon zwei Jahre amtierende, von seinem Posten zurücktrat und zu dem

---

[540] Vgl. Hist. Atlas von Bayern, Teil Franken, Reihe II, Heft 1, Karte: Mittel- und Oberfranken am Ende des Alten Reiches (1792), von H. H. HOFMANN.

[541] Der Wechsel erfolgte in Zeitabständen von 1 oder 2 Jahren; die Reihenfolge wurde durch das Los bestimmt.

[542] Vgl. die bei K. S. BADER (Entstehung u. Bedeutung d. oberdeutschen Dorfgemeinde, a.a.O., S. 286) beschriebene gleiche Situation des «Dorfvogtes» der schwäbischen Gemeinde.

[543] Vgl. StA Nürnberg, Rep. RA Schwabach nr. 400, Dorfordnung (künftig zit.: DO) Katzwang, ao. 1569; nr. 2816 f 59/59'; Rep. 251 nr. 172, DO Kleinschwärzelohe, ao. 1684.

[544] Ebenda; ferner Rep. 251 nr. 125, DO Gustenfelden, ao. 1738.

[545] StA Nürnberg, Rep. RA Schwabach nr. 2816 f 59'; so z. B. in den Orten Kreut, Limbach, Gaulnhofen.

[546] Vgl. StA Würzburg, Stdbch. nr. 499, ao. 1673, f 355/355', zum Ort Vögitz.

[547] StA Nürnberg, Rep. 251 nr. 125.

noch ein Jahr im Amt verbleibenden ein «junger» Dorfmeister hinzugewählt wurde[548]. Ihr Rechte- und Pflichtenkreis erstreckte sich im wesentlichen auf Belange, die mit «des Dorfs gemeinen nuzen, als straßen, weg, steg, gräben, Brunnen, Hölzer, Weid u. dgl.»[549] in Zusammenhang standen, wobei jedoch das Ausmaß der Pflichten das der Rechte bei weitem überstieg. Gebunden an die Bestimmungen der Dorf- und Gerichtsordnungen, abhängig in nahezu allen Entscheidungen von der Zustimmung des Schulzen als Vertreter der Herrschaft bzw. von den Anordnungen der Herrschaft selbst, nicht zuletzt auch abhängig vom Beschluß der Gemeindeversammlung, reichten die Machtbefugnisse der Dorfmeister kaum über ein gewisses Aufsichtsrecht hinaus. Fälle, die die Dorfmeister glaubten nicht entscheiden zu können, mußten der Dorfherrschaft angezeigt und ihr zur weiteren Untersuchung überlassen werden. Pfändungsrecht hatte jeder Dorfherr nur auf den Lehen seiner Hintersassen; die Einwilligung bzw. eine vorherige Benachrichtigung der anderen Dorfherren war für eine solche Pfändung nicht erforderlich[550]. Anders, wenn ein Dorfherr den Hintersassen einer anderen Dorfherrschaft zu pfänden hatte; hier konnte nur der für den Schuldner zuständige Schulze pfänden, der das Pfand dann der Herrschaft, der es gebührte, zuleitete[551]. Jährlich wenigstens ein Mal hatten die Dorfmeister den Ortsbewohnern die Dorf- und Gemeindeordnung vorzulesen; für die Einhaltung der darin aufgeführten Gebote und Verbote trugen sie zusammen mit den Schulzen und der Gemeindeversammlung Sorge.

Örtlich verschieden trat die Gemeinde zwei- bis viermal jährlich zu den zeitlich gebundenen[552], ungebotenen Gemeindeversammlungen zusammen, neben die je nach Erfordernis im Laufe des Jahres noch weitere, eigens gebotene Zusammenkünfte treten konnten. Wenn es in den Dorf- und Gemeindeordnungen auch nicht ausdrückliche Erwähnung findet, so geht aus deren allgemeinem Wortlaut doch eindeutig hervor, daß zur Teilnahme an der Gemeindeversammlung sowohl Haussässige als auch Beisassen berechtigt und verpflichtet waren[553]; da vielfach in Zusammenhang mit der Gemeindeversammlung auch das Ruggericht abgehalten wurde, erweiterte sich in diesen Fällen der Kreis der Teilnehmenden auf alle erwachsenen männlichen Dorfbewohner, also auch auf das Gesinde. Soweit die Versammlung über Fragen handelte, die die Gemeinde im allgemeinen betrafen, dürfte sich demnach der «Umstand» aus allen Männern des Dorfes zusammengesetzt haben; für Witwen galten hier die gleichen Bestimmungen wie zur Teilnahme am Ruggericht[554]. Anders jedoch bei Fragen, die sich ihrer Natur nach nur an jene dörflichen Inwohner richteten, die auf Grund der Tatsache, daß sie über Besitz an Anwesen, Grund und Boden verfügten, mitspracheberechtigt waren: bei Allmendbelangen, Hut- und Triftregelungen, Zuchttierbeschaffung und -wartung u. dgl. m. Auch die Rechnungslegung der Dorfmeister, die Bestel-

---

[548] StA Nürnberg, Rep. 251 nr. 172.

[549] StA Würzburg, Ger. Wzbg. r/m 5/249 f 86, DO Mühlhausen, ao. 1611.

[550] Das Recht der Zwangseintreibung ausständiger Gefälle hatte bis 1848 ja auch der nicht gerichtsfähige Grundherr.

[551] StA Würzburg, Ger. Wzbg. r/m 5/249, Art. 9–11, DO Mühlhausen, ao. 1548.

[552] Auch hier sind es die im bäuerlichen Leben wiederholt als Termine (Abgabe-, Ruggerichtstermine) genannten Heiligentage: Cathedra Petri, Andreas-, Walpurgis-, Jacobi- und der Michaelistag.

[553] Für die benachbarte Markgrafschaft Ansbach machte H. Rauschert (Dorfordnungen i. d. Markgrafschaft Ansbach, Jur. Diss. Erlangen, 1952) die gleiche Feststellung; bei 128 untersuchten Gemeinden wurde ihm nur ein Fall (Obermichelbach) bekannt, wo lediglich die Erboder Eigen Besitzenden zur Teilnahme berechtigt waren. (Zitiert nach I. Bog, Dorfgemeinde, a.a.O., S. 72, Anm. 403.)

[554] Vgl. S. 99.

lung von Hirten und Schäfer, Bestimmung der Gotteshausmeister, Schulmeister, Feld-
geschworenen, Ungelter, Eicher und anderer Träger dörflicher Ämter, Verpachtung
von Gemeindegütern dürfte – wie aus verschiedenen Hinweisen in den Dorfordnungen
zu entnehmen ist – nur in Anwesenheit haussässiger und grundbesitzender Dorfbewohner vorgenommen worden sein.

Die Abrechnung der Gemeindegelder und Wahl der neuen Bürger- bzw. Dorfmeister erfolgte fast ausnahmslos im Beisein der Dorfherrschaften oder ihrer Stellvertreter.
Nur in kleineren Orten, für die der Grundherr keinen eigenen Schulzen bestellte und
die relativ weit vom nächsten Amtsort entfernt lagen, administrierte die Gemeinde
ihre Angelegenheiten ohne unmittelbare Aufsicht der Herrschaft; die Dorfsführer legten ihren «Mitgemeinern» Rechnung und diese wählten unter sich den neuen Bürgermeister. Wurde jedoch gegen die vom Bürgermeister vorgelegte Rechnung Klage erhoben, so gebührte auch hier «ohnstrittig dem Gemein-Herrn die Untersuchung und
Decision . . .»[555].

Für unentschuldigtes Fernbleiben von der Gemeindeversammlung, verspätetes Erscheinen sowie Beginn von Streit während der Zusammenkunft war die Gemeinde zur
Verhängung kleinerer Geldbußen berechtigt; einige Orte belegten Streiturheber mit
einer besonders empfindlichen, wenn auch wirksamen Strafe: sie mußten die Kosten
der gesamten Zeche tragen, die beim Gemeinmahl, zu dem man im Anschluß an die Gemeindeversammlung zusammentraf, anfiel[556]. Glaubte sich ein Dorfbewohner durch
die Gemeinde oder die Gemeindeführer in Unrecht gesetzt, so konnte er sein Recht
in Orten, in denen Grund- und Dorfherr identisch waren, direkt bei der Herrschaft,
in gemischtherrschaftlichen Orten nur bei der eben regierenden Dorf- und Gemeindherrschaft suchen, wobei ihm jedoch von seiten seines Grundherrn auf Verlangen Bei-
stand geleistet wurde.

Soweit die Lenkung des dörflichen Geschicks noch nicht durch herrschaftlichen Zugriff beeinträchtigt war, wurde sie von den Mitgliedern der Dorfgenossenschaft[557] bestimmt. Vollberechtigter Dorfgenosse war jeder Inhaber eines Gemeinderechtes, selbst
dann, wenn er nur einen Bruchteil dieses Rechtes besaß. Die Rechtler oder «Nachbarn»
trugen zum größeren Teil die gemeinen Lasten, kamen dafür aber auch vorzüglich in
den Genuß der gemeinen Nutzungen und Rechte. Das Gemeinderecht war an die Hofstätte, nicht an die Person des Besitzers gebunden. Nur mit Erlaubnis der Gemeinde
konnte es veräußert oder zerteilt werden; in einigen Orten war neben der Genehmigung der Gemeinde auch die der Dorfsherrschaft erforderlich. Ging ein Anwesen, auf

[555] StA Nürnberg, Rep. RA Schwabach nr. 2816 f 59', zu den Orten Kreut, Limbach und
Gaulnhofen.
[556] Vgl. u. a. StA Bamberg, Rep. D 8 nr. 170, DO Herlheim.
[557] Wo innerhalb der vorliegenden Arbeit die Bezeichnung «Gemein» bzw. «Dorfgemein»
verwendet wird, ist darunter die von I. Bog (Dorfgemeinde, a. a. O., S. 63 ff.) als «Dorfgenossenschaft» klassifizierte und dort eingehend dargestellte dörfliche Bevölkerungsgruppe zu
verstehen. Es bedarf dies insofern einer gewissen Betonung, als sich die Quellen mit der gleichen Bezeichnung einmal allein auf den personalen Verband der Allmend-Nutzungsberechtig-
ten, in anderen Fällen auf die Gemeindeversammlung oder den nicht im Sondereigentum befindlichen Teil der Dorfmarkung (einschließlich von Weg und Steg) beziehen; daneben tritt der
gleiche Begriff als Synonym nur für die genossenschaftlich genutzten Teile des Gemeindebezirkes
(die Allmende), ab und zu aber auch als zusammenfassende Bezeichnung für die ganze Gemeinde als räumlicher und personeller Verband auf. – Zur Trennung der Begriffe «Dorfgenossenschaft» und «Dorfgemeinde» siehe auch K. S. BADER, Entstehung und Bedeutung der
oberdeutschen Dorfgemeinde, a. a. O., S. 271 ff.

dem ein Gemeinderecht ruhte, an einen Ortsfremden über, so erhob die Gemeinde (in einigen Orten zur Hälfte die Gemeinde, zur Hälfte die Dorfsherrschaft) vom Übernehmer einen einmaligen Betrag von durchschnittlich 2 fl, das sogenannte Nachbargeld oder «Nachbarrecht». Verschiedenenorts wurde Nachbargeld auch von hofzugehörigen Personen bei Erreichung der Großjährigkeit, bei Einheirat, bei Wiederverheiratung der Witwe, bei Erbgang oder Erbteilung gefordert. Seiner Höhe nach entsprach das Nachbargeld mehr einer Art von Anerkennungsgebühr, und ist nicht als Kaufsumme für die auf den Immobilien ruhenden gemeinen Nutzungen zu werten. Beim Tode des Inhabers ging das Gemeinderecht mit der Hofstätte an den Erben über; waren mehrere Erben vorhanden, so erhielt nur derjenige das Recht, der «auf dem Haus» blieb. Damit war die Anzahl der am Gemeindeland Nutzungsberechtigten auf einen geschlossenen Personenkreis beschränkt.

Ursprünglich dürfte die Teilnahme an der Allmende für jeden Gemeindegenossen zwar ein persönliches Recht, die Anteile am gemeinen Land jedoch nicht von gleichmäßiger Größe, sondern vom Umfang des Einzelbesitzes, vom Bedarf, bei der gemeinen Weide von der Größe des Viehbestandes abhängig gewesen sein. «Im Laufe der Zeit ist dann, namentlich unter grundherrlichem Einfluß, auch eine Abgrenzung der Genußanteile erfolgt, der Art, daß individuell, wie beim Gemeindewald ein Quantum Rechtholz für den Einzelnen fixiert wurde, oder daß, wie bei der Weide, die Stückzahl des aufzutreibenden Viehs bestimmt wurde oder endlich, daß generell das Ausmaß der Nutzung, die Anteile der Einzelnen am Gemeinland verhältnismäßig bestimmt wurden»[558]. Später auftretende halbe, viertel, ab und zu auch achtel Anteile sind darauf zurückzuführen, daß bei Übergabe- und Erbteilungsverträgen oder beim Errichten eigener Haushaltungen durch solche Erben, die von der eigentlichen Hoferbschaft ausgeschlossen blieben, das Nutzungsrecht entgegen dem Grundprinzip, es unverändert in der Größe zu belassen, ausnahmsweise geteilt werden durfte. Seltener als Teilungen kommen Häufungen von Nutzungsrechten vor. Sie sind nur in wenigen Fällen dadurch verursacht, daß in einer Gemeinde Übertragungen von Nutzungsrechten, unabhängig vom Anwesen, dem sie zugehörten, möglich waren; meistens jedoch dadurch, daß zwei oder mehrere ehemals selbständige bäuerliche Betriebe mit eigenen Nutzungsrechten in *einer* Hand vereinigt wurden.

Erst als sich im Laufe der Zeit die Zugehörigkeit zu den alten Siedelungsgemeinschaften lockerte, verband sich das Recht zur Teilnahme am gesamten gemeindlichen Leben unter Einschluß der Nutznießung an der Allmende mit der Zugehörigkeit zur Dorfgemein, wobei letztere wiederum vom Besitz eines bestimmten, innerhalb der Dorfmarkung gelegenen Anwesens abhängig war. Das Teilnahmerecht an der Allmende war ursprünglich also nur ein Bestandteil des «Gemeinderechts»; wer Inhaber eines Gemeinderechtes war, nahm teil an der Verwaltung der gemeindlichen Angelegenheiten und war gleichzeitig nutzungsberechtigt an der Allmende. Letztere war im übrigen der Sektor, auf dem die Selbstverwaltung der Gemeinde von seiten der Grund- bzw. Dorfherrschaften in allen Zeiten nahezu unbeeinträchtigt blieb. Obwohl der oder den Herrschaften über das Gemeinland ein gewisses Obereigentumsrecht vorbehalten war, walteten die Gemeindgenossen in allen Fragen, die die Allmende betrafen, in fast uneingeschränkter Selbständigkeit. Regelungen über die Gemeinlandbenutzung, über die Bewirtschaftung der gemeinen Liegenschaften (Verfügungen über die offene und geschlossene Zeit der Äcker, Benützung der Brache usw.) wurden allein von den Nutzungsberechtigten getroffen. – Inhaber des Gemeinderechts genossen u. a. den Vorzug, im Rahmen der ortsgültigen Bestimmungen Hausgenossen aufnehmen zu

---

[558] K. HERBOLSHEIMER, Allmenden in Oberfranken, Diss. Würzburg, 1929, S. 31/32.

dürfen, soweit das Nutzungsrecht am Gemeindeland durch Ansprüche der hinzugekommenen Hofbewohner nicht gefährdet wurde; dem Hof blieb nur *ein* Gemeinderecht zugestanden, gleichgültig wieviele Wohnhäuser auf der Hofrait erbaut wurden. Vereinzelt verband sich mit dem Gemeinderecht automatisch auch die Brau- und Schenkgerechtigkeit.

Veräußerte ein Gemeindemitglied das Anwesen, aus dem sein Vollrecht resultierte, blieb jedoch in der Gemeinde, so zählte er ab da nur noch als Beisasse. – Ausgeschlossen von der Gruppe der berechtigten «Mitgemeiner» blieben die Beständner, Beisassen, Hausgenossen, Handwerker, Taglöhner und Tropfhäusler. Gemeinrecht genossen jedoch in vielen Fällen Träger dörflicher Ämter, wie der Gemeindeschäfer, der Hirte, der Gemeindemüller[559].

Erst mit der späteren Ortsbürgergemeindeverfassung, die unter Gemeindemitgliedern alle diejenigen verstand, die entweder ein Wohnhaus in der Gemeinde besaßen oder hier ihren ständigen Wohnsitz und zugleich besteuerte Gründe innehatten bzw. besteuerte Gewerbe ausübten[560], erfolgte zwischen Nutzungsrecht und Bürgerrecht eine definitive Trennung. Da aber auch der Eintritt in die Gemeinde als Gemeindebürger nicht ohne weiteres das Recht auf die Teilnahme an der Allmende einschloß, bestand die alte Nutzungsgemeinde innerhalb der modernen politischen Gemeinde fort.

Der *Einzug* in eine Gemeinde sowie der *Auszug* aus dem dörflichen Gemeinwesen setzten die Erfüllung einiger zwischen Dorfherrschaft und Gemeinde abgesprochener Bedingungen, verbunden mit gewissen finanziellen oder dinglichen Leistungen, voraus, die sich trotz aller lokalen Varianten doch im Grundsätzlichen gleichen[561].

Wer in die Gemeinde aufgenommen werden wollte, bedurfte in jedem Fall der Einwilligung derjenigen Grundherrschaft, hinter die er zu ziehen beabsichtigte. Ein «glaubwürdiges Schreiben» der letzten Herrschaft über sein Verhalten während der Zeit, in der er «hinter ihr gesessen» sowie der Nachweis seines ordnungsgemäßen Abzuges mußte von jedem Einziehenden der neuen Herrschaft bzw. deren Stellvertretern vorgelegt werden. Ergänzend hatte an die Seite der herrschaftlichen Bewilligung das Einverständnis der Gemeinde zu treten. Das *Einzugsgeld*, das – von geringen Ausnahmen abgesehen[562] – jeder Zuziehende zahlen mußte, fiel in wenigen Fällen allein der Herrschaft, häufiger allein der Gemeinde, zumeist jedoch beiden zu gewissen Teilen zu. Die Höhe des Betrages hing im allgemeinen davon ab, ob der Einziehende sich ins Dorf einkaufte, ob er durch Heirat, auf dem Erbwege, ob als Haussässiger, als Beständner oder als Hausgenosse Mitbewohner des Dorfes wurde. Innerhalb des Untersuchungsgebietes schwankte der Betrag zwischen 15 Kreuzern und 5 fl. Vorwiegend lag die Höhe der Einzugsgebühr bis 1803 unverändert bei 1–2 fl. Nur in einigen Orten erfolgte zwischen dem 16. und ausgehenden 18. Jahrhundert eine geringe Erhöhung. Lediglich in einem Fall sprechen die Quellen von einer Verzehnfachung des Betrages; 1609 bereits von einem auf drei Gulden erhöht, war er «mit Vorwissen und gutheissen der Herrschaften» etwa um die Mitte des 18. Jahrhunderts auf 10 Gulden «ersteigert»

---

[559] Vgl. StA Bamberg, Rep. D 7 nr. 6 f 422 f. (Siehe dazu die sachlich parallelen Angaben in bezug auf die Zugehörigkeit zur «Nachbarschaft» bei K. H. QUIRIN, Herrschaft und Gemeinde, a. a. O., S. 72 ff.)

[560] Bayer. Gemeinde-Edikt v. 17. Mai 1818; vgl. GBl 1818, S. 49.

[561] Vgl. u. a. StA Nürnberg, Rep. RA Schwabach nr. 400, ao. 1569; StA Bamberg, Rep. D 8 nr. 2045, ao. 1555; nr. 170, Art. 7–10; Rep. A 90 Urk. nr. 390, 2. Hälfte 17. Jh.; StA Würzburg, Ger. Wzbg. r/m 5/249, ao. 1611.

[562] Von der Zahlung des Einzugsgeldes befreit waren in einigen Orten weibliche Personen; vgl. ebenda.

worden, wovon zwei Drittel der Gemeinde, ein Drittel der Grundherrschaft zustanden[563].

Berücksichtigend fiel beim Einzugsbetrag ins Gewicht, ob der Ankommende ein tatsächlich Fremder oder ein ehemals im Dorf Geborener war, der wieder in den Ort zurückzukehren wünschte; nur für letztgenannten Fall sowie für Einheirat sahen die Verordnungen generell gewisse Erleichterungen vor. Herrschaftliches und dörfliches Interesse gingen konform in dem Bestreben, die Zahl der Dorfbewohner ohne Haus- und Grundbesitz durch Erschwerung der Einzugsbedingungen so niedrig wie möglich zu halten. Daß Geerbte bzw. jene, die auf dem Kaufwege Besitz im Dorf erwarben, in der Mehrheit der Fälle geringere Gebühren als Besitzlose zahlten, erklärt sich damit von selbst. – Wiederholte Beschwerden von seiten der Gemeinden über die stetig wachsende Anzahl an Hausgenossen und Beständnern veranlaßte die Herrschaft zu entsprechendem Eingreifen; wo jeglicher Zuzug – wie in Mönchsondheim[564] – von ihr nicht überhaupt untersagt wurde, versuchte sie, indem sie für Hof, Gut und Haus zahlenmäßige Grenzen zog[565], die bestehende Anzahl an Beisassen zu verringern bzw. einem Anwachsen dieser dörflichen Bevölkerungsschicht vorzubeugen. Mit herrschaftlicher Bewilligung verlangten verschiedene Gemeinden bei Zuzug von Hausgenossen neben dem Einzugsgeld eine finanzielle Bürgschaft (zumeist in Höhe von 25 fl), die entweder von demjenigen Haussässigen, bei dem der Zuziehende Aufnahme finden sollte bzw. vom Hausgenossen selbst zu erstellen war[566]. Bei bestandsweisem Einzug in das Dorf Geusfeld z. B. mußte der Einziehende zuvor zwei Männer aus dem Dorfverband gewinnen, die der Gemeinde gegenüber für ihn Bürgschaft im Werte von 40 fl übernahmen. Daneben war noch das eigentliche Einzugsgeld zu entrichten: 3 fl für ortsfremde Eheleute; 2 fl, wenn ein Ehepartner einheimisch, 1 fl, wenn beide Teile Dorfskinder waren. – Neben oder anstatt von Geldbeträgen waren verschiedentlich auch die Lieferung von Feuereimern und Reichung einer kleineren Menge Weines an die Gemeindeversammlung üblich. In Mönchstockheim hatte jedes Dorfkind bei «häuslicher» Niederlassung einen Feuereimer und zum Andreasmahl (30. 11.) ein Viertel Wein auf das Rathaus zu entrichten; Fremde zahlten dazu noch je 1 fl Einzugsgeld an die Herrschaft und die Gemeinde. Jeder neue Dorfbewohner aber, gleichgültig ob einheimisch oder fremd, hatte hier innerhalb von Jahresfrist 4 wilde Obstbäume zu pflanzen, zu veredeln und so lange zu hegen, bis Wild und Vieh sie nicht mehr beschädigen konnten; ein neues Bäumchen mußte gesetzt oder 5 ℔ Strafe gezahlt werden, wenn ein Setzling verdarb. Der Obstertrag dieser Bäume wurde unter den Einwohnern versteigert[567].

Nach Erfüllung der finanziellen bzw. dinglichen Einzugsforderungen legte der Angenommene vor dem Dorfgericht, in manchen Orten auch nur vor den Bürgermeistern den Bürgereid ab, mit dem er gelobte, «der Gemein schaden zu warnen und zu ver-

[563] Siehe StA Bamberg, Rep. D 8 nr. 2045, DO Abtswind.

[564] StA Bamberg, Rep. D 8 nr. 2968, DO Mönchsondheim, ao. 1610/12/19.

[565] Ein Hof durfte nur ein Ehepaar und eine Einzelperson, ein Gut lediglich ein Ehepaar, ein Haus nur eine Einzelperson an Hausgenossen oder Beständnern aufnehmen; vgl. StA Nürnberg, Rep. RA Schwabach nr. 400, ao. 1569; Rep. 251 nr. 124, ao. 1658; nr. 172, ao. 1684.

[566] Hausgenossen hatten der Herrschaft außerdem jährlich 1/2–1 fl Schutzgeld und der Gemeinde (ab und zu auch zur Hälfte der Gemeinde, zur Hälfte der Herrschaft, selten allein der Herrschaft) einen sog. Verspruchgülden zu erlegen. In jedem Fall haftete der Haussässige für den bei sich aufgenommenen Hausgenossen; nicht bezahlte Schutz-, Verspruch- oder Strafgelder wurden von Herrschaft oder Gemeinde bei ihm eingefordert; StA Bamberg, Rep. A 90 nr. 390; StA Nürnberg, Rep. RA Schwabach, Anhang zu nr. 345 und 346.

[567] StA Bamberg, Rep. D 8 nr. 281, DO Mönchstockheim, ao. 1668.

hüten, Ihren fromen nach seinem besten verstandt zu werben und zu fördern es sey zu Dorf oder Velt ... und in Summa alles andere mit der Gemein zu thuen und zu lassen»[568]. – Vorübergehender Aufenthalt in einer fremden Gemeinde, als Dienstbote z. B., bedeutete keinesfalls Verlust des Dorfrechtes; ohne Einzugsgeld zu entrichten, konnte das Dorfskind wieder in die Heimatgemeinde zurückkehren. Anders, wenn sich der ehemalige Dorfangehörige auswärts ansässig gemacht hatte. In solchen Fällen wurde bei Rückkehr zumeist die Hälfte, in wenigen Gemeinden die gesamte Summe des sonst bei Fremden üblichen Einzugsgeldes verlangt.

Wer aus der Gemeinde ausziehen wollte, bedurfte dazu der Bewilligung seiner Herrschaft. Bei Ausscheiden von Gemeindsmännern war es üblich, die Gemeinschaft vor der versammelten Dorfsgemein eigens aufzukündigen. Das *Abzugs*geld, das – wie das Einzugsgeld – entsprechend den örtlichen Gepflogenheiten an die Herrschaft, an die Gemeinde, in den meisten Fällen aber zu gewissen Anteilen an beide fiel, lag im allgemeinen seiner Höhe nach unter dem beim Einzug geforderten Betrag (vorwiegend zwischen 1/2 fl und 1 fl). Erst nach Entrichtung des Abzugsgeldes erhielt der Abziehende von seiner Herrschaft den schriftlichen Nachweis über den ordnungsgemäßen Abzug, den er zur Vorlage beim Einzug in die neue Gemeinde benötigte. – Dorfinwohner, die sich wiederholt schwerwiegendere Verstöße gegen Gemeinde- und Dorfgerichtsordnung zuschulden kommen ließen, konnten des Dorfes verwiesen, notfalls zwangsweise daraus entfernt werden[569].

Dienst- und *Abgabe*leistungen, die die Gemeinde von ihren Bewohnern zu fordern berechtigt war, entsprachen ihrer Höhe nach im allgemeinen dem Grundsatz, daß sich mit größeren Rechten größere Pflichten verbinden. So wurden Realdienste zur Verrichtung landwirtschaftlicher Arbeiten an den Gemeindeliegenschaften (Feldern, Wiesen, Wald, Weinbergen, Teichen) nur von jenen Inwohnern verlangt, die tatsächlich Nutzen aus den Gemeindegütern zogen, wobei sich das Ausmaß der Verpflichtung im einzelnen wiederum danach richtete, in welchem Umfang der Pflichtige an der Nutznießung teilhatte. Anders verhielt es sich naturgemäß mit jenen Diensten, die mit dem dörflichen Gemeinschaftsleben in Zusammenhang standen und die für jeden Dorfbewohner (auch Beisassen, Beständner und Hausgenossen) als Teil des dörflichen Gemeinwesens verbindlich waren; dazu zählten Baudienste an gemeindeeigenen Gebäuden, Säuberungs- und Baudienste an Weg und Steg, Brücken und Zäunen, Reinigung der Dorfgräben, Brunnen und Bäche, im Notfall auch Boten- und Wachdienste[570]. Entschädigungen von seiten der Gemeinde wurden für Arbeiten im Rahmen der Gemeindefron im allgemeinen nicht gegeben; wohlhabendere Gemeinden reichten ihren Fronenden nur bei Bau-, Wegebesserungs- und Botendiensten die Tagesverköstigung.

Die Grund- und Dorfherrschaften nahmen auf die Gemeindedienste als einer rein internen dörflichen Angelegenheit keinen Einfluß; sie behielten sich lediglich ein gewisses Oberaufsichtsrecht vor, griffen ein, wenn Gefahr der Verwahrlosung von Gemeindegütern bestand[571] und übernahmen in Streitfällen zwischen Gemeindebeamten

[568] StA Bamberg, Rep. D 8 nr. 2045, Teil I, DO Abtswind, ao. 1555; hier war der Bürgereid bis Anfang des 17. Jhs. nur vor den Bürgermeistern abgelegt worden; eine neu angelegte Dorfordnung von 1616 (ebenda, Teil III) wurde bereits dahingehend ergänzt, daß der Eid künftig vor den Bürgermeistern *und* Schulzen abzulegen sei.

[569] Im Orte Abtswind hatte bereits ein dreimaliger Verstoß gegen die Dorfordnung die Ausweisung zur Folge, wenn diese Vergehen während der Nacht begangen worden waren; vgl. StA Bamberg, Rep. D 8 nr. 2045, ao. 1555.

[570] Vgl. u. a. StA Nürnberg, Rep. 251 nr. 172, Art. 24.

[571] Vgl. u. a. StA Bamberg, Rep. D 8 nr. 2045, ao. 1555.

und Dienstpflichtigen eine schiedsrichterliche Rolle. Strafgelder für Gemeindefron-Säumigkeit fielen daher auch ausschließlich an die Gemeinde[572].

Die von den Dorfbewohnern gemeinsam zu tragenden Verpflichtungen erstreckten sich über die Dienste hinaus auch auf einige kleinere *Geld-* und *Naturalleistungen.* Gemeinden, die einen Schöffen an das zuständige Centgericht entsenden mußten, hatten diesen ab und zu[573] aus dem Gemeindeeinkommen in Form einer Geld- oder Naturalabgabe in Höhe von etwa 1 Gulden zu entschädigen. Den Anteil an der Entlohnung für Schulmeister, Bader, Schmied und Flurer trug jedes Anwesen in Relation zu seiner Größe[574]; desgleichen den Beitrag zur Leistung des Vogthafers bzw. Vogtgeldes, zu den Verpflegungskosten für die herrschaftlichen Beamten bei Einsammlung der grundherrlichen Abgaben, zur Verpflegung von Jägern und Hunden bei landesherrlichen Jagden u. a., wenn der Ort mit einer dieser Auflagen belastet war. – Die Entlohnung des Hirten und Schäfers richtete sich nach der Stückzahl der zur Hütung überlassenen Tiere. Jedoch war auch derjenige, der sein Vieh nicht mit der Gemeindeherde treiben ließ, verpflichtet, eine von der Gemeindeordnung festgesetzte Mindestanzahl an Vieh zu verpfründen. Im allgemeinen galten für den ganzen Hof 4 Rinder und 4 Schweine, für den Halbhof 2 Rinder, 2 Schweine, für den Viertelhof oder die Sölde 1 Rind und 1 Schwein – auch wenn der Viehbestand geringer als die vorgeschriebene Stückzahl war – als pfründpflichtiges Minimum; für Kälber war in den ersten beiden Jahren nur der halbe Pfründbetrag zu erlegen. Wer im übrigen zu seinem Hof oder Gut noch einen Hof oder ein Gut hinzuerwarb, zu dem Felder gehörten, der hatte auch diesen zugebauten Hof bzw. das Gut mit 4 Stück Vieh zu verpfründen, gleichgültig, ob er auf dem neuen Anwesen Vieh hielt oder nicht[575].

Zu Lasten der ganzen Gemeinde ging in einigen Orten auch die Anschaffung der männlichen Zuchttiere, des Gemeindestiers und -ebers[576]; in anderen Gemeinden trug abwechselnd einer der Gemeindgenossen die Kosten, die zur Bereitstellung eines zu Zuchtzwecken tauglichen Tieres notwendig waren. Was die Haltung und Wartung der Zuchttiere anbetraf, so wechselten sich im allgemeinen die Gemeindgenossen im Turnus von 1 oder 2 Jahren darin ab; Köbler und Söldner wurden für einen entsprechend kürzeren Zeitraum als Bauern mit dieser Aufgabe belastet; in einigen Orten gehörte die Haltung von Zuchtstier und Zuchteber zum Pflichtenkreis des Dorfmeisters. Demjenigen, in dessen Obhut sich ein Zuchttier befand, kam in vielen Gemeinden als Ent-

---

[572] StA Nürnberg, Rep. 251, nr. 124, 125, 172.

[573] In der Mehrheit der Fälle wurden die Centschöffen nicht von der Gemeinde, sondern von der Klosterherrschaft entlohnt; vgl. S. 90. Zur Centschöffen-Entlohnung vgl. auch StA Würzburg, Stdbch. nr. 499, ao. 1673, f. 354'.

[574] Der Ort Herlheim, der 1602 10 ganze Höfe und 10 kleinere Güter und Sölden zählte, hatte für dieses Jahr dem Bader 50 Metzen Korn, dem Schmied 77¹/₂ Metzen Korn, dem Schulmeister 10 Korn- und 10 Hafergarben, dem Flurer je 77¹/₂ Garben Korn und Hafer zu entrichten; dazu waren dem Bader noch 33¹/₄ Fuhren Holz zu fahren. Die Aufteilung erfolgte dergestalt, daß jeweils die ganzen Höfe doppelt soviel als die kleineren Anwesen beizutragen hatten; vgl. StA Bamberg, Rep. D 8 nr. 170.

[575] Vgl. u. a. StA Nürnberg, Rep. 251 nr. 124, Art. 8 und nr. 125; StA Bamberg, Rep. D 7 nr. 6 f 422 f., Rep. D 8 nr. 2045, Teil I.

[576] Erst die seit der Mitte des 16. Jhs. aufgezeichneten Dorfordnungen geben Hinweise auf Zuchttierbeschaffung und -wartung. Wiederholt eingeflochtene Vermerke, daß der noch geübte Modus «von alters herkommen» sei, gibt Berechtigung zu der Annahme, daß sich die Handhabung in vorangegangener Zeit nicht wesentlich von der im folgenden beschriebenen unterschieden hat. Zur Zuchttierbeschaffung und -wartung: StA Bamberg, nr. 7775, DO Burgwindheim, Art. 16; auch Rep. D 8 nr. 170, Art. 17; StA Nürnberg, Rep. BA Schwabach nr. 5180, auch Rep. 251 nr. 125 und 172.

schädigung für Kosten und Arbeit die Nutznießung eines bestimmten Feldes oder eines Stücks der Gemeindwiesen (oft daher Ochsen-Peint oder Ochsenwiese genannt) zu[577]; auch die Vergütung in Form einer gewissen Menge Getreide, die die Nutznießer dem Zuchttierhalter zu reichen hatten, war üblich; andere Gemeinden wiederum verzichteten angesichts der Tatsache, daß jeder Gemeindgenosse einmal der Belastung der Zuchttierhaltung ausgesetzt war, auf eine Entschädigung.

Das Interesse des gesamten Gemeindeverbandes wurde in jedem Fall über das Interesse des Einzelnen gestellt. So versuchten entsprechende herrschaftliche Maßnahmen eine Schwächung der Markung, verursacht durch Verkäufe von Liegenschaften an Ausmärker, möglichst zu unterbinden. Verschiedene Dorfherren kamen überein, künftig nichts mehr an Ausmärker zu verleihen, Verkäufe von Feldgütern an außerhalb Wohnende zu verbieten und die Untertanen anzuhalten, aus der Markung gezogene Güter wieder zurückzukaufen[578]. Wo der Verkauf nach außerhalb nicht ausdrücklich verboten wurde, bewahrten sich die Gemeinden, geschützt durch herrschaftliche Gebote, zumindestens das Einstands- und Vorkaufsrecht; desgleichen bei landwirtschaftlichen Bedarfsgütern, wie Dung, Streu, Heu und Holz, deren Verkauf an Ausmärker erst gestattet wurde, wenn der Gemeindebedarf gedeckt war[579].

Wohl scheinen verschiedene Verfügungen «von oben her» die Selbständigkeit der Gemeinde in starkem Maße beeinträchtigt zu haben[580]. Bei der Beurteilung herrschaftlicher Gebote und Verbote kommt man jedoch, sobald man die Vorkommnisse überprüft, die dem Erlaß vorangingen, zu der Überzeugung, daß in den meisten Fällen dringende Notwendigkeit zu einem herrschaftlichen Eingreifen bestand. Unbeachtet bleibt häufig, daß die Herrschaft derartige Verfügungen zumeist erst nach zahlreichen Beschwerden der Gemeindebewohner selbst als Gebot oder Verbot aussprach.

«Auf wenigen Gebieten weist die Erkenntnis des öffentlichen Rechts der Gegenwart so geringe geschichtliche Unterbauung auf, wie bei der Frage der Gemeindebildung und der Entstehung kommunaler Selbstverwaltung», schreibt K. S. BADER[581]. Die Untersuchung der Dorf- und Gemeindeherrschaft, der Gemeindebildung und der kommunalen Selbstverwaltung mit dem Ziel «konkreter Ergebnisse im Lokalen» würde auch im fränkischen Raum noch lohnende Aufgaben stellen.

---

[577] StA Bamberg, Rep. D 7 nr. 7775, zu Vollmannsdorf.

[578] Vgl. u. a. StA Würzburg, Ger. Wzbg. r/m 5/249, DO Mühlhausen, ao. 1548.

[579] Vgl. StA Bamberg, Rep. D 8 nr. 170, Art. 15. – Verschiedene Gemeinden verlangten von jedem, der Dung aus der Markung verkaufte – auch wenn die Gemeindgenossen keinen Gebrauch von ihrem Vorkaufsrecht machten – einen kleineren Geldbetrag, das sog. «leger gelt»; vgl. StA Bamberg, Rep. D 8 nr. 2045, ao. 1555 und 1583.

[580] Zweifellos bedeutete es z. B. für den Einzelnen eine Härte, wenn er – im Interesse der gesamten Gemeinde – seinen Viehbestand auf ein Maß reduzieren mußte, das die Dorfherrschaft der Größe des Anwesens entsprechend als Höchstgrenze festlegte, um einem unrationellen Anwachsen des Viehbestandes entgegenzutreten; so u. a. 1684 im Dorf Kleinschwarzelohe (StA Nürnberg, Rep. 251 nr. 172, Art. 12), wo künftig jedem ganzen Hof nicht mehr als 12 Rinder, jedem Halbhof 8, einem Köbler 3–4 und einem Beständner nur 1 Stück zu halten erlaubt wurde.

[581] K. S. BADER, Entstehung und Bedeutung der oberdeutschen Dorfgemeinde, a.a.O., S. 265; S. 273.

VI. Grundherrschaft und Landesherrschaft

Im Gegensatz zum modernen Staat, der als Quelle oder zumindestens als Träger aller Hoheitsfunktionen das öffentliche Leben beherrscht, war der Staatsverband bis zum Ende des Alten Reiches – in manchen Auswirkungen bis 1848 fortbestehend – «ein Nebeneinanderwirken von Hoheitsrechten in verschiedenen Händen und verschiedenwertigen Gruppierungen»[582]. Die Stellung des bäuerlichen Menschen als Untertan dieses «Staatsverbandes» sei abschließend noch einer kurzen Betrachtung unterzogen.

Vorausgeschickt sei, daß ein direktes Abhängigkeitsverhältnis zwischen Landesherrn und Bauern, wie dies vielfach für Mittel- und Südwestdeutschland[583] nachgewiesen ist, im Untersuchungsgebiet und – soweit bisher bekannt – auch in anderen fränkischen Grundherrschaften nicht bestand. Jede Einflußnahme des Landesherrn erfolgte auf dem Wege über die Zwischeninstanz des Grund- bzw. Vogteiherrn, in unserem Fall also über die Abtei bzw. deren Ämter. Aus der besonderen Stellung aber, die die Abtei selbst dem bzw. den Landesherrn gegenüber behauptete, resultiert auch die gewisse Ausnahmestellung, die die klösterlichen Grunduntertanen den Landesherrschaften gegenüber einnahmen.

Erst die Verträge von 1557 und 1561 (vgl. S. 88 f.) hatten die Abtei für die Zukunft dem Erbschutz[584] des Hochstifts Würzburg unterworfen. Damit war die Frage nach der Reichsunmittelbarkeit für Ebrach im negativen Sinne entschieden, wenn auch die Abtei ihren vermeintlichen Anspruch auf Reichsunmittelbarkeit aufrechterhielt und in zahlreichen Prozessen vor Reichshofrat und Reichskammergericht weiter verfocht. Da eine endgültige Entscheidung noch bei Säkularisierung des Klosters ausstand, war Ebrach nach dem Wortlaut der oben genannten Verträge nach Art landsässiger Abteien dem Landesherrn de iure unterworfen. Weder dem Hochstift Würzburg, in dessen Territorium der überwiegende Teil der Klosterbesitzungen lag, noch dem Hochstift Bamberg, den Markgrafen von Brandenburg, den Reichsstädten Nürnberg und Schweinfurt, auf deren Territorien sich die übrigen Ebracher Besitzungen verteilten, ist es jedoch de facto gelungen, das Kloster ihrer völligen Botmäßigkeit zu unterwerfen.

Für die Abtei war hierbei von Vorteil, daß der Rahmen der landesherrlichen Machtbefugnisse im fränkischen Raum zu Beginn der Neuzeit noch keinesfalls stabilisiert war, ja bis zum Ende des Alten Reiches trotz mehrfacher Ansätze zu Klärung und Konzentration immer fraglich blieb. – Römisches Recht und Kodifikation der Halsgerichtsbarkeit[585] hatten nach Einengung des mittelalterlichen Blutbanns auf die «vier hohen Fälle» (ebda.) das Recht über Leben und Tod sowie die Wahrung des Landfriedens zwar ausschließlich dem Landesherrn zugesprochen, ein Recht, das nach den übereinstimmenden Ergebnissen aller bisher in dieser Richtung durchgeführten Untersuchungen überall dort im Laufe der Zeit erstarrte, «wo dem Hochgerichtsträger die

---

[582] H. H. Hofmann, Höchstadt-Herzogenaurach (Hist. Atlas von Bayern, Teil Franken, Reihe 1, Heft 1, München 1951; im folgenden zitiert: Atlas 1), S. 24.

[583] Siehe F. Lütge, Die mitteldeutsche Grundherrschaft, a.a.O., S. 25.

[584] Die Entwicklung der Ebracher Schutzverhältnisse bis zu diesem Zeitpunkt hat H. Zeiss, Reichsunmittelbarkeit, a.a.O., eingehend untersucht und dargestellt. – Der Erbschutz war dem Hochstift Würzburg bereits 1521 durch Kaiser Karl V. zugesprochen, durch die Verträge von 1557 und 1561 aber erst «endgültig» fixiert worden.

[585] Babenbergensis 1503, Brandenburgica 1516, Cautio Criminalis Carolina 1532.

Verbindung mit der sonstigen Masse der Hoheitsfaktoren fehlte»[586]. Alle in der grundherrlichen Gerichtsbarkeit wurzelnden Aufsichtsrechte über Liegenschaften und Anwesen, über Gewerbe, Brau- und Schenkgerechtigkeit, über Zunftwesen, Maß und Gewicht, ferner die gesamte Gerichtsbarkeit mit Ausnahme der Kapitalverbrechen, bedingt aber auch Steuer- und Wehrhoheit fielen in den Kompetenzbereich der Vogtei[587].
Auch für die staatliche Zugehörigkeit, deren äußeres Zeichen der Anerkennung die
«Huldigung» war, gab die auf dem gebundenen Gut ruhende Vogtei den Ausschlag.
Wo also der Landesherr nicht gleichzeitig die Stellung eines Vogteiherrn über eigene
oder mittelbare Grunduntertanen besaß, mußte er jedes der Vogtei anhangende Ge-
rechtsam zur Verdichtung seiner Machtgrundlage erst zu erringen versuchen[588]. Die
ehemals auf der Hochgerichtsbarkeit basierende «Landesherrschaft» des späten Mittelalters war in Franken seit etwa der Mitte des 16. Jahrhunderts durch die «Landeshoheit»[589] – bestehend in der Rechtsbündelung von Vogtei, Steuer, Wehr- und Kirchenhoheit (ius episcopale) – abgelöst worden. Diese Entwicklung in Verbindung mit
der Tatsache, daß Ebrach – mit Ausnahme der Kirchenhoheit – nahezu in seinem gesamten Gebiet die übrigen Kriterien der «Landeshoheit» vollkommen oder zum
großen Teil in Händen hielt, erklärt – wie eingangs schon gesagt – seine exzeptionelle
Stellung, die es den Landesherrn gegenüber für sich und seine Untertanen in Anspruch
nahm. Rechtsverbindlichkeiten und Leistungen, zu denen die ebrachischen Grunduntertanen auf dem Wege über ihre Herrschaft dem Landesherrn verpflichtet waren, seien
nachstehend im einzelnen näher untersucht und dargestellt.

Möglicherweise veranlaßt durch die Erhebung der ersten Land*steuer* im Hochstift
Würzburg, die 1276 beschlossen worden war, hatte schon 1281 Abt Winrich mit Bischof Berthold ein Abkommen getroffen, in dem festgelegt wurde, daß der Bischof kein
Steuerrecht über Ebracher Grunduntertanen besitze oder beanspruche[590]. Lastenfreiheit
(einschließlich Steuerfreiheit) seiner Güter war Ebrach seit der Gründung ja mehrmals
von seiten der Würzburger Bischöfe gewährt und immer wieder bestätigt worden[591].
Für die meisten seiner Besitzungen hatte Ebrach schon kurz nach der Erwerbung Freiheit von anhangenden Vogt- und Steuerrechten sowie anderen damit verbundenen
regelmäßigen[592] Verpflichtungen erreichen können. Alle einschlägigen mittelalterlichen
Urkunden sowie die beschreibenden Quellen des 15. Jahrhunderts sprechen von völliger Steuer- und Bedefreiheit der Ebracher Güter.

[586] H. H. HOFMANN, Neustadt-Windsheim (Hist. Atlas v. Bayern, Teil Franken, Reihe 1,
Heft 2, München 1953; im folgenden zitiert: Atlas 2), S. 21. – Zur Problematik vor allem
MICHEL HOFMANN, Die Außenbehörden des Hochstifts Bamberg und der Markgrafschaft Bay-
reuth, JffL 3, 1937; fortgesetzt in JffL 4, 1938; derselbe, «Cuius regio?», a.a.O., S. 345 ff.

[587] Es wurde S. 95 f. ausführlich dazu Stellung genommen.

[588] Systematische Bestrebungen in dieser Richtung unternahmen vor allem die Markgrafen
von Ansbach. Vgl. dazu I. BOG, Dorfgemeinde, a.a.O., S. 50; H. H. HOFMANN, Atlas 2, a.a.O.,
S. 22.

[589] Die Bezeichnung selbst wird erst von den Juristen des 18. Jahrhunderts (vornehmlich in
den Schriften von J. J. MOSER) verwendet und erst gegen Ende des Alten Reiches reichsrechtlich anerkannt (vgl. H. H. HOFMANN, Atlas 2, a.a.O., S. 24).

[590] MB 37, 532. – Befreit wurden zur gleichen Zeit alle Güter vom bischöflichen Recht der
«Landleite». Darunter ist die Begehung der Gemarkung im Fall von Rechtsstreitigkeiten zu
verstehen. «Landleite als landesherrliches Recht scheint sonst unbekannt zu sein», schreibt
H. ZEISS, Reichsunmittelbarkeit, a.a.O., S. 26, Anm. 151. – 1419 wird Landleite noch einmal
in einer Ebracher Urkunde erwähnt; vgl. Lib. Priv. 1, f 183.

[591] Vgl. die Seiten 85, 88, 92 f.

[592] Vgl. MB 39, 254; 256.

Erst durch die reichsrechtlich sanktionierten Reichs- und Landsteuerforderungen (Reichs- und Kreisordnung Kaiser Maximilians, gemeiner Pfennig und die für die Reichsmatrikelbeiträge geforderten Steuern) wurde auch der Klosteruntertan zu Steuerzahlungen herangezogen. Die Erhebung allerdings lag nicht in Händen der Landesherrn, sondern war der Niedergerichtsbarkeit über eigene und bevogtete Grunduntertanen vorbehalten. Das Kollektionsrecht für Steuer und Kontribution im Bereich des Untersuchungsgebietes lag demnach unangefochten in Händen der Abtei, die für die aus der Erhebung resultierenden Kosten ein Drittel der Einnahmen einbehalten konnte, zwei Drittel an die zuständigen Stellen des Landesherrn weiterleiten mußte. Leider geben im fraglichen Gebiet erst die Quellen seit etwa 1690 Näheres über die Höhe der Besteuerung des Einzelnen bekannt.

Im Bereich des Hochstifts Bamberg schuf Bischof Lothar Franz Anfang des 18. Jahrhunderts eine Neuregelung des Steuerwesens. Sein Organisationsedikt vom Jahre 1716 sah eine gleichmäßige Besteuerung auf Grund eines einheitlichen Steuerfußes vor, wobei für die auf dem steuerbaren Gut ruhenden Lasten und Schulden ein Abzug gestattet wurde. Nach Ausweis der Ebracher Quellen wurden von 100 fl Anlage 17 Pf Steuer berechnet[593]. Aus den ausführlichen Instruktionen an die Taxatoren wird ersichtlich, daß nun auch Gewerbetreibende, Gastwirte, Müller und Handwerker mit einem Steuerkapital eingeschätzt, wie aber auch Kirchen- und Stiftungsgüter nunmehr zur Steuer herangezogen, darüber hinaus selbst Allmenden, Hirtenhäuser und Ortsbadstuben steuerlich «regulativ» behandelt werden sollten. Die Durchführung dieser Steuerrenovation gestaltete sich zwar denkbar schwierig, da, wie die Taxatoren bei ihrer Arbeit immer wieder feststellen mußten, bezüglich der Steuerverhältnisse überall eine «unbeschreibliche Verwirrung» bestünde[594]; von Vorteil für die Steueruntertanen war jedoch letzten Endes die Tatsache, daß nach der Einführung des neuen Steuersystems der durch Bischof Lothar Franz festgesetzte Steuerfuß bis zum Ende des Stiftsstaates unverändert beibehalten wurde, so daß die Untertanen nun wußten, was sie Jahr für Jahr zu zahlen hatten. – Weniger geordnet war das Würzburger Steuerwesen. Hier wurde die Steuer «nach einer doppelten Norm» berechnet[595]; es lag ihr einerseits eine Matrikel vom Jahre 1681 zugrunde, nach der die einzelnen Ämter zur Erstellung einer bestimmten Summe verpflichtet wurden; andererseits hatte man einen Steuerfuß festgesetzt, nach dem das Steuerquantum bestimmt wurde. Einem Bericht des Kanzlers Fichtl[596] an seinen fürstbischöflichen Herrn ist zu entnehmen, daß jeweils die Hälfte des eingeschätzten Vermögens als Steuerkapital in Rechnung gestellt, wobei von dieser Hälfte 6 Batzen pro 100 fl erhoben wurden. Exakte Steuererhebungen im Jahre 1738 zeitigten jedoch als Ergebnis überaus unterschiedliche Methoden der Steuerberechnung. Vorherrschend war noch immer die Gepflogenheit, den Morgen Feld als Grundlage der Besteuerung zu nehmen und hiervon 4–5 Pf pro Monat zu erheben, – ein Modus, der dem von Kanzler Fichtl erwähnten «6-Batzenfuß» etwa entsprach. Anderwärts erhob man monatlich für je 100 fl Vermögen ohne Abzug 4–5 Kreuzer, «was den

---

[593] Vgl. StA Bamberg, Rep. 223/2 nr. 7686 f 38. – Je nach Bonität der Liegenschaften wurde 1 Morgen Hubfeld durchschnittlich zwischen 2 und 4 fl, 1 Morgen Hubwiese zwischen 2 und 6 fl, 1 Morgen Eigenfeld zwischen 3 und 5 fl, 1 Morgen Eigenwiese zwischen 3 und 7 fl, 1 Morgen Holz zwischen 1 und 3 fl zur Steuer veranschlagt. Der Anschlag für 1 Paar Ochsen lag etwa bei 20 fl, für 1 Paar 3jährige Stiere bei 18 fl, für 1 Paar 2jährige Stiere bei 16 fl, 1 Kalb bei 3 fl, 1 Schwein bei 2 fl (siehe ebenda).

[594] K. WILD, Staat und Wirtschaft in den Bistümern Würzburg und Bamberg, a.a.O., S. 123/124.

[595] Ebenda, S. 125.

[596] Ebenda.

ideellen Ansatz von 6 Batzen bedeutend überstieg»[597]. Eine Vereinheitlichung der Steuerberechnung wäre hier angebracht gewesen. Die landesherrliche Regierung unterließ sie in Hinblick auf die großen Kosten, die eine derartige Renovation mit sich brachte. So blieb das Steuerwesen im Bereich des hochstiftischen Territoriums Würzburg bis zur Auflösung des Hochstifts im wesentlichen in der schon im Jahre 1681 bestehenden Form erhalten. – Wenig in Einklang standen landesherrlicher Anspruch und tatsächliche Steuerleistung der im Bereich des Markgrafen von Ansbach lebenden Klosteruntertanen. Was sowohl die ordentliche Steuer als auch die Reichs- und Türkensteuer anbetreffe, berichtet der Klosteramtmann Pius Link 1742 in einem ausführlichen Schreiben dem Abt[598], so besitze das Kloster wie überall im Mönchsgau auch hier das Kollektionsrecht. Eine beständige Steuer habe das Kloster in früheren Zeiten von seinen Untertanen und deren Gütern (im Amt und Gericht Katzwang) überhaupt nicht erhoben; dagegen wohl die Reichs- und Türkensteuer, die nach Aussage der vorhandenen Steuerregister jeweils zwei, drei oder vier Jahre gewährt, danach jedoch wieder aufgehört habe. Im Jahre 1554 habe der Markgraf von Ansbach als Landesherr wohl auf eine Steuer Anspruch erhoben, dem aber «dießeits (also von seiten des ebrachischen Klosteramtes) zum kräftigsten widersprochen, und durchaus nicht nachgegeben worden, so daß man dieses Recht obtiniret hat»[599]. Bei Invasion der französischen Truppen in das Fürstentum Ansbach im Jahre 1704 habe man von seiten Brandenburgs abermals steuerliche Ansprüche, in diesem Fall eine Beisteuer zur Brandschatzung, erheben wollen, worauf wiederum von seiten Ebrachs «nichts eingestanden, noch bewilliget» worden sei[600]. Im übrigen scheinen hier die Untertanen das Schutzgeld (S. 97) und die ordentliche Steuer für identisch gehalten zu haben; denn, als das Kloster sie Mitte des 17. Jahrhunderts erstmals mit einer ordentlichen Steuer belegen wollte, beschwerten sie sich heftig unter Hinweis auf ihre Zahlung des Schutzgeldes. Der damals regierende Abt Petrus wies daraufhin seine Amtleute an, besagte Steuer zwar nicht völlig fallen zu lassen, «sondern nur in etwas zu moderiren», und zwar die geforderte Steuer «auf die Helfte (der geplanten Summe) einzurichten» (ao. 1652), was auch geschah. So wurden die Höfe zu dieser Zeit mit 1, 1½ bis 2 fl Steuer, die Sölden je nach Größe jeweils mit der halben Summe belegt. (Anfang des 18. Jahrhunderts wurde der Steuerbetrag für alle Sölden auf 1 fl vereinheitlicht.) Von Beständnern wurde jährlich eine ordentliche Steuer von 1 fl, von Gewerbebetrieben je nach Größe zwischen 1 und 2 fl gefordert[601]. Dieser Steuerfuß wurde bis zur Säkularisierung der Abtei beibehalten.

Am geordnetsten lagen die Verhältnisse zwischen Landesherrn und Klosteruntertanen (es handelte sich dabei nur um Hintersassen zweier großer Höfe) in der Reichsstadt Nürnberg[602]. Die Klosterleute standen unter Schutz und Schirm der Stadt, reichten dafür gemeinsam jährlich 10 fl rh. in Gold in die Losungsstube, waren aber darüber hinaus losungs- und steuerfrei; auch für die in der Haushaltung verbrauchten Getränke waren sie von Zahlung einer indirekten Steuer, des Umgelds, befreit. Die ebrachischen Beamten des Klosterhofes leisteten bei Dienstantritt dem Rat der Stadt die «Pflicht». Durch zwei Verträge (1525 und 1550) mit der Reichsstadt hatte sich das Kloster Zollfreiheit erworben, für deren Neubestätigung es jährlich in das Nürnberger

---

[597] K. WILD, a. a. O., S. 125. (3 Pfennige = 1 Kreuzer; 4 Kreuzer = 1 Batzen; 1 fränk. Batzen = 5 rh. Kreuzer.)
[598] StA Nürnberg, Rep. RA Schwabach nr. 2816 f 48.
[599] Ebenda, f 47/47'.
[600] Ebenda.
[601] Ebenda.
[602] Ebenda f 91–98'.

Oberzollamt nur 30 Kreuzer («für ein Paar Filzschuhe») entrichtete. Verschiedentlich scheint auch die Reichsstadt den Versuch unternommen zu haben, mit der Forderung einer Türkensteuer an die Klosterleute heranzutreten, wobei die ebrachischen Amtleute aber auch hier immer sehr heftig und mit Erfolg «protestirt» hatten.

Steuernachlaß wurde den Untertanen im allgemeinen bei Neuerrichtung von Häusern, aber auch nach Katastrophen (Hagelschlag, Überschwemmung, Brand) gewährt. Völlige Steuerfreiheit wurde selten für längere Zeit bewilligt; bevorzugt wurde eine der Größe des Schadens entsprechende Stufung, nach der zumeist für das erste Jahr nach der Katastrophe volle Steuerfreiheit genehmigt wurde, im zweiten Jahr nur ein Sechstel, im dritten nur ein Viertel oder ein Drittel u. s. f. zu zahlen war.

Reichten die Eingänge aus den Ordinari-Steuern zur Deckung der Staatskosten nicht aus, so konnte der Landesherr eine Vervielfältigung der monatlichen Anlage – die Erhebung von sogenannten Extraordinari-Steuern – verfügen. 1733 erhob das Hochstift Würzburg neben den 12 Monaten ordentlicher Steuer noch 14 Monate Extraordinari-steuer, und erhöhte diese in den folgenden Jahrzehnten einige Male auf 18 und 24 Monate[603].

Neben den direkten Steuern gab es im gesamten Untersuchungsbereich noch zwei Arten von indirekten Steuern: eine Wein- und Biersteuer, das «Umgeld» (Ungelt), und eine vornehmlich auf Mehl und Fleisch ruhende Verkaufssteuer, der Akzis. – Das Wein- und Bierumgeld – eine Getränkesteuer, deren Vorkommen in den Hochstiften Würzburg und Bamberg schon für das 13. Jahrhundert nachzuweisen ist – stand ursprünglich den Vogtherren zu, gelangte aber im Laufe der Jahrhunderte mehr und mehr in die Hände der Territorialherren. Mehrfache Versuche der Landesherrn, in ihren Territorien ein einheitliches Erhebungssystem zu schaffen, blieben ohne wesentliches Ergebnis; noch zu Ende des Alten Reiches geschah die Erhebung völlig uneinheitlich, da viele Orte und Bezirke bezüglich der Höhe und der Berechnung des Umgelds auf ein besonderes «Herkommen» verweisen konnten und mit entsprechender Beharrlichkeit daran festhielten. In der überwiegenden Zahl der Fälle wurde das Umgeld vom verzapften Produkt, also als eine Konsumabgabe, erhoben. Daneben war aber auch der Modus der «Kesselsteuer» üblich, bei der die Umgeldabgabe nach dem Rauminhalt des Braugefäßes berechnet wurde. Nur vereinzelt erfolgte die Umgeldberechnung durch Versteuerung des noch ungeschroteten Malzes. Allein im Hochstift Bamberg sprach man von den drei nebeneinander bestehenden Besteuerungsarten als von einem «alten», einem «neuen» und einem «extraordinären» Umgeld[604].

Wer die Steuerhoheit besaß, hielt in den meisten Fällen auch die Wehrhoheit in Händen. «Eigentlich ein Ausfluß der königlichen Banngewalt in der Grafschaft beruhte die Wehrhoheit nach Ausweis aller Quellen in unserem Untersuchungsbereich (es schließt auch unser Gebiet ein) . . . schon seit den ersten Belegen im 15. Jahrhundert ebenfalls auf der Grundherrschaft»[605]. «Es ist außer allem Zweifel», schreibt der Klosteramtmann Pius Link im Jahre 1742, «daß, da das . . . Closter Ebrach die Steuer und andere Bothmäßigkeit auf ihren sämtlichen Unterthanen hergebracht, demselben nicht auch Reyß und Folg competire»[606]. Es ließe sich, berichtet er in bezug auf das Klosteramt Nürnberg-Katzwang-Schwabach, weder ein Exempel dafür finden, daß bei den ebrachischen Untertanen eine Musterung durchgeführt bzw.

---

[603] Über weitere Erhebungen von Extraordinari-Steuern geben die Ebracher Quellen nichts bekannt.

[604] Vgl. J. B. MAYER, Abhandlung über Abgaben und Steuern in Bamberg, 1795, S. 207.

[605] H. H. HOFMANN, Atlas 1 und 2, a.a.O., S. 20.

[606] StA Nürnberg, Rep. RA Schwabach nr. 2816 f 28.

ein Ausschuß formiert worden sei, noch weniger, daß von seiten Brandenburgs der-
gleichen «intendiret» worden wäre. So seien z. B. auch bei Ausbruch des Bayerischen
Krieges alte Ebracher Untertanen zur Frage gehört worden, wie man es bisher mit
der Aufstellung von Schutztruppen in Notzeiten gehalten hätte. Nach ihrer Aussage
habe man von ihnen «niemahls eine Manschaft zu stellen begehret»[607]. Dies schließe
nicht aus, fährt der Amtmann fort, daß in besagtem Krieg auch ebrachische Untertanen
auf Befehl des markgräflichen Oberamtes Schwabach sowie jene Klosterleute, die
Nürnberger Waldrecht hätten, auf Anweisung des Nürnberger Waldamtes St. Lorenz
zu Schanz- und Bauarbeiten bei Weißenburg bzw. Nürnberg herangezogen worden
seien. Angesichts der Gefahr sei dies von den Eingezogenen als notwendig erachtet
worden, vornehmlich, da die Anweisung ja mit Consens des Fränkischen Kreises geschehen sei und sich kein Stand des Kreises «eximiret» habe, dabei aber auf kein «besonders ius», sondern allein auf die Sicherheit und Notwendigkeit verwiesen worden
sei. Sollte es künftighin wiederum die «höchste Noth und des ... Fränkischen Crayßes
allgemeine Securité» erfordern, so werde auch das ebrachische Pflegamt seine Amts-
untergebenen in gleicher Weise wie andere Herrschaften mustern und auf Befehl des
Kreises einem von diesem bezeichneten Truppenkontingent zuführen. – Im übrigen
bot das Amt auch dann eine Mannschaft auf, wenn dies zur Verfolgung und Ergreifung eines Kriminalverbrechers innerhalb des Amtssprengels erforderlich war[608]. – Die
Aufschlüsselung der Leistungspflicht zum «Landesausschuß» – jeweils vom Dorfherrn
oder, in gemischtherrschaftlichen Orten, von der Dorf- und Gemeindeherrschaft vorgenommen – erfolgte entsprechend der Leistungsfähigkeit des bäuerlichen Anwesens,
bei Gewerbebetrieben entsprechend des finanziellen Leistungsstandes[609].

Nur vereinzelte der in der Landesherrschaft Würzburg gelegenen Klostergüter waren neben den Diensten, die in Zeiten allgemeiner Landesnot unterschiedslos und je
nach Bedarf von den Untertanen aller Grundherrschaften gefordert werden konnten,
dem Landesherrn Würzburg noch zu einigen Jagddiensten verpflichtet. Auf ehemalige
Dienstleistungen (Jagdfuhrdienste, Jägeratzung und Quartierlasten) Ebracher Untertanen bei fürstlichen Hochjagden[610] hatte Würzburg in Verbindung mit den Gerichts-
käufen von 1340 und 1381 (S. 85 ff.) ausdrücklich verzichtet. Zwar scheinen sich die
Bischöfe später nicht immer an diese Zusage gehalten zu haben, wie verschiedentlich
auftauchenden Klagen Ebracher Untertanen über auferlegte Jägeratzung beweisen.
Das Kloster antwortete auf würzburgische Übergriffe dieser Art und Versuche, den
nach 1381 vom Kloster nicht mehr eigens von landesherrlichen Ansprüchen frei gekauften Besitz mit Jagddiensten zu belegen, jedoch immer in so heftiger Weise, daß
letztlich nur noch ein geringer Teil der späteren Erwerbungen mit einer landesherrlichen Jagdfron – bestehend nahezu ausschließlich in Fuhrdiensten zum Abtransport

---

[607] StA Nürnberg, Rep. RA Schwabach nr. 2816 f 28'.

[608] Ebenda f 29. – Siehe dazu auch S. 90 f.: limitierte Cent des Klosters, auf Grund der ihm
Verfolgung und Ergreifung des Verbrechers innerhalb seines Amtes gestattet war.

[609] Näheres über die Höhe der einzelnen Verpflichtungen geben die Quellen nicht bekannt.
Im allgemeinen hatten sowohl Höfe, auf denen ein ganzes Gemeinderecht ruhte als auch Güter
mit nur 1/4 Gemeinderecht das gleiche *Recht*, nämlich soviel Vieh halten und auf die Gemeindewiesen treiben zu dürfen, als der Besitzer zu halten und ernähren imstande war. Bei Völker-
märschen und Einquartierungen jedoch waren diejenigen mit einem ganzen Gemeinderecht verpflichtet, für einen ganzen Gemeindehof zu «concuriren», während der Inhaber eines Viertels
Gemeinderecht in diesen Fällen auch nur für einen Viertelhof einzustehen hatte. Vgl. StA
Nürnberg, Rep. RA Schwabach nr. 527 f 6'/7, f 8', f 10.

[610] Das Recht des niederen Waidwerks besaß Ebrach in seinem gesamten Bereich, mit Ausnahme des Klosteramtes Katzwang, selbst. Vgl. StA Bamberg, Rep. 223/2 nr. 7775.

des erlegten Hochwilds – belastet war. Im Klosteramt Nürnberg-Katzwang-Schwabach stand sowohl das große als auch das niedere Waidwerk dem Markgrafen von Ansbach zu. Die Klosteruntertanen waren hier weder schuldig, Jagdfronden irgendwelcher Art zu leisten, noch Atzung und Lager den brandenburgischen Wildmeistern zu gewähren[611].

Abschließend sei noch kurz auf die Stellung des Landgerichts – im Untersuchungsgebiet unangetastet bis zum Ende des Alten Reiches den Landesherren überlassen – eingegangen. Mit der Rezeption des römischen Rechtes hatten auch die aus dem ehemaligen Grafengericht erwachsenen kaiserlichen Landgerichte an Bedeutung verloren[612]. Sie waren von dieser Zeit an nur noch für bestimmte Zivilklagen privilegierter Stände kompetent. Wie die Landgerichte Würzburg und Bamberg sank auch das kaiserliche Landgericht Burggrafentums zu Nürnberg, «bisher schärfste Waffe der Zollern im Kampf um die Landesherrlichkeit»[613], etwa um die Mitte des 16. Jahrhunderts in die Stellung eines reinen Standesgerichtes der hohen Beamtenschaft ab. Die Zuständigkeit des kaiserlichen Landgerichtes zu Ansbach, dem die Ebracher Untertanen im Klosteramt Katzwang unterstanden, kleidete der Amtmann Pius Link in seinem Bericht von 1742 treffend in die Worte, daß es «soviel man weiß, in Sachen die iura Statuum et regalia betreffen, pro iudice competenti nicht erkandt /werde/; in andern so real- als personal Sachen» werde es zwar als zuständig betrachtet, obwohl sich bisher «wißendlich . . . kein casus ereignet» hätte, der die Belangung eines ebrachischen Untertanen durch das kaiserliche Landgericht zur Folge gehabt habe»[614].

«In Franconia datur territorium in territorio»[614a]. In dieser Feststellung faßt der bambergische Jurist und bischöfliche Rat Dr. Antonius Winter i. J. 1631 die verfassungsrechtlichen Verhältnisse Frankens zusammen; trotz mehrfacher Ansätze der Landesherrn zu einer Intensivierung ihrer «superioritas territorialis» blieb die Fragwürdigkeit von Rechtscharakter und Wirkungskreis der fränkischen Landesherrschaft bis zum Ende des Alten Reiches bestehen.

Zusammenfassung

Gemessen an der für andere deutsche Bereiche (Mittel-, West- und Südwestdeutschland, aber auch Altbayern) beschriebenen Vielfalt an unterschiedlichen, zeitlich nebeneinander bestehenden Besitzrechten der bäuerlichen Bevölkerung sind die im Untersuchungsgebiet beobachteten bis 1400 als relativ einheitlich und von da an als nahezu völlig uniform zu bezeichnen. Die frühesten Quellen sprechen durchweg von kurzfristiger Leihe mit einer Verleihungsfrist von ein oder drei, ab und zu auch sechs oder zwölf Jahren, während der der Inhaber zu Jahreszinsen, jedoch nicht zu individuellen

---

[611] StA Nürnberg, Rep. RA Schwabach nr. 2816 f 20'.

[612] Näheres dazu bei H. H. HOFMANN, Atlas 1, S. 17, S. 29; Atlas 2, S. 21; vgl. hierzu auch «Gelegenhait der Landschaft mitsampt den furten und helltten darinnen». Eine politisch-statistische, wehr- und verkehrsgeographische Beschreibung d. Großraums um Nürnberg zu Beginn d. 16. Jhs, hrsg. v. F. SCHNELBÖGL u. H. H. HOFMANN, Hersbruck 1952, S. XVII ff.

[613] H. H. HOFMANN, Atlas 2, S. 21.

[614] StA Nürnberg, Rep. RA Schwabach nr. 2816 f 16/16'.

[614a] Zitiert nach M. HOFMANN, «Cuius regio?», a.a.O., S. 352.

Leistungen wie Fron- oder Scharwerksdiensten verpflichtet war. Diese Leiheform, die dem Beliehenen nicht mehr als ein an Zeitpacht grenzendes Besitzrecht zugestand, führte im Untersuchungsgebiet die Bezeichnung *Baurecht*. – Zwischen dem ausgehenden 13. und der Mitte des 14. Jahrhunderts überließ das Kloster eine Reihe von Gütern (sowohl geschlossene Anwesen als auch einzelne Grundstücke) den Übernehmern auf Lebenszeit, zu *Leibgeding*, – ein Besitzrecht, das sich vom Erbzinsrecht im Prinzip nur dadurch unterschied, daß es mit dem Tode des Inhabers erlosch und der Heimfall des Lehens an den Grundherrn diesem die Möglichkeit beließ, bei Neuverleihung die Vertragsbedingungen zu modifizieren. – Güter, zu deren Eigenbewirtschaftung das Kloster, wohl infolge eines gewissen Rückgangs in der Anzahl der Konversen, vorübergehend nicht in der Lage war, gab es verschiedentlich zu *Teilbau* aus; hierbei liegt die zeitliche Spanne zwischen erster Nennung und letzten Nachweisen in den Quellen zwischen dem beginnenden 13. und Ausgang des 14. Jahrhunderts. – Gegen Ende des 13. Jahrhunderts, zu einer Zeit also, in der Baurecht noch nachzuweisen ist, die Quellen daneben die ersten Hinweise auf Leibgeding und Teilbau geben, finden sich auch erstmals einige Nachrichten zum Vorkommen von *Erbzinsleihe*. «Es hat den Anschein», stellte I. Bog erst vor kurzem für den gesamtfränkischen Raum fest, «als habe, während sich die Erbzinsleihe noch ausbreitete, eine Gegenbewegung eingesetzt, u. a. ausgelöst von der rapiden Entwertung der Grundrente. Die Teilbauverträge, auf ein oder einige Jahre befristet, mußten den Herrschaften erstrebenswert sein, weil sie gestatteten, die Grundrente zu regulieren auf dem verhältnismäßig geringen Teil des Bodens, den sie noch in vollem Eigentum hielten»[615]. Kurzfristige Leihe, Vitalleihe, Teilbau und Erbzinsleihe sind – wenn auch nur über eine kurze Zeitspanne hinweg – nebeneinander nachzuweisen, ein Faktum, das bis zu einem gewissen Grade der Annahme widerspricht, die Vitalleihe hätte die kurzfristige-, die Erbzinsleihe die Vitalleihe abgelöst. Es ließ sich jedoch belegen, daß sich nicht nur Vitallehen, bei deren Neuverleihung die Descendenten des verstorbenen Inhabers bevorzugt wurden, sondern auch kurzfristig ausgegebene Zeitlehen Generationen hindurch in der Hand einer Familie hielten. Zeitlich befristete Lehen waren also in vielen Fällen realiter schon «erblich», bevor ihnen ausdrücklich Erbrecht zugesprochen wurde. Die frühesten Zugeständnisse von Erbrecht finden sich nicht nur in Verbindung mit Schenkungen von freiem Eigentum an das Kloster und deren Rückempfang zu Lehen («precaria oblata»), sondern auch in Zusammenhang mit Verkäufen freier Güter, die vom Verkäufer anschließend als Lehen entgegengenommen wurden; Schenker wie Verkäufer knüpften an die Übereignung nicht selten vorteilbringende Bedingungen: neben Abgaben relativ geringer Höhe, wenigen oder keinen Diensten verständlicherweise auch Erbrecht, um den Nachkommen zumindest die Nutznießung zu sichern. Wiederholt sei hier, daß alle im Untersuchungsgebiet vorkommenden Prekarien die Charakteristika der «precaria oblata» tragen, Übereignungen in Form der «precaria remuneratoria» nicht nachzuweisen waren; sie bezogen sich ausnahmslos auf Sachwerte, nicht auf die Person des Tradenten bzw. seine Familie und Erben. Die Übereignung und Rücknahme zu Lehen folgerte also lediglich eine Realverpflichtung ohne Beeinträchtigung der persönlichen Rechtsstellung des Tradenten und seiner Nachkommen. Im Rahmen dieser Überlassungen freien Eigentums an das Kloster (ob auf dem Wege der Schenkung oder der des Verkaufs) und Rücknahme zu Lehen ist es sehr häufig bäuerliches, nicht adeliges Eigentum, das Ebrach tradiert wird; es muß also um diese Zeit im Klostergebiet noch verhältnismäßig viele frei-eigene bäuerliche Besitzungen gegeben haben, im Gegensatz zu den späteren Jahrhunderten, während der mit Ausnahme der Mehrzahl walzender

[615] I. Bog, Dorfgemeinde, a.a.O., S. 54.

Stücke alles grundherrlich gebunden ist. – Etwa um 1400 hatte sich im Untersuchungsgebiet die Erbzinsleihe gegenüber der Zeitleihe durchgesetzt; hier demnach um etwas früher als im Bereich anderer fränkischer Herrschaften (der Klöster Heilsbronn, Langheim und Sonnefeld, der weltlichen Herrschaft Plassenberg), wo die endgültige Ablösung der Zeit- durch die Erbzinsleihe erst im Laufe des 15. bis zur Mitte des 16. Jahrhunderts erfolgte. – Grangien, deren Eigenbewirtschaftung das Kloster völlig aufgab, überließ es bäuerlichen Bewirtschaftern entsprechend dem zum Zeitpunkt der Auflösung vorherrschenden Leihemodus: Klösterliche Eigenhöfe, die *vor* 1400 aufgelöst wurden, gingen daher in den meisten Fällen (ungeteilt) in Form des Leibgedings an den Übernehmer über und wurden erst *nach* 1400 (geteilt in kleinere Einheiten) zu Erbzinslehen ausgegeben. Grangien, deren Auflösung erst nach 1400 erfolgte, überließ das Kloster – wiederum dem dominierenden Leihemodus der Zeit folgend – nach Teilung in kleinere Betriebe sofort in Form von Erbzinslehen.

Das ebrachische Erbzinsgut ist – in Übereinstimmung mit allen bisherigen Aussagen über den Charakter des Erbzinslehens anderer Herrschaften Frankens – nicht als Emphyteuse im römisch-rechtlichen Sinne anzusprechen; die vom Inhaber zu leistenden Verbindlichkeiten an den Herrn werden durchweg als Gegenleistung für das zur vollen Nutzung überlassene Eigentum eines Anderen verstanden, während ja «im römischen Rechte die Abgabe des Emphyteut-Mannes lediglich den Zweck hatte, das zugrunde liegende Rechtsverhältnis immer wieder neu zu bekräftigen»[616]. Neben dieser rein grundsätzlichen Auffassung spricht auch die Tatsache relativ niedriger Kaufpreise, die für ebrachische Erbzinsgüter bekanntgegeben werden, für das Erbzinsgut im deutsch-rechtlichen Sinn, da nach allgemeiner Beobachtung «der Einkaufspreis bei römischer Emphyteuse beträchtlich höher (lag), als er bei dem deutschen Erbzinsverhältnis üblich und möglich war»[617].

Seit 1500 etwa sind im Untersuchungsgebiet nur noch zwei Arten von bäuerlichen Besitzrechten nachzuweisen: Nahezu das gesamte Klostereigentum ist zu *Erbzinsrecht*, nur ein kleiner Teil (bestehend aus 4 ehemaligen Grangien) zu *Zeitpacht* vergeben. *Freies Eigentum* der Bauern ohne Abgabeverpflichtungen sind lediglich jeweils einige walzende Stücke, mit denen allerdings der überwiegende Teil aller Anwesen ausgestattet ist. Ein Besitzrecht, das etwa dem des «schlichten Zinsgutes» mitteldeutscher Prägung (= volles, wenn auch abgabepflichtiges freies Eigentum[618]) entspräche, – eine für den Bauern sehr vorteilhafte Rechtsform also, da sie dem Inhaber im Gegensatz zum Träger des Erbzinslehens sowohl das dominium utile als auch das dominium directum zuerkannte, hat es weder im Untersuchungsgebiet noch in den Bereichen benachbarter Herrschaften gegeben.

Gesteht das Erbzinsrecht dem Leheninhaber das Recht zu, sein Zinslehen zu «vererben», so erhebt sich damit die Frage nach den Erbberechtigten und darüber hinaus nach den *Erbsitten* im allgemeinen. Obwohl formal in keiner Verfügung, Rechtssatzung oder ähnlichen Quelle ausdrücklich ausgesprochen, geht aus Protokollen über Erbauseinandersetzungen eindeutig hervor, daß unterschiedslos alle Kinder des Inhabers – Söhne und Töchter gleichgestellt – erbberechtigt waren[619]. Vorherrschendes

[616] SCHMALZ, Lehrbuch des teutschen Privatrechtes, Berlin 1818, S. 94, zitiert nach F. LÜTGE, Die mitteldeutsche Grundherrschaft, a.a.O., S. 90.
[617] Ebenda.
[618] Vgl. F. LÜTGE, Die mitteldeutsche Grundherrschaft, a.a.O., S. 85 ff.
[619] Beste Nachweise hierzu finden sich in den Akten, die unter dem Sammelbegriff «Einkindschaften» geführt werden und die vermögens- und erbrechtliche Gleichstellung der Kinder 1. und 2. Ehen zum Inhalte haben.

Erbverfahren ist damit die Realteilung im Erbfall, – Anerbenrecht dagegen im Prinzip nicht bäuerliche Erbsitte. Es ließ sich jedoch nachweisen, daß trotzdem seit etwa der Mitte des 17. Jahrhunderts größere und mittlere Betriebe nahezu ausnahmslos ungeteilt von *einem* Erben übernommen wurden, der die weichenden Mitglieder der Erbengemeinschaft abzufinden hatte, wobei den Übernehmern bei der Abfindung die Tatsache erleichternd entgegenkam, daß die meisten bäuerlichen Betriebe mit einer gewissen Anzahl lediger Stücke ausgestattet waren, die es dem Übernehmer ermöglichten, den Rechtsansprüchen seiner Miterben ohne Beeinträchtigung des Hofgutes in Form solcher walzender Liegenschaften Genüge zu leisten. Die Geschlossenheit der Güter konnte damit trotz des herrschenden Grundsatzes «Realteilung im Erbfall» weitgehend gewahrt werden. Von grundherrlicher Seite wurde der Realteilbarkeit niemals in wirklich aktiver Form entgegengetreten. Die Reaktion, die um die Mitte des 16. Jahrhunderts gegen weitere Teilungen der Güter einsetzte und verschiedentlich durch Zusammenlegungen kleiner, ehemals zusammengehöriger Liegenschaften sogar zum Wiedererstehen von Vollbauernstellen führte, geht ohne Zweifel auf bäuerliche Initiative zurück.

Die rechtliche Situation, in der sich der Klosterbauer seit dem Beginn des 15. Jahrhunderts befand, läßt sich kurz dahingehend zusammenfassen:

Das ihm überlassene Klostergut hat er zu *Erbrecht* inne. Bei Einhaltung der zwischen ihm und der Herrschaft abgesprochenen Vertragsbedingungen ist das ihm daran zustehende volle Nutznießungsrecht unentziehbar, – ein «Abstiften» nach Willkür der Herrschaft damit ausgeschlossen. Am Leihegut ist dem Lehenträger zwar das dominium utile (Untereigentum) zuerkannt, nicht aber das dominium directum (Obereigentum), das sich der Herr ausnahmslos vorbehält. – Der Grundholde wird in den Quellen als *schollengebunden* bezeichnet; um vom Gute abziehen zu können, bedarf er der herrschaftlichen Genehmigung. Jedoch sichert ihm ein entsprechender Passus sowohl in der Leheneidesformel als auch im Lehenvertrag zu, daß ihm auf Wunsch der *Abzug* nach ordnungsgemäßer Lösung des Rechtsverhältnisses gewährt werde, vor allem dann, wenn er «an andren orthen» seine «sach verbessern könnte». Durch dieses Zugeständnis verliert die Bezeichnung «Schollengebundenheit» bzw. die im allgemeinen damit verbundene Vorstellung von Einengung der persönlichen Freiheit des Untertanen in unserem Fall wesentlich an Schärfe. – Mit herrschaftlicher Erlaubnis kann der Grunduntertan das Leihegut *verkaufen;* das Einspruchsrecht, das sich das Kloster bei Veräußerungen vorbehält, beschränkt sich auf die Person des Käufers. Die Einwilligung wird von der Herrschaft nicht versagt, wenn der Käufer ein «homo nobis aptus», ein dem Kloster annehmbar erscheinender neuer Lehenträger ist. – Das Rechtsverhältnis zwischen Grundherrn und Grunduntertanen ist eine auf Leistung und Gegenleistung beruhende Wechselbeziehung. Die Leistung der Herrschaft besteht in der Überlassung von klostereigenem Gut an den Untertanen zur vollen Nutznießung sowie in der Gewährung von Schutz und Schirm. Der Übernehmer des Leihegutes verpflichtet sich seinerseits, den Vorteil seines Herrn nach besten Kräften zu fördern, ihn unter Einsatz von Leib und Gut vor Schaden zu bewahren, sich nicht gleichzeitig einer anderen Herrschaft zu unterwerfen und verspricht gute Instandhaltung der Leihegüter. In *allen* Fällen hat sich der Lehenträger zu jährlichen Abgaben und zu Laudemialgefällen bei Veränderung in dienender Hand zu verpflichten; in der überwiegenden Zahl der Fälle tritt die Verpflichtung zur Leistung von Diensten hinzu. Alle Leistungen des Untertanen an die Herrschaft sind Lasten realen, nicht personalen Charakters. Gerät der Untertan unverschuldet in Not, so gewährt der Grundherr im allgemeinen vorübergehenden Nachlaß oder Minderung der Leistungen, ohne jedoch dazu verpflichtet zu sein. – Der Grundholde ist *schöffenpflichtig.* Bei Abzug bleibt er in anhängigen Rechtsfällen noch für den Zeitraum eines Jahres dem Klostergericht zuständig. Hintersassen dürfen bei Rechtshändeln unter sich den Prozeßgegner ohne Genehmigung der Herrschaft nicht vor ein fremdes Gericht laden. Berufungsmöglichkeit an ein klösterliches Obergericht ist gegeben. – Alle Abgabeverpflichtungen sind – wie oben schon gesagt – *Reallasten;* der Ebracher Grundholde ist weder zur Reichung von *Besthaupt* noch zur Zahlung von *Sterbhandlohn* verpflichtet. Damit fehlen zwei Kriterien, die im allgemeinen auf das Bestehen von Leibherrschaft schließen lassen. Die Berechtigung auf den Empfang von Abgaben durch Grund- und Gerichtshörige mußte von der Herrschaft bewiesen werden können. Da Grund- und Gerichtsherrschaft schon seit dem Ende des 13. Jahrhunderts in Personalunion bestanden, damit der eigentliche Rechtsgrund auf den Anspruch von *Abgaben* dieser oder jener Herkunft sowohl für den Berechtigten als auch für den Pflichtigen ohne wesentliche Bedeutung war und daher später kaum mehr spezifiziert verzeichnet wurde, sind Reichnisse grund- und gerichtsherrlicher Natur nur noch in Einzelfällen voneinander zu unterscheiden. Wo sie jedoch in den Quellen zu differenzieren sind, wird deutlich, daß Abgaben (und Dienste) an den Gerichtsherrn von weit geringerem Ausmaß als die dem Grundherrn zukommenden Leistungen waren. – Umfang, Art und Leistungsmodus legte der Lehensvertrag fest; eine Abänderung war nur dann möglich, wenn sich die Herrschaft durch eine spezielle Vertragsklausel die Möglichkeit einer Modifizierung ausdrücklich sicherte. In großen Zügen seien hier die einzelnen Verpflichtungen noch einmal kurz rekapituliert: Im Rahmen der bäuerlichen Gesamtverpflichtung stellen die unter der Bezeichnung «Zins und Gült» zusammengefaßten Reichnisse an den Grundherrn, deren Umfang sich nach dem Wert des überlassenen Gutes richtet, den größten Anteil. (Zum Ausmaß der Zins- und Gültverpflichtungen von Anwesen unterschiedlicher Größe vgl. die Beispiele S. 57 f.). Daneben zahlt der Inhaber des bäuerlichen Betriebes wie jeder Untertan mit eigener Herdstelle dem Grundherrn eine kleine jährliche Herdgebühr, das sogenannte Rauchpfund. Nur bei Besitzwechsel in dienender Hand (Kauf-, Tausch-, Erb-, Übernahme- und Heiratsfällen), und zwar hierbei wiederum nur bei «Anfall», also bei Übernahme des Gutes, wird Handlohn gereicht; er beträgt überwiegend 5 %, seltener 6²/₃ %, nur vereinzelt 10 % des Gutswertes, ohne Anrechnung der fahrenden Habe, des Viehbestandes und des Saatgutes auf den Feldern. Betont wird in den neuzeitlichen Quellen nachdrücklich, daß das Kloster keinen Sterbhandlohn fordere; die Nachdrücklichkeit, mit der darauf verwiesen wird, läßt die Absicht des Schreibers vermuten, damit einen Gegensatz zu der anscheinend in anderen fränkischen Herrschaftsbereichen noch bestehenden Verpflichtung hervorheben zu wollen. – Nahezu jeder bäuerliche Untertan leistete von einem Teil seines Besitzes Zehntabgaben. Sie fielen seit Ausgang des Mittelalters fast ausnahmslos an die Abtei, die bis 1500 annähernd alle auf ihren Besitzungen ruhenden Zehntgerechtsame, dazu nennenswerte Zehntgerechtigkeiten über Grundbesitz fremder Herrschaften erworben hatte. – Verließ ein Gerichtsholde den Ebracher Gerichtsbezirk oder fielen durch Verheiratung oder Erbschaft Vermögenswerte in andere Gerichtsbereiche, so erhob Ebrach in seiner Funktion als Vogteiherr einen gewissen Prozentsatz (maximal 10 %) des außer Landes gehenden Vermögens. – Alle Klosteruntertanen genossen Bedefreiheit. Dem Landesherrn waren sie zu Steuer und Kontribution, in einigen Fällen zu einer zusätzlichen Schutzgeld-Abgabe von geringer Höhe verpflichtet. – Kleinere regelmäßige Reichnisse waren der Gemeinde, der zuständigen Pfarrei, dem Schulmeister, in Einzelfällen auch den Centschöffen zu leisten.

Wie die Abgaben sind auch die *Dienste* durchwegs Reallasten, ruhend nicht auf der Person des Leheninhabers, sondern auf dem Anwesen und den Liegenschaften. Manches, das schon in Zusammenhang mit der Besprechung der Abgaben erörtert wurde, gilt grundsätzlich auch für die Dienste: Auch sie sind – ob es sich um Dienste grund- oder gerichtsherrlicher Natur handelt – Komponenten eines auf Leistung und Gegenleistung beruhenden Wechselverhältnisses; die Empfangsberechtigung ist vom Herrn notfalls zu beweisen; der Lehenvertrag fixiert Art und Umfang der Verpflichtungen; Leistungen grund- und gerichtsherrlichen Charakters sind archivalisch kaum mehr voneinander trennbar. – Ebrach forderte – im Gegensatz zu anderen fränkischen Herrschaften – bis zu seiner Auflösung die ihm zustehenden Dienste überwiegend in Form der Realleistung; nur vereinzelt trat an die Stelle eines realen Dienstes ein festes jährliches Geldreichnis. – Die durchschnittliche jährliche Frondauer, die bei der Berechnung eine Zeitspanne ergab, die sich für den Hofinhaber zwischen 8 und 16 Tagen, für den Halbhof- und Kleingutbesitzer zwischen 6 und 12 Tagen bewegt, liegt weit unter den Forderungen, wie sie etwa für die nördlichen Gebiete des heutigen Franken (Raum Coburg) mitgeteilt werden[620]. – Überwiegend setzten sich die Fronverpflichtungen aus zeitlich und real (qualitativ) begrenzten Leistungen zusammen; ungemessene Fronden waren nahezu immer zumindest qualitativ bestimmt, damit, wenn auch auf indirektem Wege, gleichfalls quantitativ (zeitlich) begrenzt. Als positiver Faktor für den Pflichtigen kommt hinzu, daß die größere Zahl der Dienste mit einer herrschaftlichen Gegenleistung naturaler oder monetärer Form verbunden ist (vgl. Tabelle S. 73 ff.). – Wie im Rahmen der Abgaben hatte der Pflichtige auch in bezug auf die Dienste häufig die Möglichkeit, zwischen der Real-(Natural-)leistung und einer Geldgabe zu wählen. Die Tatsache, daß die Wahl der Ableistungsform ausnahmslos dem Pflichtigen vorbehalten war, spricht zusätzlich für eine relativ günstige Rechtslage der Klosterbauern. Der Herrschaft war die Wahl des Ableistungsmodus in keinem Fall freigestellt; sie war jedoch, wenn sie der Dienste nicht bedurfte, zur Einberufung der Fronleute nicht verpflichtet. Die Pflichtigen konnten also nicht, wie in Mitteldeutschland etwa[621], Anspruch darauf erheben, zu bestimmten Diensten, auf deren Ableistung sie in Hinblick auf die damit verbundenen herrschaftlichen Gegenleistungen Wert legten, herangezogen zu werden[622]. – Neben den Diensten für seinen Grund- und Gerichtsherrn war der Ebracher Untertan gleich dem Hörigen anderer fränkischer Herrschaften in Zeiten allgemeiner Landesnot zu Dienstleistungen im Rahmen der Landesverteidigung (Transport-, Boten-, Wach- und Baudienste, Heerfolge) verpflichtet. Ehemals *regelmäßige* Dienste an die verschiedenen Landesherrn hatte Ebrach für seine Grundholden noch während der ersten Jahrhunderte seines Bestehens zum großen Teil durch einmalige Zahlungen völlig abgelöst (so z. B. Jagddienste an den Bischof von Würzburg), zum Teil wenigstens deren Umwandlung in kleine jährliche Geldreichnisse durchgesetzt (u. a. Weinfuhren für den Markgrafen von Brandenburg-Ansbach; vgl. S. 69). Letztlich waren es nur noch einige in unmittelbarer Nähe von Würzburg und Schweinfurt gelegene Ebracher Besitzungen, die dem bischöflichen Landesherrn bzw. der Reichsstadt Schweinfurt zu einigen Jagd-, Bau- und Centdiensten verpflichtet blieben. – Leistungen, die die Gemeinde von den im Dorf Ansässigen in ihrer Eigenschaft als Dorfbewohner zu fordern berechtigt war, entsprechen – wie im Laufe der Arbeit anhand von Beispielen wiederholt belegt – ihrer Art und ihrem Umfange nach der dem Inwohner zukommenden Nutznießung.

[620] Vgl. W. LORENZ, Campus Solis, a.a.O., S. 165 ff.; auch G. FRANZ, Beschwerden der Hintersassen d. Kl. Sonnefeld, a.a.O., S. 46 ff.

[621] Vgl. F. LÜTGE, Die mitteldeutsche Grundherrschaft, a.a.O., S. 160 ff.

[622] Bedauerlicherweise sind die Angaben zu den Diensten in anderen grundherrlichen Bereichen Frankens zu allgemein gehalten, als daß sie einen exakten Vergleich zu speziellen Fragen (Frondauer, Umkreis der Pflichtigen, Präbenden u. a.) erlauben würden.

Deutlich zu beobachten ist ein gewisses Bestreben von seiten der Herrschaft, un gleich hohe Belastungen des einzelnen Untertanen auszugleichen (vgl. S. 63, 66, 78); zugute kam hierbei dem Klosterbauern, daß Ebrach mehrere Herrschaftskomplexe (Grund-, Gerichts-, Zehntherrschaft; Dorf- und Gemeindeherrschaft) in seiner Hand vereinigte und innerhalb dieser Rechtsbereiche unbeeinträchtigt von fremdherrlichen Einflüssen verschieden hohe Leistungen der Klosterleute auszugleichen imstande war. Darüber hinaus zog das Bemühen der Grundherrschaft um den Erwerb zusätzlicher Gerechtsame – primär ohne Zweifel im klösterlichen Interesse verfolgt – für den Holden in fast allen Fällen eine Reihe von Befreiungen und Erleichterungen nach sich. Erinnert sei hier nur an die Befreiung von den Centlasten dinglicher und finanzieller Art, die den Klosterleuten auch dann verblieb, als man der Herrschaft selbst ihre ehemals erkauften Hochgerichtsbefugnisse wieder aberkannt hatte. – Was die Abtei aber nach Aberkennung der Hoch- und Blutgerichtsbarkeit noch bis zu ihrer Auflösung unumschränkt behielt, war die «Vogtei», der in ihrer spezifisch fränkischen Ausprägung eine so umfassende Rechtsbündelung zugesprochen war, daß nahezu alle Belange des Untertanen durch die Hand des Grund-Vogteiherrn geregelt wurden. Da nicht zuletzt auch die spätere Dorf- und Gemeindeherrschaft aus Grundherrschaft und Vogteigerichtsbarkeit resultierte, erweiterte sich die rechtliche Einflußsphäre auch auf den Ablauf des dörflichen Lebens. Agrarpolitische Maßnahmen gingen demnach auch allein von ihr aus, in keinem Fall von den Landesherrn. Bei aller Vorsicht, mit der die folgende Behauptung ausgesprochen wird, erscheint im fränkischen Raum eine aus den Rechtsbereichen von Grundherrschaft und Vogtei kombinierte Instanz, nicht der Landesherr, als die eigentliche «*Regierung*». Als bezeichnend hierfür kann u. a. die Tatsache ins Feld geführt werden, daß die durch den Augsburger Reichstag (1555) ausgesprochene Bestimmung «Cuius regio» im Raum Franken (vornehmlich im Hochstift Bamberg) erst zur Frage «Wer regiert?» wurde, deren Diskussion schließlich auf Grund der Gegebenheiten erbrachte, daß die Vogtei «fränkischer Prägung» als «Ansatzpunkt» für eine «landsfürstliche Obrigkeit» angesehen werden müsse[623]; nicht mehr also die landesfürstliche Hochgerichtsbarkeit, deren Erwerb ehemals zur Ausbildung eines Territoriums unerläßlich war[624], aber auch nicht die übrigen, dem Landesherrn verbliebenen Rechte, umfassend Landessteuer, Landesgericht, Cent, Heer- und Kriegswesen. Macht und Einflußmöglichkeit des Landesherrn endete im Grunde genommen dort, wo er nicht selbst als Grund- und Vogteiherr auftrat. Notwendig scheint hier die Hervorhebung des Faktums, daß sich entgegen der sonstigen Rechtssplitterung des fränkischen Gebietes, diese Rechtsbündelung von Grund- und Vogteiherrschaft nicht allein auf die großen Grundherrschaften beschränkte. Wie vor allem die in den letzten Jahren veröffentlichten Untersuchungen im Rahmen des Historischen Atlas von Bayern (Teil Franken) ergaben, vereinigte auch die Mehrzahl mittlerer und kleiner Herrschaften (so z. B. Pfarreien, ab und zu auch kommunale Verbände, soweit sie über grundherrlichen Besitz verfügten) Grund- und Vogteiherrschaft in ihrer Hand.

Mit dieser Erörterung einer für Franken charakteristischen Erscheinung sei zu der eingangs gestellten Frage übergeleitet, ob und inwieweit in bezug auf die *Grundherrschaft* Frankens von einem *Typ eigenständiger Prägung* zu sprechen ist, ob man sie vorbehaltlos einer der bisher in der wissenschaftlichen Literatur vorgestellten Typen

---

[623] Vgl. M. Hofmann, «Cuius regio?», a.a.O., S. 345 ff.

[624] Vgl. E. Frhr. v. Guttenberg, Die Territorienbildung am Obermain, 79. Ber. d. Hist. Ver. Bamberg, 1927.

zuzurechnen hat oder ob sie eine Übergangs- und Mischform eben dieser Typen, wenn auch in gewisser eigenständig landschaftlicher Ausdrucksform, darstellt. Vorweggenommen sei hier den im folgenden näher ausgeführten Begründungen, daß sowohl die Verhältnisse des Untersuchungsgebietes als auch die bisherigen Ergebnisse der wenigen Arbeiten zur fränkischen Grundherrschaft für die letztgenannte Möglichkeit sprechen; erst der Abschluß der z. Z. noch im Gange befindlichen Untersuchungen wird jedoch eine in gewissem Sinn abschließende Beurteilung und Klassifizierung erlauben.

Werden die beiden agrarwissenschaftlichen Termini *Grund*herrschaft und *Guts*herrschaft[625] zugrunde gelegt, so besteht kein Zweifel, daß eine Zuordnung der untersuchten Herrschaft zur Gutsherrschaft von vornherein auszuklammern ist. Trotz der weitgehenden Versuche und Erfolge Ebrachs in bezug auf Arrondierung und Purifizierung seines Besitzes handelte es sich beim Klosterland niemals um einen tatsächlich «abgegrenzten Bezirk», aus dem sich ein – die Gutsherrschaft im eigentlichen charakterisierendes – «Territorialprinzip» ableiten ließe. Eine derartige Herleitung erlaubt auch die für Franken typische Verbindung von Grundherrschaft und Vogteigerichtsbarkeit nicht, die immer nur in Personalunion bestand, nicht aber «im Wesen der Grundherrschaft beschlossen» lag. Die Kombination garantierte dem Inhaber beider Rechtskomplexe zwar weitgehende Machtbefugnisse, vermittelte ihm aber trotz gewisser «Ansätze» keine «territoriale» Stellung. Ebrach konnte auf Grund jahrhundertelanger Bemühungen lediglich verschiedene, dem Prinzip nach voneinander getrennte Herrschaftsbereiche in Personalunion auf sich vereinen; nie aber – und hierin liegt nach F. Lütge ein grundsätzlicher Unterschied zur Gutsherrschaft – handelte es sich «um ein einheitliches Recht ..., sondern um eine Summierung von ... verschiedenen, selbständigen Rechten in der Hand eines Empfangsberechtigten»[626].

Die Ebracher Herrschaft trägt die spezifischen Merkmale der als «Grundherrschaft» klassifizierten Form: Sie ist eine «Herrschaft über Menschen (Bauern), die auf bestimmtem Boden sitzen, an denen der Herr Rechte dieser Art, d. h. Herrenrechte, hat (im Prinzip begleitet von entsprechenden Verpflichtungen)»[627]. Keineswegs im Widerspruch dazu steht die Aussage, daß die Grangien zum großen Teil *gutswirtschaftlichen* Charakter hatten. Sie sind – im Unterschied zu *gutsherrlichen* Verbänden – lediglich Eigenbetriebe eines *Grund*herrn, die auf Grund der Tatsache, daß es sich bei der Herrschaft um eine Zisterze handelt, in der Hauptsache von Konversen und bezahlten Arbeitskräften, daneben aber auch von Grundhörigen im Rahmen ihrer Fronverpflichtungen, auf die die Herrschaft für die Überlassung von klostereigenem Gut Anspruch hatte, bearbeitet wurden.

Die weitere Frage ist nun die, welcher der bisher als «Typen» herausgestellten grundherrschaftlichen Formen sich die fränkischen Verhältnisse zuordnen lassen bzw. inwieweit von einer eigenständig fränkischen Form die Rede sein kann[628]. Hier seien zunächst diejenigen «Typen» abstrahiert, zu denen sich im Untersuchungsgebiet keinerlei Parallelen ergeben haben. Ausgeschaltet werden müssen in diesem Zusammenhang sowohl der Typ der «Westdeutschen Grundherrschaft», deren Agrarver-

---

[625] Siehe hierzu die Interpretation beider Begriffe bei F. Lütge, Die mitteldeutsche Grundherrschaft, a.a.O., S. 291 ff., und die dort angegebene Literatur. – Vgl. ferner C. J. Fuchs, Art. Bauernbefreiung, in: Wörterbuch d. Volkswirtschaft, 4. Aufl., Bd. 1 (1931), S. 274–289.
[626] F. Lütge, Die mitteldeutsche Grundherrschaft, a.a.O., S. 297; S. 293.
[627] Ebenda, S. 293.
[628] Vgl. zum folgenden die Gegenüberstellung der mitteldeutschen Grundherrschaft mit den sonstigen Typen der deutschen Agrarverfassung von F. Lütge, a.a.O., S. 298 ff.

fassung durch die Diskrepanz sehr guter und sehr ungünstiger bäuerlicher Besitzverhältnisse gekennzeichnet ist, als auch der Typ der «Nordwestdeutschen» oder sogen.
«Neueren» Grundherrschaft, in deren Bereich das Meierrecht[629] vorherrschendes
Besitzrecht ist, – ein Besitzrecht, das in Franken ohne Parallele ist. – Inwieweit fränkische Agrarverhältnisse an die Gegebenheiten in Hessen anlehnen, wird erst nach
Abschluß der dort z. Z. laufenden Untersuchungen zu sagen sein. Den Resultaten der
bisherigen Forschung zufolge wird Hessens Agrarverfassung allerdings durch das Vor-
herrschen von Leibrecht charakterisiert, kennt daneben aber auch ein dem schlichten Zinsgut Mitteldeutschlands entsprechendes vorteilhaftes Besitzrecht, darüber hinaus
Laßrecht und Landsiedelrecht mit Bedingungen, die an ein Pachtverhältnis erinnern,
– alles in allem Fakten, die nicht für einen direkten Zusammenhang mit Franken
sprechen. – Die geographische Situation legt nahe, gewisse Übereinstimmungen fränkischer Verhältnisse mit jenen im benachbarten altbayerischen und schwäbischen Raum
sowie dem Gebiet der «Südwestdeutschen Grundherrschaft» einerseits und dem Bereich
der «Mitteldeutschen Grundherrschaft» andererseits zu suchen. F. LÜTGE, der nach
langjährigen Forschungen im Raum Altbayern und Schwaben den Typ der «Bayerischen Grundherrschaft» herausgestellt hat[630], hebt in einem Vergleich der altbayerischen
und mitteldeutschen Verhältnisse als Charakteristikum der «Bayerischen Grundherrschaft» u. a. hervor, «daß dort etwa die Hälfte der Bauern unmittelbar unter der Gerichtsherrschaft des Landesherrn steht, und dieser Landesherr hat eine starke Macht-
position ausgebaut . . .»[631]. Hiermit spricht F. LÜTGE zwei Faktoren für den deutschen
Südosten als kennzeichnend an, die für Franken weitgehend fehlen. Es wurde im
Laufe der Darstellung wiederholt darauf verwiesen, daß die fränkischen Bauern in
überwiegender Mehrzahl (mit Ausnahme der Kapitalverbrechen) unter der Gerichtsherrschaft ihrer Grundherrn, die gleichzeitig Vogteiinhaber sind, stehen; darüber hinaus kann von einer tatsächlichen Machtstellung der fränkischen Landesherrn nur dort
gesprochen werden, wo sie selbst als Grund- und Vogteiherrn in Erscheinung treten.
Diesen, Altbayern/Schwaben und Franken unterscheidenden Punkten sind weitere
divergierende Momente hinzuzufügen: «Leibeigenschaft und Ausbildung von gutsherrlichen Momenten, wenn diese auch nicht in der Lage waren, sich zur eigentlichen
Gutsherrschaft fortzuentwickeln[632]», sind in Altbayern noch während der neuzeitlichen
Jahrhunderte häufig feststellbar, – Tatbestände, deren Fehlen im fränkischen Raum
außer Frage steht. Zwar findet sich auch im Gebiet der Bayerischen Grundherrschaft
das Erbzinsrecht an führender Stelle; im Gegensatz zu Franken aber, das seit etwa
1500 kein schlechteres Besitzrecht mehr kennt, nimmt dort auch das Leibrecht eine nicht
minder dominierende Position ein, begleitet verschiedentlich auch von Vorkommen
des ungünstigeren Besitzrechtes von Freistift[633]. Durchweg höhere Belastungen (Ab-

---

[629] Eine Art von erblicher Pacht, die von landesgesetzlich geregelten Normen bestimmt wird;
es gesteht dem Inhaber lediglich ein dingliches Nutzungsrecht zu, gewährt jedoch weder ein
Eigentumsrecht im Sinne des dominium utile (wie das Erbzinsrecht) noch ein ungeteiltes, wenn
auch mit Reallasten verbundenes (wie das schlichte Zinsgut Mitteldeutschlands). Vgl. W. WIT-
TICH, Die Grundherrschaft in Nordwestdeutschland, Leipzig 1896; F. LÜTGE, Die mitteldeutsche Grundherrschaft, a.a.O., S. 298/99.
[630] F. LÜTGE, Die Bayerische Grundherrschaft, Stuttgart 1949.
[631] F. LÜTGE, Die mitteldeutsche Grundherrschaft, a.a.O., S. 300.
[632] Ebenda.
[633] Vgl. E. KLEBEL, Bauern und Staat in Österreich und Bayern während des Mittelalters,
in: Adel u. Bauern im dt. Staat d. Mittelalters, hrsg. v. TH. MAYER, Leipzig 1943, S. 213 ff.;
241 f. - G. KIRCHNER, Probleme d. spätmittelalterlichen Klostergrundherrschaft i. Bayern, Zs.
f. Bayer. Landesgesch. 19 (1956) S. 1 ff.

gaben, Dienste, Laudemialgefälle) werden für die Bauern des südostdeutschen Raumes mitgeteilt, als sie für die bäuerliche Bevölkerung Frankens festgestellt werden konnten. – Kürzer zu fassen ist eine Gegenüberstellung Frankens mit den Verhältnissen, wie sie für den Raum der «Südwestdeutschen Grundherrschaft» beschrieben werden[634]. Auf Grund welcher Voraussetzungen das gesamtfränkische Gebiet ehemals schlechtweg in den Bereich dieser «Südwestdeutschen Grundherrschaft» einberechnet wurde, ist nur schwer zu verstehen. Allein die generelle rechtliche Struktur beider Gebiete divergiert einer doch völlig unterschiedlichen historischen Entwicklung zufolge so stark[635], daß es wesentlich leichter fällt, gegensätzliche als gemeinsame Züge aufzuzeigen. Von den drei Rechtsbereichen – Gerichtsherrschaft, Leibherrschaft und Grundherrschaft –, auf welchen die südwestdeutsche Grundherrschaft beruht, vereinigte der Landesherr – selbst der größte Grundherr seines Gebietes – in weitgehendem Maße Gerichts- und Leibherrschaft auf sich. Grundherrliche Momente, die im Rahmen der fränkischen Agrarverfassung, ähnlich wie ja auch in Mitteldeutschland, an primärer Stelle stehen, treten «in dieser (südwestdeutschen) Verfassung praktisch in den Hintergrund»[636]. Abgaben und Dienste, die, wie für das Untersuchungsgebiet immer wieder nachgewiesen werden konnte, überwiegend aus dem Wechselverhältnis Grundherr und Grunduntertan, in weit geringerer Anzahl aus der Beziehung Gerichtsherr und Gerichtsholde, in *keinem* Fall aus einem leibherrlichen Verhältnis resultierten, gehen im südwestdeutschen Raum verschiedentlich (so z. B. im Raume Baden) allein auf die Gerichtsherrschaft, dominierend jedoch (vor allem in bezug auf die Abgaben) auf einen leibherrlichen Rechtsanspruch zurück, während Verpflichtungen auf grundherrlicher Basis erst an sekundärer Stelle stehen. Von den grundsätzlichen Unterschieden in Hinblick auf die rechtliche Gesamtstruktur der beiden Gebiete abgesehen, schließt allein schon das Faktum, daß die südwestdeutsche Agrarverfassung vornehmlich in der Leibherrschaft wurzelt, Franken dagegen (soweit bisher erforscht) bereits seit Ausgang des Mittelalters nur noch vereinzelt[637], das Untersuchungsgebiet im speziellen schon seit dem Hochmittelalter keine leibherrlichen Verhältnisse mehr kennt, die Möglichkeit einer Zuordnung der fränkischen Form zum südwestdeutschen «Typ» aus.

Weitaus stärker erinnern die für Franken ermittelten Ergebnisse an die Verhältnisse im Bereich der «Mitteldeutschen Grundherrschaft». Als auffälligste Übereinstimmung erscheint das fast völlige Fehlen von Leibherrschaft in beiden Gebieten, obwohl nachweisbar dort wie hier ehemals gewisse unfreie Verhältnisse bestanden hatten. In Mitteldeutschland hatten sie sich frühzeitig und ohne Reste aufgelöst. Für Franken wurde erst vor kurzem beweisführend dargelegt, daß «die Grundherrschaft die Leibherrschaft bis zum Ende des Mittelalters vollkommen (aufgesogen hatte). Selbst der Name erlosch bis auf winzige Inseln im Eichstädtischen»[638]. In diese für Franken im allgemeinen ausgesprochene Feststellung können die lokalen und regionalen Ergebnisse des Untersuchungsgebietes vorbehaltlos eingeschlossen werden. Es wurde im Laufe der Darstellung, gestützt auf entsprechende Belege, immer wieder hervorgehoben, daß alle

[634] Hierzu vor allem die Arbeiten von Th. Knapp, Th. Ludwig, O. Reinhard, K. S. Bader (siehe S. 1 und Literaturverzeichnis).

[635] Einen guten Überblick über die historische Entwicklung Frankens vermittelt die Arbeit von Helmut Weigel, Epochen der Geschichte Frankens. Sonderdruck aus «Mainfränkisches Jahrbuch f. Geschichte u. Kunst», Bd. 5, 1953 (mit zahlreichen Angaben von Spezialliteratur).

[636] F. Lütge, Die mitteldeutsche Grundherrschaft, a.a.O., S. 301. – Vgl. auch die entsprechenden Ausführungen bei K. S. Bader, Entstehung u. Bedeutung der oberdeutschen Dorfgemeinde, a.a.O., S. 276 ff.

[637] Vgl. I. Bog, Dorfgemeinde, a.a.O., S. 49 ff.

[638] Ebenda S. 49.

Kriterien fehlen, die einen Rückschluß auf Leibeigenschaft bzw. Leibherrschaft erlauben. Es besteht während der klösterlichen Zeit weder die Verpflichtung zur Abgabe von Leibhühnern noch zur Leistung von Besthaupt und Sterbhandlohn; alle Abgaben und Dienste ruhen nicht auf der Person des Pflichtigen, sondern auf dem Anwesen, den Liegenschaften, der Herdstelle usw., – sind also immer an eine «Realität» gebunden und als Teil eines auf Leistung und Gegenleistung basierenden Wechselverhältnisses zu verstehen. Lediglich in bezug auf den von Einliegern geforderten Schutz- und Verspruchsgulden sowie in jenem einzigen Fall, in dem von Hausgenossen einige kleinere Dienstleistungen für den Grund- und Gerichtsherrn gefordert werden (vgl. S. 73), könnte der Einwand erhoben werden, es handele sich hierbei um Leistungen von zumindest halbpersonalem Charakter. In beiden Fällen konnte nachgewiesen werden, daß die genannten Verpflichtungen nicht leibherrlichen, sondern schutzherrlichen Ursprungs sind; die Verpflichtung erlischt, sobald der Einlieger seinen sozialen Status ändert oder – im Fall der Dienstleistung – aus dem dörflichen Verband ausscheidet. – Eine tatsächlich grundsätzliche Verschiedenheit zwischen Mitteldeutschland und Franken liegt dagegen im Rahmen der bäuerlichen Besitzverhältnisse. Hierbei wird nur zum geringsten der Tatsache Gewicht beigemessen, daß die bäuerlichen Rechte an Eigentum und Besitz dort in weit umfassenderer Differenzierung in Erscheinung treten als im fränkischen Raum, dessen Besitzverhältnisse seit Ausgang des Mittelalters ja nahezu völlig auf das Erbzinsrecht nivelliert sind; die Mannigfaltigkeit ist nicht zuletzt ja eine Frage der Größe des Untersuchungsgebietes, vornehmlich dann, wenn es – wie im Fall Mitteldeutschland – Landschaften von sehr unterschiedlicher historischer Entwicklung einschließt. Maßgeblich unterscheidet sich Franken von Mitteldeutschland jedoch durch die Tatsache, daß das in vielen Teilen Mitteldeutschlands, vor allem in Thüringen, vorkommende «schlichte Zinsgut», das dem Inhaber im Gegensatz zum Erbzinsrechtler neben dem Unter- auch das Obereigentumsrecht zuerkannte, weder im Untersuchungsgebiet noch – wie aus bisherigen Darstellungen zu anderen fränkischen Grundherrschaften hervorgeht – in anderen Gebieten Frankens nachweisbar ist. Da das für den Inhaber überaus vorteilhafte Besitzrecht des schlichten Zinsgutes nach den Untersuchungen von I. BOG im allgemeinen dort belegt werden kann, wo das Fehlen eines «Mittelstandes» (der Liten z. B.) «dem unmittelbar zum Freien aufsteigenden Mancipium in weitem Maße auch das Recht des Freien an seinem Lande»[639] zugestehen mußte, dürfte der Grund in der andersartigen historischen Entwicklung, die Franken genommen hat, zu suchen sein. Gefördert durch die «Konkurrenz der benachbarten Kolonisationsgebiete Ostmitteldeutschlands, des eigenen fränkischen Ostens und der aufblühenden Städte»[640] mußte die Entwicklung notwendigerweise von den älteren ungünstigeren Besitzrechten (kurzfristige Zeitleihe, Vitalleihe; Teilbau) zwar zum Zugeständnis des Erbzinsrechtes führen, konnte jedoch nach Lage der Verhältnisse im Altsiedelland Franken nicht auf ein so vorteilhaftes bäuerliches Besitzrecht wie das des schlichten Zinsgutes zielen, das dem Grundherrn zwar Abgaben garantierte, ihn aber der für ihn entscheidenden Kombination von «Herrschaft *und* Grundrente[641]» beraubte. – Abgesehen von der Tatsache, daß das schlichte Zinsgut in Franken fehlt, darüber hinaus die Möglichkeiten einer Einflußnahme von seiten des Landesherrn hier weitaus geringer als in Mitteldeutschland waren, fügen sich die allgemein im fränkischen Kern-

---

[639] I. BOG, Dorfgemeinde, a.a.O., S. 49; dazu F. LÜTGE, Die Agrarverfassung des frühen Mittelalters, a.a.O., S. 82 ff. – Zum Besitzrecht des schlichten Zinsgutes: F. LÜTGE, Die mitteldeutsche Grundherrschaft, a.a.O., S. 65 f., 71 f.

[640] I. BOG, Dorfgemeinde, a.a.O., S. 80.

[641] Ebenda.

gebiet herrschenden Verhältnisse (generelle Rechtslage, Erbsitten, Höhe und Modus der bäuerlichen Leistungen u. a.) zwangloser in den Rahmen der für Mitteldeutschland mitgeteilten Resultate, als daß sie sich unter die für Südwestdeutschland oder Altbayern beschriebenen Charakteristika subsumieren ließen; deutliche Übereinstimmungen mit den thüringischen Agrarverhältnissen hat die Untersuchung von W. Lorenz[642] für den nördlichsten Teil Frankens erbracht. Es besteht andererseits durchaus die Möglichkeit, daß sich in Zusammenhang mit der Untersuchung zur Grundherrschaft des eichstädtischen Stiftes Herrieden, dessen Besitzungen zum Teil dem altbayerischen Gebiet benachbart liegen, teilweise in den Raum des württembergischen Franken hineinragen, eine Anlehnung an die altbayerischen bzw. südwestdeutschen Verhältnisse festgestellt werden wird. Wäre dies der Fall, so würde sich damit meine Annahme bestätigen, daß Franken zwar seinem historischen Werdegang zufolge einen spezifischen Typ von «Herrschaft» entwickelt hat, wobei der Begriff «Herrschaft» hier in der von F. Lütge formulierten Präzisierung verstanden werden soll, nämlich als ein «ganz komplexer Tatbestand, der die Personen erfaßt, der zwischen zwei Personen eine personale Beziehung, und zwar eine zutiefst sittliche Wechselseitigkeitsbeziehung begründet, bei der beide Partner Rechte und Pflichten haben»[643]. Wird jedoch aus der die «Herrschaft» darstellenden Kombination von Rechtskomplexen allein *ein* Rechtsbereich – in unserem Fall der der Grundherrschaft – eliminiert, so wird nicht von einem eigenständigen fränkischen «Typ» gesprochen werden können, sondern m. E. nur von einer «Übergangs- bzw. Mischform», die je nach geographischer Lage jeweils eine starke Integration mit den Gegebenheiten des benachbarten Großraumes aufweisen wird.

---

[642] W. Lorenz, Campus Solis, a.a.O. – Siehe dazu auch R. Kötzschke, Staat und Bauerntum im thüringisch-obersächsischen Raum, in: Adel u. Bauern im dt. Staat d. Mittelalters, hrsg. v. Th. Mayer, Leipzig 1943, S. 267 ff.
[643] F. Lütge, Die deutsche Grundherrschaft, a.a.O., S. 131.

Quellen

Bayer. Staatsarchiv Bamberg

Rep. D 7, Kloster Ebrach, Amtsbücher:
  nr. 1: Rep. super originalia archivi Ebracensis, 1729/30.
  nr. 2^I: Liber primus palatii, tom. I, 1662/63.
  nr. 2^{II}: Liber secundus palatii, tom. II, 1662/63.
  nr. 2^{III}: Liber tertius palatii, tom. III, 1662/63.
  nr. 2^{IV}: Liber quartus palatii, tom. IV, 18. Jh.
  nr. 2^V: Liber quintus palatii, tom. V, 18. Jh.
  nr. 2^{VI}: Liber sextus palatii, tom. VI, 19. Jh. / zitiert: Lib. pal. /.
  nr. 3$^{I u. II}$: Liber privilegiorum, 1407 / zitiert: Lib. priv. /.
  nr. 4: Liber pietanciarum Ebracensium, 1340 bis 15. Jh. / zitiert: Lib. pietanc. /.
  nr. 5$^{I/II}$: Vertragsbuch, 17./18. Jh.
  nr. 6: Lehen- und Copeibuch des Kl. Ebrach, 16.–18. Jh.
  nr. 7: Liber redditum et copiarum monasterii Ebracensis, 1440.
  nr. 8: Sportella cartarum, 15. Jh.
  nr. 9: Specificatio documentorum transmissorum Norimberg, 1677.
  nr. 10: Copialbuch, 18. Jh. (Verträge zwischen dem Hochstift Würzburg und dem Kl. Ebrach aus den Jahren 1557–1757).
  nr. 12: Copialbuch über Besitzungen des Kl. Ebrach in verschiedenen Orten, 18. Jh.
  nr. 14: Chronicon B.M.V. in Ebrach auctore Alberico quondam priore, nunc abbati, 1653/63.
  nr. 15: Chronicon monasterii Ebracensis, 1653/60.
  nr. 350: Kl. Ebrach. Verordnungen, 1 Bd., 18. Jh.
    (ferner: Kanzleiprotokolle des 16.–18. Jhs., Gerichtsbücher, -ordnungen und -protokolle, Appellations- und Jurisdiktionsprotokolle des 16.–18. Jhs.; Zehendregister, Conservatorien, Amtsbücher über Kl. Ebracher Außenämter).
Rep. D 8, Ebracher Akten:
  (Bauwesen, Centsachen, Consistoralia, Jagdwesen, Landgericht, Ortsakten, Requisitionen, Türken-, Nachsteuer, Ungelt, Zollakten, Zehent; dazu Dorfordnungen: nr. 20 [Alitzheim], nr. 56 a, b, c [Brünnstadt], nr. 142 [Geusfeld], nr. 152/53 [Grettstadt], nr. 170 [Herlheim], nr. 280 [Mönchsondheim], nr. 281 [Mönchstockheim], nr. 289 [Rödelsee], nr. 314 [Schmerb], nr. 332 [Kleinschwärzelohe], nr. 354 [Sulzheim], nr. 374 [Tugendorf], nr. 2045 [Abtswind].)
Rep. D 9, Kriegs-, Kontributionsakten.
Rep. A 223/2 Standbücher:
  nr. 7642: Ebrach. Zinsbuch, 15. Jh.
  nr. 7646: Revisionsprotocollum über die steuerbaren Kl. Ebrachischen Güter, 1677/1679, collationiert mit dem Wzbg. Exemplar durch Mathäus Chr. Häuffling 1679.
  nr. 7647: Capitalschuldbuch, 1661; renov. 1661 bei Reg. d. Abtes Albericus; Fortschreibungen bis 1678.
  nr. 7650: Lehenbuch des Amtes Ebrach, 1625^I.
  nr. 7650a: Lehenbuch des Amtes Ebrach, 17. Jh.
  nr. 7651/1: Steuerprotokoll des Amtes Ebrach (Auszug) 1639/40.
  nr. 7653: Lehenbuch des Amtes Ebrach, 1678.
  nr. 7654: Steuerbeschreibung, 17. Jh.
  nr. 7656: Lehenbuch über d. Kl. Ebrachschen oberamtsnachgesetzten Dorfschaften, 1685, fortgesetzt 1750; Einträge 1750–1820, mit Nachträgen des RA Burgwindheim 1833–40. Anhang: Compendium des Fronbuchs über das Amt Ebrach.
  nr. 7660: Fronregister, 1617; mit Fortschreibungen bis 1630.

nr. 7665/4: Güterbeschreibung über Ober-, Mittel- und Untersteinach, Ende 17. Jh.

nr. 7665/7: Güterbeschreibung über Groß- und Kleinbirkach und Füttersee, 1691 ff.

nr. 7665/8: Güterbeschreibung über Groß- und Kleingressingen, wie auch Hoff und Buch, 1690.

nr. 7666: Güterbeschreibung, 1701.

nr. 7667: Gütertax . . . mit Fortschreibungen bis 1790; 1704.

nr. 7668: Teil-Güterbeschreibung, Ende 17. Jh.

nr. 7680: Spezifikation der Ebrachschen Güter zu Abtswind, 1692.

nr. 7683: Lehenbuch / über einige ebrach. Orte / 1721/38.

nr. 7686: Lehen- und Lagerbuch, auch Steueranschlag; 1789, über die ebrach. Örter.

nr. 7700 ff.: Güterbeschreibungen, Lehen- und Lagerbücher, 17. Jh. – Zins-, Lehen- und Steuerbücher ebrach. Klosterämter ao. 1526 ff., vor allem

nr. 7735: Lehenbuch der Ämter Ebrach u. Herrnsdorf, 1620; mit Fortschreibungen bis 1662.

nr. 7736: Lehenbuch des Amtes Herrnsdorf, 1625.

nr. 7745: Steuerregister des Amts Herrnsdorf, 17. Jh.

nr. 7746: Lehenbuch Herrnsdorf, 1714.

nr. 7765: Fronregister des Amts Herrnsdorf, 17. Jh.

nr. 7770: Zehntpachtregister und Schuldbuch des Amts Herrnsdorf, 1531/36.

nr. 7771: Schuldregister verfallener Zinsen, Handlohn und Korngelds, 1576.

nr. 7775: Beschreibung der Ortschaften, Güter u. Zehnten des Amts Herrnsdorf, einschl. Zehentverlassungen, 1713.

nr. 7782: Burgwindheimer Gütermessungsregister, ca. 1700.

nr. 7789: Grembsdorfer Zehendbüchlein 1682/1719.

nr. 7791–7815: Gütermessungsregister der Orte: Herrnsdorf, Cappel, Kötsch, Mandorf, Mönchsambach, Ober- und Unterweiler, Schrappach, Vollmannsdorf, Schatzenhof, Ziegelsambach; 1698/99.

Rep. A 190:

nr. 340 ff.: (Kaiserl. Privilegien, Ortsurkunden, Kaufbriefe, Schiedssprüche, Lehenurkunden, Vergleiche; Dorfordnungen: nr. 390 [Füttersee], nr. 623 [Mönchsambach]).

Rep. A 231: (Rechnungen 1503–1803).

Rep. A 20a:

nr. 120 a–c: Niblingsche Chronik, Bd. II–IV.

Bayer. Staatsarchiv Nürnberg

Rep. 1^b, Päpstl. u. fürstl. Privilegien:

nr. 544: Hohe Gerichtsbarkeit, 1535.

nr. 717: Ebrach. Nachsteuervertrag mit Nürnberg, ao. 1658.

Rep. 2^c:

nr. 84: Klosterhöfe von Ebrach in Nürnberg, 1525–1550.

Rep. 103^a, X ^{2}/$_8$:

nr. 121: Tom. I actorum betr. das Amt Katzwang, 1506–26.

nr. 122: Tom. II actorum betr. das Amt Katzwang, 16. Jh.

Rep. 120 / I u. II, Ansbacher Ämterbeschreibungen:

nr. 56: Beschreibung des Oberamts Schwabach, von Landmesser JOH. GG. VETTER, 1723.

Rep. 122, X ^{2}/$_4$:

nr. 61: Lehenbuch des Amtes Katzwang, 1557.

nr. 62: Lehenbuch des Amtes Katzwang, 1581, erneuert 1663.

Rep. 133, Kopialbücher des Fürstentums Ansbach:

nr. 77: Verträge mit Ebrach v. 1553–1783.

Rep. 151, Oberamt Schwabach:

nr. 372: Vertrag zwischen Mkgf. Georg Friedrich zu Brandenburg u. Abt Johann . . . das Umgeld zu Katzwang, die Bestrafung der Frevel u. den Kirchweihschutz betr., 1553.

nr. 374: Rezeß zwischen Peter Abt zu Ebrach u. dem Bürgermeister und Rat zu Schwabach wegen der Pfarrkompetenz, 1654.

nr. 800: Urkk. von 1296 ff. / Verträge zwischen den Mkgfn. v. Brandenburg und Ebrach, bis 1615/.

nr. 801: Urkunde von 1298.

nr. 806: Wegen des Kaufs v. Katzwang, 1528.

nr. 807: Restitution des Amts Katzwang durch den Markgrafen, 1527.

Rep. 212/17^I Bezirksamt Schwabach (zitiert: Rep. BA Schwabach)

nr. 27: Acta des Oberamtes Schwabach die Siebnerei- und Markungssachen zu Gaulnhofen, Gustenfelden betr., 1671–1787.

nr. 321: Acta, die Frohnpflichtigkeit, 1808.

nr. 322: Acta, Leistung der Frohndienste, 1821.

nr. 323: Acta, das Lehenwesen, 1809.

nr. 741: Die Gemeinheitstheilung zu Gaulnhofen, 1810.

nr. 745: Die Gemeinheitstheilung Katzwang, 1818.

nr. 746: Die Gemeinheitstheilung Gustenfelden, 1818.

nr. 998: Sammlung stat. topogr. Notizen, 1808.

nr. 5116: Die Recherche wegen der von dem Kurhause Bayern erworbenen und übergegangenen Gemeindrechte, 1803.

nr. 5180: Die Recherche der mit dem Rittergut Katzwang erworbenen Gemeindrechte, 1803.

nr. 5325: Die Verteilung einiger Gemeindhutwiesen . . . unter die Gemeindrechtsbesitzer zu Katzwang, 1800.

Rep. 225/24 Rentamt Schwabach (zitiert: Rep. RA Schwabach)

nr. 8: Specialrecherche 1803/04.

nr. 9: Specialrecherche 1804/05.

nr. 345: Lehenbuch des Amtes Katzwang, 1581.

nr. 346: Lehenbuch des Amtes Katzwang, 1656.

nr. 350: Rechnung, Einnahmen u. Ausgaben an Getreide u. Geld des Ebrachschen Klosteramtes Katzwang 1657–58.

nr. 351: Beschreibung des Ebrachschen Amtes u. Gerichts Katzwang u. der dahin gehörigen Höfe . . ., 1671.

nr. 393: Katzwanger Gemeinderechnung 1750.

nr. 394: Rechnung des Klosteramts Katzwang, 1665.

nr. 395: Vogteigeld-Einnahme im Ebrachschen Amte Katzwang 1779–1802.

nr. 396: Rechnung über die Domänen-Geldgefäll, Einnahme u. Ausgabe bei dem Administrationsamte d. Rittergutes Katzwang 1802/03.

nr. 400: Dorfsordnung zu Katzwang und allen Dareingehörungen ao. 1569.

nr. 401: 50 Rechnungen des Kl. Ebrachschen Klösteramts Katzwang 1659–1801.

nr. 412, 414, 417–21: Handlohnsprotokolle, 1733–1807.

nr. 423: Lehenbuch des Ebrachschen Klosteramts Nürnberg, ca. 1660 mit Nachtr. 18. Jh.

nr. 440: Specialrecherche geistl. Objekte 1803–05.

nr. 470: Die über die Besichtigung, Ermäßigung u. Verleihung der von dem Kurhause Bayern erworbenen, vorhin Kl. Ebrachschen Zehenten abgehaltenen Protokolle 1803.

nr. 471: Dgl. der zu dem Rittergute Katzwang geh. Zehnten 1803.

nr. 474: Recherche u. Verzeichnung der vom Churhause Bayern erworbenen vorhin Ebrach zuständig gewesenen Zehnten 1803/04.

nr. 475: Besichtigung, Ermäßigung u. Verleihung des Getreide- u. Tabakzehenten auf den vorhin Ebrachschen Zehentdistrikten 1803/04.

nr. 476–480: Zehentsachen Katzwang.

nr. 481: Tabelle über die Morgenzahl der zum Rittergute Katzwang gehörig gewesenen Zehenten 1805.

nr. 497: Erhebung u. Verrechnung des Lämmer- u. Blutzehenten Gustenfelden, 1803/04.

nr. 505: Übersicht über d. ärarialischen, gerichts- u. grundherrl. Natural, Spann- u. Handfrohnen, 1818.

nr. 515: Verzeichnis über die vom Kg. v. Preußen zu übernehmenden geistl. Domanial-Besitzungen 1803–1805.

nr. 516: Schutzgenossen, Rittergut Katzwang 1805.

nr. 518: Specialrecherche u. Besitzergreifungs-Kommission ... hier einige Abrisse über die herrschaftl. Grundstücke des Kl. Ebrach 1789.

nr. 524: Recherche über die von dem Rittergute Katzwang erworbenen Kanzleilehen, 1805.

nr. 567: Verteilung der Gemeindewiesen an d. Gemeindshute zu Katzwang 1754 ff.

nr. 1472: Akten die Ansbacher, Bamberger, Ebracher Handlohnsobservanzen betr., 1769 ff.

nr. 2732: Zehnt- und Zinsbuch des Ebrachschen Amts Katzwang, ca. 1400.

nr. 2733/34: dgl. mit Nachträgen bis ca. Mitte 15. Jh.

nr. 2739: Zinsbuch des Amtes Katzwang, 1507–1515.

nr. 2815: Inventarverzeichnis Klosterhof Nürnberg 1797.

nr. 2816: Ausführliche Amtsbeschreibung des ebrach. Klosteramtes Katzwang von Amtmann Pius Link, 1742.

Rep. Rentamt Iphofen (zitiert: Rep. RA Iphofen):

nr. 216: Kl. Ebracher Lehenbuch über Füttersee und Effeltrich, ao. 1750.

nr. 217: Ebracher Lehenbuch über Hüttenheim, Mönchsondheim, Herrnsheim, Nenzenheim, Willanzheim ..., 1714.

nr. 404: Extract aus dem Saalbuch v. J. 1540; Beschreibg. v. Wielandsheim, Tiefenstockheim u. a., 1706.

nr. 419: Alte Zehentbeschreibung.

nr. 420: Zehentregister von Iphofen 1578/89.

nr. 421: Kleinzehentbeschreibung v. Iphofen, 1684.

nr. 426: Wein- Getreid- und Heuzehentbeschreibung v. Iphofen, 1701.

nr. 433: Iphofener Weinzehentbeschreibung, 1784.

nr. 830: Hauptrechnung von Mainstockheim, 1798.

nr. 962: Zins- und Lehenbuch v. Rödelsee, 1652.

nr. 964: Weingültregister über Rödelsee, Mönchsondheim u. Willenzheim, 1765.

Aus K. d. Fin. (Zettelkasten):

nr.: 2183, 3358, 4285, 7342, 8431, 12181.

Bericht über die ins Amt Katzwang gehörigen Ebrach. Zehenden, ca. 2. Hälfte d. 16. Jhs., Zusätze bis 1682; früher Staatsarchiv Bamberg, 1953 an das Staatsarchiv Nürnberg übergeben; zur Zeit d. Bearbeitung noch ohne Nummer.

Die Handschriften des Hist. Vereins f. Mittelfranken I, Ansbach 1907:

nr. 571: Joh. von Leytterbach, Diarium 1527, Copie aus dem 18. Jh., Jb. 40 XII.

Bayer. Staatsarchiv Würzburg

Rep. Standbuch, Tom. I, R 35:

nr. 380: Lehen, Gült- u. Zinsbuch des Kl. Ebrach. Amtes Mainstockheim (1551) mit Nachträgen bis ins 17. Jh.

nr. 384: Handlohnbuch über das ebrach. Amt Mainstockheim (1663).

nr. 385: Lehen, Gült- und Zinsbuch des Kl. Ebrach. Amtes Mainstockheim (1671).

nr. 386: Ein Buch des Kl. ebrach. Amtes Mainstockheim: Güterbeschreibung u. Contributionsbelag (Steueranlage), 1708–1710.

nr. 391: Zinsbuch des Ebrach. Amtes Mainstockheim, 1611–55.

nr. 392: Zinsbuch des Ebrach. Amtes Mainstockheim (1677–98). Mit Ortsregister u. Preisliste der Naturalzinse.

nr. 394: «Sportula» aller aus dem Mainstockheimer Lehenbuch v. 1677 u. aus dem darüber gemachten Tabellenbuch v. 1691 gezogenen Lehen zum Zwecke d. Zinseinnahme gefertigt ... über die Orte Abtswind, Geesdorf, Prichsenstadt, Rüdenhausen. Zu jedem Ort sind die Erwerbstitel u. die derztg. Rechte des Klosters beschrieben (1724).

nr. 396: Specification der dem Kl. Ebrach zehentbaren Weinberge zu Rödelsee, 1744.

nr. 400: Güterbeschreibung der Wüstung Kleinschönbach (1697).

nr. 412: Gültbuch des Ebr. Amtes Schwappach u. der Ebrach. Vogtei Weyer, 1660.

nr. 417: Verzeichnis der dem Kl. Ebr. eigentümlichen Feldgüter im Obern-Häßlach nächst Unterschwappach gelegen, 1687.

nr. 419/420: Kl. Ebrach. Lehen-Gült- und Zinsbuch des Amtes Elgersheim, renov. 1663.

nr. 427: Lehen-Gült- und Zinsbuch des Amtes Elgersheim (1571).

nr. 433: Lehenbuch des ebrach. Amtes Würzburg, 1665.

nr. 454: Urbari (Sal- und Lehen) Buch des Kl. Ebrach über das Dorf Tugendorf, Abersfeld, Donnersdorf, Dürrfeld, Pusselsheim, 1672.

nr. 465/66: Zinsbuch des Amtes Sulzheim, erneuert 1658 u. 1663, Teil 1 und 2.

nr. 470: Beschreibung des Spießheimer Zehents (mit Markbeschreibung, Obrigkeit, Frohndienste, Zehntbeschreibung).

nr. 486: Rugprotokoll des ebrach. Amtes Sulzheim über Zehent-, Wässerungs-, Frohndienst- u. Schenkrechte. 1618–1664.

nr. 496: Lehenbuch des Amtes Sulzheim. 1670.

nr. 497: Urbarbuch des Ebrach. Ortes Tugendorf u. einigen anderen Dörfern, ao. 1672 (Jurisdiktion, Gemeindegüter, Wildbann, Einzugsgeld, Nachsteuer, Folg u. Reis, Bede u. Steuer, Fron, Bannwein, Zehent).

nr. 499: Ebrach. Lehenbuch des Amtes Sulzheim. Mit Angaben über die Ankunft, Jurisdiktion, Bede u. Steuer, Fron, Atzung u. Lager, Schutzhafer, Schenkrecht, Bannwein, ao. 1673.

nr. 500: dgl. über die Orte Bischwind, Frankenwindheim, Grettstadt, Gerolzhofen mit Rügshofen, 1674.

nr. 501: Teil 2 des Urbar-Lehen- und Lagerbuchs ... des ebrach. Amtes Sulzheim, 1674.

Rep. Manuscripte:

nr. 258: Einkünften-Etat des ebrach. Amtes Sulzheim i. J. 1795, von Amtmann Ign. Seidner.

Rep. Cisterzienser 124–127:

Admin. 852/18 628 Über bestandene und verglichene Streitigkeiten zw. Ebrach u. Würzburg.

Admin. 885/19 221 Betr. «Aufbott» der Klöster, Abschriften aus d. 17. Jh.

Geistl. S. 2529/C Form des den Ebr. Untertanen abgenommenen Landhuldigungseides, 18. Jh.

Geistl. S. 261/31 Säkularisationsakten.

Ger. Wzbg. r/m 249/5 Dorfordnung Mühlhausen.

Stadtrentamt Wzbg. 190: Handlohns-Protocoll Amt Würzburg 1791–1803.

Stadtrentamt Wzbg. 226: Zins- und Gültregister über sämtl. Lehenortschaften d. ebrach. Amtshofes Würzburg. 1801.

Bayer. Hauptstaatsarchiv München

«Hochstift Bamberg» Urk. nn. 1133–1382,
«Hochstift Würzburg» Urk. nn. 3564–3862.

Bayer. Staatsbibliothek München, Handschriftenabteilung

cod. lat. nr. 6071: Registrum des Abts Johannes Laiterbach (1503–1531; † 1533).

cod. lat. nr. 6081: Rechnungsbuch der Hofmeister auf dem Ebracher Hof zu Schwabach, 2. Hälfte d. 14. Jhs.

Gedruckte Quellen

BOEHMER, J. FR.: Regesta Imperii (neu bearbeitet: 1198–1272 von FICKER u. WINKELMANN, 1273–1291 von REDLICH, 1346–1378 von HUBER).

BRACKMANN, A.: Regesta Pontificum Romanorum, Germ. Pont. III, 3 (1935).

Causa Ebracensis: Conclusiones aliquot juridicae concernentes causam inter Dom. Ludovicum, monasterii Ebracensis abbatem; et Dom. Johannem Godefridum, episcopum Herbipolensem, pendentem. 1690 ff.

Causa Herbipolensis (Gegenschrift auf die «Conclusiones»; siehe oben), Würzburg 1692.
Ebracher Privilegien, Des löbl. Klosters Ebrach Päpstl. Kayserl. u. Königl. Privilegia. Beilage zu «Causa Ebracensis», 1690.
FRANZ, GÜNTHER: Deutsches Bauerntum, I. u. II., Weimar 1939 (Germanenrechte NF.).
FRIES, LORENZ: Würzburger Chronik, verfaßt um das Jahr 1546 (I); gedruckt: Würzburg 1848/49, 2 Bde.
GROPP, IGN.: Monumenta Sepulchralia Ecclesiae Ebracensis. Würzburg 1730.
LANG, C. H. v.: Regesta sive Rerum Boicarum (zit.: RB), München 1822 ff.
LUDEWIG, J. P.: Scriptores Rerum Bambergensis, Bamberg 1718.
Monumenta Boica ed. Academia scientiarum Maximil. Boica (zit.: MB), Bd. 37, 38, 39, 40, 45, 46.
RIEZLER, SIGM.: Vatikanische Akten z. deutschen Geschichte in der Zeit Kaiser Ludwigs d. Bayern, Innsbruck 1891.
SCHWARZER, J.: Vitae u. Miracula aus Kloster Ebrach. Neues Archiv f. ältere Geschichte 6 (1881).
SEITZ, ANT. NIK.: Analysis libri, cui titulus Brevis Notitia Monasterii B. Mariae V. Ebracensis. Würzburg 1740.
SOELNER, WILHELM: Brevis Notitia Monasterii B. Mariae V. Ebracensis. Rom 1739 (Übersetzung von G. SCHÜBEL, gedruckt im Rotaprintverfahren 1955; Bibliothek d. Bayer. Staatsarchives Bamberg).
STEIN, FRIEDRICH: Monumenta Suinfurtensia hist. (761–1600). Schweinfurt 1875.
Urkundenregesten des Zisterzienserklosters Heilsbronn, 1. Teil 1132–1321, bearbeitet von G. SCHUHMANN u. G. HIRSCHMANN (= Veröff. d. Ges. f. fränk. Gesch. III. Reihe: Fränkische Urkundenbücher u. Regestenwerke Bd. 3), Würzburg 1957.
USSERMANN, P. Ä.: Episcopatus Wirceburgensis sub metropoli Maguntina. St. Blasien 1794.
WEGELE, FRANZ X.: Monumenta Eberacensia (zit.: Mon. Eberac.). Nördlingen 1863.
WITTMANN, PIUS: Johannes Nibling, Prior in Ebrach und seine Werke. Stud. u. Mitt. aus dem Benedikt. Orden 17/19 (1896/98).
— Monumenta Castellana. Urkundenbuch zur Geschichte des fränkischen Dynastengeschlechtes der Grafen u. Herren zu Castell, 1057–1546. München 1890.

Literatur

ABEL, WILHELM: Agrarkrisen und Agrarkonjunkturen in Mitteleuropa vom 13. bis zum 19. Jahrhundert, Berlin 1935.
— Wüstungen und Preisfall im spätmittelalterlichen Europa, Jbb. f. Nationalök. u. Statistik 165, 1953.
— Die Wüstungen des ausgehenden Mittelalters, 2. Aufl., Stuttgart 1955.
ARLT, WALTER: Die bäuerliche Leihe im Recht des Klosters Heilsbronn, jur. Diss. Erlangen, 1938.
ARNETH, KONRAD: Ebrach, in: Der Mainbote von Oberfranken, 1928, S. 70 ff.
BADER, KARL S.: Entstehung und Bedeutung der oberdeutschen Dorfgemeinde, Zs. f. württ. Landesgesch. (NF d. Württ. Vierteljahrshefte f. Landesgesch.) I. Jg., 2. H., Stuttgart 1937.
— Das mittelalterliche Dorf als Friedens- und Rechtsbereich (Studien z. Rechtsgesch. d. mittelalterlichen Dorfes, 1. Teil), Weimar 1957.
BECK, JOH. JODOCUS: Tractatus de Jurisdictione vogtejica immediata. Nürnberg 1738.
BERNHARDI, W.: Konrad III., Jbb. d. Dt. Geschichte, 2. T., 1883.
BERNINGER, OTTO: Die landschaftliche Gliederung Frankens, Jb. f. fränkische Landesforschung (zit.: JffL) 1, 1935.
BOG, INGOMAR: Die bäuerliche Wirtschaft im Zeitalter d. 30jährigen Krieges. Schriften d. Inst. f. fränk. Landesforschg. a. d. Univ. Erlangen, Hist. Reihe 4, 1952.
— Dorfgemeinde, Freiheit und Unfreiheit in Franken. Quellen u. Forschungen z. Agrargesch. III, Stuttgart 1956.
— Geistliche Herrschaft und Bauer in Bayern u. d. spätmittelalterl. Agrarkrise, VSWG 45, 1 (1958).

— Das Rezatland im Lichte der Heilsbronner Regesten, in: Mitt. d. Ver. f. Gesch. d. Stadt Nürnberg, Bd. 48, 1958.

BOSL, KARL: Die Reichsministerialität als Träger staufischer Staatspolitik in Ostfranken und auf dem bayerischen Nordgau. Jahresber. d. Hist. Ver. f. Mittelfranken 69, 1940/41.

BRUNNER, OTTO: Land und Herrschaft, 4. veränderte Aufl., Wien 1959.

DOPSCH, ALFONS: Herrschaft und Bauer in der deutschen Kaiserzeit. Untersuchungen z. Agrar- und Sozialgesch. d. hohen Mittelalters m. besonderer Berücksichtigung d. südostdeutschen Raumes, Jena 1939.

— Die Grundherrschaft im Mittelalter. Festschrift Adolf Zycha, 1941.

EISENBRAND, THEODOR: Ehehaftsordnungen im Hochstift Eichstädt, jur. Diss. Erlangen, 1938.

ELSAS, MORITZ J.: Umriß einer Geschichte der Preise und Löhne in Deutschland, 1. Bd., Leiden 1936.

ENGEL, WILHELM: Varia Eberacensia aus dem «Hausbuch» des Priors Johann Nibling (1489 bis 1521). Würzburger Diözesangeschichtsbll. 11./12. Jg., S. 213 ff.

— Mainfranken in seiner geschichtlichen Entwicklung, Mainfränk. Heimatkunde 2, 1950.

FRANZ, GÜNTHER: Der deutsche Bauernkrieg I, 2 (1933) u. ff. Auflagen.

— Beschwerden d. Hintersassen d. Klosters Sonnefeld am Vorabend d. Bauernkrieges. Zs. d. Ver. f. Thür. Gesch. u. Altertumskde. NF 31, 1934.

— Der Dreißigjährige Krieg u. das deutsche Volk, Jena 1940, 2. Aufl., Jena 1943.

FUCHS, CARL JOHANNES: Art. «Bauernbefreiung», im Wörterbuch der Volkswirtschaft. 4. Aufl., Bd. I, Jena 1931, S. 274–289.

GELDNER, FERDINAND: Besitz und wirtschaftliche Entwicklung d. ehemaligen Cistercienserabtei Langheim bis zum Ausgang d. 14. Jahrhunderts, JffL 5, 1939, S. 18 ff.

— Das älteste Urbar des Cistercienserklosters Langheim. Veröff. d. Ges. f. Fränk. Gesch., X. Reihe, Quellen z. Wirtschaftsgesch. Frankens, Würzburg 1952.

— Abt Adam von Ebrach, das staufische Königshaus und der hl. Bernhard v. Clairvaux, JffL 11/12, 1953, S. 53 ff.

— Glanz und Untergang der großen fränk. Abteien, in: Bayerland, Bd. 60 (1958).

GERNHARDT, LUDWIG: Füttersee: in: Dorflinde, Jg. 14, 1938, Nr. 9.

GUTTENBERG, E. FRHR. V.: Fränkische Urbare. Zs. f. bayer. Landesgesch. 7, 2. H., 1934.

— Quellen zur Besitz- und Wirtschaftsgeschichte des Klosters Ebrach, JffL 3, 1937.

— Die älteste Landesbeschreibung der Herrschaft Plassenberg, Plassenburg-Jahrbuch 1938.

— Land- und Stadtkreis Kulmbach, Bd. I des Hist. Ortsnamenbuches von Bayern, Teil Oberfranken, München 1952.

HAAS, NIKOLAUS: Geschichte des Slavenlandes an der Aisch und den Ebrach-Flüßchen, Teil 1, Bamberg 1819.

HAAS, THEODOR: Ein Rechtsstreit des Kl. Ebrach mit der würzburgischen Zent Oberschwarzach v. J. 1781 (Erlanger Bausteine z. fränk. Heimatforschg., 2. Jg., 5./6. Heft, Erlangen 1955).

— Die «Kolonisationstätigkeit» des Zisterzienserklosters Ebrach. (Sonderdruck d. Erlanger Bausteine z. fränk. Heimatforschg., 6. Jg., 1959, S. 89–93; Festschr. z. 40-Jahrfeier d. Heimatvereins Erlangen u. Umgebung.)

HEIDACHER, ALFRED: Die Entstehungs- und Wirtschaftsgeschichte d. Klosters Heilsbronn bis zum Ende d. 15. Jahrhunderts. Gründung, Gründer, Wirtschafts- u. Verfassungsgeschichte. Bonn 1955.

HERBOLSHEIMER, K.: Allmenden in Oberfranken, Diss. Würzburg 1929.

HESS, WILHELM: Das Ebracher Interessengebiet, in: Heimatbll. 1927/28, hrsg. v. Hist. Ver. Bamberg, 6./7. Jg. (Festschrift Ebrach), S. 68 ff.

HIRSCH, HANS: Die Klosterimmunität seit dem Investiturstreit. Untersuchung z. Verfassungsgesch. d. dt. Reiches u. d. dt. Kirche, Wien 1913.

— Die hohe Gerichtsbarkeit im deutschen Mittelalter ([2]1958).

— Studien über die Vogtei-Urkunden süddeutsch-österreichischer Zisterzienserklöster. Archivalische Zs., 3. Folge, 4. Bd. (der ganzen Reihe 37. Bd.), 1928, S. 1–37.

HOFFMANN, EBERHARD: Das Konverseninstitut des Cisterzienserordens in seinem Ursprung und seiner Organisation, Freiburg (Schw.) 1905.

— Die Entwicklung der Wirtschaftsprinzipien im Cisterzienserorden während d. 12. u. 13. Jahrhunderts. Hist. Jb. d. Görres-Ges., Bd. 31, 4. Heft, 1910.

HOFMANN, HANNS H.: Herzogenaurach, die Geschichte eines Grenzraumes in Franken. Schriften d. Inst. f. fränk. Landesforschg., Hist. Reihe 2, 1950.

— Historischer Atlas von Bayern, Teil Franken, hrsg. v. d. Komm. f. bayer. Landesgesch., Reihe I, Heft 1–4, 1951/54; ferner Reihe II, Heft 1, 1954, Karte: Mittel- u. Oberfranken am Ende d. Alten Reiches (1792).

— Freibauern, Freidörfer, Schutz und Schirm im Fürstentum Ansbach. Studien zur Genesis der Staatlichkeit in Franken, in: Zs. f. bayer. Landesgesch., Bd. 23, 2 (1960) S. 195 ff.

HOFMANN, MICHEL: Die Außenbehörden des Hochstifts Bamberg u. der Markgrafschaft Bayreuth, JffL 3, 1937; fortgesetzt in JffL 4, 1938.

— Die Dorfverfassung im Obermaingebiet, JffL 6/7, 1941.

— «Cuius regio?», JffL 11/12, 1953, S. 345 ff.

HÜTTNER, FRANZ: Memoiren des Zisterzienserabts Johann Dressel von Ebrach aus den Jahren 1631–1635, Brünn 1905.

INAMA-STERNEGG, K. TH. V.: Sallandstudien. Festgabe für Georg Hanssen. Tübingen 1889, S. 73 ff.

JAEGER, JOHANNES: Die Zisterzienserabtei Ebrach zur Zeit der Reformation, Erlangen 1895.

— Die Gründung des Klosters Ebrach und die Kulturarbeit der Ebracher Mönche und der Zisterzienser im allgemeinen, Gerolzhofen 1897.

— Kloster Ebrach. Aus der Zeit des letzten Abts Eugen Montag und der Säkularisation d. Klosters, Gerolzhofen 1897.

— Abbatia Ebracensis Oeconomica (zit.: Abb. Ebr.), in: Cistercienser-Chronik, 12. Jg., Bregenz 1900, Nr. 131–142.

— Verzeichnis der Äbte und Religiosen der Cistercienserabtei Ebrach 1126 bis 1803; Sonderdruck d. Cistercienser-Chronik, 14. Jg., 1903.

— Klosterleben im Mittelalter. Ein Kulturbild aus der Glanzperiode des Zisterzienserordens, Würzburg 1903.

— Kloster Ebrach unter seinem ersten Abt Adam, Nürnberg 1916.

— Die Klosterkirche in Ebrach, 3. Aufl., Gerolzhofen 1921.

JAHN, RUDOLF: Fröhstockheim und Rödelsee, in: Am fränk. Herd, 6. Jg., 1929, Nr. 4.

JENNY, E.: Der Teilbau. München 1913.

KING, ARCHDALE: Citeaux and Her Elder Daughters. London 1954.

KIRCHNER, GERO: Probleme der spätmittelalterlichen Klostergrundherrschaft in Bayern: Landflucht und bäuerliches Erbrecht. Zs. f. bayer. Landesgesch. 19, 1956.

KLEBEL, E.: Bauern und Staat in Österreich und Bayern während des Mittelalters (in: Adel u. Bauern im dt. Staat d. Mittelalters, hrsg. v. Th. Mayer), Leipzig 1943, S. 213 ff.

— Probleme der bayerischen Verfassungsgeschichte (= Schriftenreihe z. bayer. Landesgesch. Bd. 57, München 1957).

KNAPP, HERMANN: Die Zenten des Hochstifts Würzburg 2, Das Alt-Würzburger Gerichtswesen und Strafrecht, 1907.

KNAPP, THEODOR: Die Grundherrschaft im südwestlichen Deutschland vom Ausgang d. Mittelalters bis zu der Bauernbefreiung d. 19. Jahrhunderts. Zs. d. Savigny-Stiftung f. Rechtsgesch., Germ. Abt., 22. Bd., 1901.

— Gesammelte Beiträge z. Rechts- und Wirtschaftsgeschichte, vornehmlich d. deutschen Bauernstandes, Tübingen 1902.

— Der Bauer im heutigen Württemberg (zugleich Bd. I der Neuen Beiträge z. Rechts- und Wirtschaftsgeschichte des württembergischen Bauernstandes, Tübingen 1919.

KRAMER, KARL-SIGISMUND: Die Nachbarschaft als bäuerliche Gemeinschaft. Bayer. Heimatforschg. 9, 1954.

— Bauern und Bürger im nachmittelalterlichen Unterfranken (Veröff. d. Ges. f. Fränk. Gesch., Reihe IX, Bd. 12, Würzburg 1957).

KRAUSEN, EDGAR: Die Wirtschaftsgeschichte der ehemaligen Cistercienserabtei Raitenhaslach bis zum Ausgang des Mittelalters, phil. Diss. München (Sonderdruck von Bd. 13 d. Südostbayerischen Heimatstudien, 1937).

— Morimund, die Mutterabtei der bayerischen Zisterzen. (Analecta sacri ordinis Cisterciensis XIV, 1958, Fasc. 3–4.)

LAMPRECHT, K.: Deutsches Wirtschaftsleben im Mittelalter, Bd. I 2, Leipzig 1886.

LIERMANN, HANS: Das geschichtliche Bauernrecht nach den fränkischen Weistümern. Zs. f. bayer. Landesgesch. 10, 1937.

— Zur mittelalterlichen Rechtsgeschichte Frankens, JffL 5, 1939.

LÖWE, FRITZ: Die rechtliche Stellung der fränkischen Bauern im Mittelalter, 1896.

LOOSHORN, J.: Die Geschichte des Bisthums Bamberg, Bd. 2, Bamberg 1888.

LORENZ, WALTER: Campus Solis. Schriften d. Inst. f. fränk. Landesforschg. a. d. Univ. Erlangen, Hist. Reihe 6, 1955.

LUDWIG, TH.: Der Badische Bauer im 18. Jahrhundert, Straßburg 1896.

LÜTGE, FRIEDRICH: Die Agrarverfassung des frühen Mittelalters im mitteldeutschen Raum vornehmlich in der Karolingerzeit, Jena 1937.

— Hufe und Mansus in den mitteldeutschen Quellen der Karolingerzeit im besonderen in dem Brevarium St. Lulli. Vjschr. f. Soz.- u. Wirtschaftsgesch. 30, 1937.

— Untersuchungen über die Laudemialabgabe in der bayer. Agrarverfassung d. 17. u. 18. Jahrhunderts, in: Jbb. f. Nationalök. u. Statistik, 153. Bd., 1941.

— Die Bayerische Grundherrschaft. Untersuchungen über die Agrarverfassung Altbayerns im 16.–18. Jahrhundert, Stuttgart 1949.

— Das 14./15. Jahrhundert in der Sozial- und Wirtschaftsgeschichte, in: Jbb. f. Nationalök. u. Stat., 162. Bd., 1952, S. 161 ff.

— Die deutsche Grundherrschaft. Zs. f. Agrargesch. u. Agrarsoziologie 3, H. 2, 1955, S. 129 ff.

— Freiheit und Unfreiheit in der Agrarverfassung. Hist. Jb., 74. Jg., Freiburg–München 1955 (Festschrift für Franz Schnabel).

— Die mitteldeutsche Grundherrschaft und ihre Auflösung. Quellen u. Forschg. z. Agrargesch. IV, 2., stark erweiterte Aufl., Stuttgart 1957.

LUTZE, EBERHARD: Anfang und Ende der Zisterzienserabtei Ebrach i. Steigerwald, in: Fränk. Kurier, 1928, Nr. 275).

MADER, HEINRICH: Untersuchung über die Guldenkaufkraft von 1400–1650 für den fränkischen Gulden, bezogen auf Goldmark/1914, in: Arch. f. Geschichte u. Altertumskde. v. Oberfranken, 32. Bd., 1. Heft, Bayreuth 1933, S. 44–50.

— Maße und Gewichte des fränk. Oberlandes im 16. Jahrhundert, in: Arch. f. Gesch. u. Altertumskde. v. Oberfranken, 32. Bd., 2. H., 1934, S. 83.

MAYER, J. B.: Abhandlung über Abgaben und Steuern in Bamberg, 1795.

MAYER, THEODOR: Adel und Bauern im deutschen Staat des Mittelalters (im Sammelband gleichen Namens), Leipzig 1943, S. 1 ff.

MINNIGERODE, H. V.: Das Wachszinsrecht. Vjschr. f. Soz.- u. Wirtschaftsgesch. 13 (1916), S. 184 bis 192.

MONTAG, EUGEN: Frage: Ob der Abtei Ebrach in Franken das Prädikat Reichsunmittelbar rechtmäßig gebühre? 1786.

MUGGENTHALER, HANS: Kolonisation und wirtschaftliche Tätigkeit eines deutschen Zisterzienserklosters im 12. u. 13. Jahrhundert, München 1924.

NEUKAM, WILHELM G.: Wege und Organisation des Bamberger Handels vor 1400, JffL 14, 1954, S. 97 ff.

Österr. Cisterzienserkongregation (Hrsg.), Festschrift zum 800-Jahrgedächtnis Bernhards von Clairvaux, Wien–München 1953.

OHNSORGE, W.: Eine Ebracher Briefsammlung des XII. Jahrhunderts. Quellen u. Forschg. aus ital. Archiven, 20. Bd., Rom 1928/29, S. 1–39.

PFRIEM, SEBASTIAN: Geschichtssplitter. – Klöster, Kapellen u. Kirchen im Einflußbereich d. ehem. Zisterzienserklosters Ebrach, in: Sonntag ist's, 26. Jg., 1956, nr. 36.

QUIRIN, KARL-HEINZ: Herrschaft und Gemeinde; nach mitteldeutschen Quellen d. 12.–18. Jahrhunderts (Göttinger Bausteine z. Geschichtswissenschaft, Heft 2), Göttingen 1952.

REINHARD, O.: Die Grundentlastung in Württemberg, Zs. f. d. ges. Staatswiss., 36. Erg.-Heft, Tübingen 1910.

RIETSCHEL, S.: Die Entstehung der freien Erbleihe. Zs. d. Savigny-Stiftung f. Rechtsgesch., Germ. Abt. 22, 1901.

SCHERZER, W.: Besitz und Vogtei des Ansbacher Stifts St. Gumbert zu Ottenhofen, JffL 11/12, 1953, S. 155 ff.
SCHLESINGER, WALTER: Die Entstehung der Landesherrschaft. (Sächsische Forschungen z. Geschichte, hrsg. v. d. Sächs. Komm. f. Geschichte. Bd. I.) Dresden 1941.
SCHMIEDER, E.: Hufe und Mansus. Vjschr. f. Soz.- u. Wirtschaftsgesch., Bd. 31, 1938.
SCHMITT, FRITZ: Ländliche Rechtsverhältnisse in Nordfranken nach Weistümern und Dorfordnungen. Arch. f. Unterfranken u. Aschaffenburg, 69. Bd., 3. H., 1934.
SCHNEIDER, PETER: Der Steigerwald in der Gesamtschau, Würzburg 1958.
SCHNEIDT: Thesaurus Juris Franconici I. Nürnberg 1798.
SCHNELBÖGL, FRITZ: Die Landeshoheit in der alten Herrschaft Rothenberg, in: Altnürnberger Landschaft, 6. Jg., H. 2, 1957, S. 45 ff.
SCHREPFER, GUSTAV: Dorfordnungen im Hochstift Bamberg, jur. Diss. Erlangen, 1941.
SCHRÖTTER, RUPERT: Die rechtliche Natur der sogen. Gemeindenutzungen in Bayern, jur. Diss. Erlangen, Würzburg 1933.
SCHULTES, J. A. v.: Historische Schriften u. Sammlungen ungedruckter Urkunden zur Erläuterung der deutschen Geschichte u. Geographie d. mittleren Zeitalters, Bd. I, Hildburghausen 1798.
SCHULZE, ED. O.: Die Kolonisierung und Germanisierung der Gebiete zwischen Saale und Elbe. Leipzig 1896.
SCHWARZ, O.: Die Untertanen des Klosters Ebrach in Gochsheim u. ihre Bedrückung im 15. Jh., Beitr. z. bayer. Kirchengesch. XIII, 4. H., 1907.
SCHWARZ, RICHARD: Atzelsberg, phil. Diss. Erlangen, 1947 (ungedr.).
SOMBART, W.: Der moderne Kapitalismus, Bd. I, München 1916².
STAUDINGER, JULIUS: Fränkische Gemeindeordnungen. Anzeiger f. Kunde d. dt. Vorzeit, NF 7, 1860.
STEIN, FRIEDRICH: Geschichte der Grafen v. Castell (1058–1528), Schweinfurt 1892.
STENGEL, EDMUND E.: Grundherrschaft und Immunität. Zs. d. Savigny-Stiftung f. Rechtsgesch., Germ. Abt. 25, 1904.
STOLZ, OTTO: Bauer und Landesfürst in Tirol und Vorarlberg (in: Adel u. Bauern im dt. Staat d. Mittelalters, hrsg. v. Th. Mayer), Leipzig 1943, S. 170 ff.
Studien und Mitteilungen aus dem Benediktiner- u. Cistercienserorden. Wien u. Brünn 1880 ff.
VOIT, GUSTAV: Geschichte des Klosters Engelthal. Erlanger Diss. 1958 (vervielfältigt).
WAAS, ADOLF: Vogtei und Bede in der deutschen Kaiserzeit. Arbeiten z. dt. Rechts- u. Verfassungsgesch., I. Heft, 1. Teil, Berlin 1919.
WEIBELS, FRANZ: Die Großgrundherrschaft Xanten im Mittelalter, Krefeld 1959.
WEIGAND, WIGAND: Geschichte der fränkischen Cistercienserabtei Ebrach, Landshut 1834.
WEIGEL, HELMUT: Epochen der Geschichte Frankens. Mainfränk. Jb. f. Gesch. u. Kunst 5, 1953.
WIESSNER, W.: Untersuchungen zur handschriftlichen Überlieferung des Ebracher Gesamturbars von 1340, JffL 3, 1937, S. 28 ff.
WILD, K.: Staat und Wirtschaft in den Bistümern Würzburg und Bamberg (Heidelberger Abhandlungen z. mittl. u. neueren Gesch., 15. Heft), Heidelberg 1906.
WINTER, FRANZ: Die Cistercienser des nordöstlichen Deutschlands, 3 Teile, Gotha 1868–1871.
WIRTH, JOSEF: Die Abtei Ebrach. Zum 800jährigen Gedenken 1127–1927, Gerolzhofen 1928.
WISWE, HANS: Grangien niedersächsischer Zisterzienserklöster. Entstehung und Bewirtschaftung spätmittelalterlich-frühneuzeitlicher landwirtschaftlicher Großbetriebe, Braunschweigisches Jb., Bd. 34, 1953.
WITTICH, WERNER: Die Grundherrschaft in Nordwestdeutschland, Leipzig 1896.
— Der religiöse Gehalt der Kolonisation des ostelbischen Deutschlands, in: Jbb. f. Nationalök. u. Stat., 144. Bd., 1936, S. 641 ff.
ZEISS, HANS: Reichsunmittelbarkeit und Schutzverhältnisse der Zisterzienserabtei Ebrach vom 12. bis 16. Jahrhundert, 80. Ber. d. Hist. Ver. f. d. Pflege d. Gesch. d. ehem. Fürstbistums zu Bamberg, 1928.
— Abt Adam, der Begründer des Klosters Ebrach, in: Heimatbll. f. d. Jahre 1927/28, hrsg. v. Hist. Ver. Bamberg, 6./7. Jg. (Festschrift Ebrach).

Lokalhistorische Beiträge in fränkischen Tageszeitungen.

Unveröffentlichte Manuskripte:

HAAS, THEODOR: Studien über das erste ebrachische Gesamturbar von 1340.
WENDLER, NIKOLAUS: Das Oberamt Lichtenfels.

Verzeichnis der Abkürzungen

Abb. Ebr.	Abbatia Ebracensis Oeconomica (→ Literaturverzeichnis S. 137)
abgeg.	abgegangen
Anm.	Anmerkung
ao.	anno
Arch.	Archiv
Art.	Artikel
BA	Bezirksamt
Bd., Bde.	Band, Bände
Ber.	Bericht
Bisch.	Bischof
Bl., Bll.	Blatt, Blätter
den.	denarii
DO	Dorfordnung
dt.	deutsch
f	folio (wenn einer Zahl vorangestellt)
f, ff	fortlaufende Seite bzw. Seiten (wenn einer Zahl nachgestellt)
fl	Gulden
GBl	Gesetzblatt
gen.	genannt
Ges.	Gesellschaft
Gesch.	Geschichte
Gr.-	Groß-
hall.	hallenses
Hzg.	Herzog
Inst.	Institut
Jb., Jbb.	Jahrbuch, -bücher
JffL	Jahrbuch für fränkische Landesforschung
Jg.	Jahrgang
Jh.	Jahrhundert
k.	kaiserlich
Kap.	Kapitel
kgl.	königlich
Kl.	Kloster
Kl.-	Klein- (auf der Besitzskizze)
lb (℔)	libra (Pfund)

Lib. Pal.	Liber Palatii	
Lib. Pietanc.	Liber Pietanciarium	} → Quellenverzeichnis S. 130
Lib. Priv.	Liber Privilegiorum	
LK	Landkreis	
M	Morgen	
MA	Mittelalter	
MB	Monumenta Boica ed. Academia scientiarum	
	Maximil. Boica (→ Verz. d. gedruckten Quellen S. 135)	
Mfr.	Mittelfranken	
mhd.	mittelhochdeutsch	
Mitt.	Mitteilungen	
Mkgfschft.	Markgrafschaft	
Mlt.	Malter	
Mon. Cast.	Monumenta Castellana (→ Verz. d. gedruckten Quellen S. 135)	
Mon. Eberac.	Monumenta Eberacensia (→ Verz. d. gedruckten Quellen S. 135)	
n (nr.), nn	Nummer, Nummern	
NF	Neue Folge	
O.-	Ober-	
Ofr.	Oberfranken	
Orig.	Original	
p	pagina	
Pf	Pfennig	
RA	Rentamt	
RB	Regesta sive Rerum Boicarum (→ Verz. d. gedruckten Quellen S. 135)	
Reg.	Register	
reg.	Regest	
Rep.	Repertorium	
Rh.	rheinisch	
Rthlr.	Reichsthaler	
sh	Schilling	
sol.	solidus	
Sra.	Simra, Sümer	
StA	Staatsarchiv	
Stat.	Statistik	
Stdbch.	Standbuch	
T.	Teil	
tal.	talentum	
Tgw.	Tagwerk	
Tom., tom.	Tomus	
U.-	Unter-	
Ufr.	Unterfranken	
Urk., Urkk.	Urkunde, Urkunden	
Ver.	Verein	
Vjschr.	Vierteljahresschrift	
VSWG	Vierteljahresschrift f. Sozial- und Wirtschaftsgeschichte	

ZGO   Zeitschrift für die Geschichte des Oberrheins
Zs.   Zeitschrift

Der Besitzskizze ist die Karte von W. Hess (Beilage zu: Das Ebracher Interessengebiet, a.a.O.,
S. 72/73) zugrunde gelegt. Sie wurde den Ergebnissen der vorliegenden Arbeit entsprechend
modifiziert.

Register der Orts- und Personennamen

www.ingramcontent.com/pod-product-compliance
Lightning Source LLC
Chambersburg PA
CBHW080913100426
42812CB00007B/2260